Für meine
Zu Weihnachten '11
dein Ben

Heinz Horrmann

Gourmet-spitzen

Berliner Morgenpost

Vorwort

Gastronomie-Tests sind stets Momentaufnahmen, eben so, wie sie auch der Gast bei einem genüsslichen Restaurantbesuch erlebt. Anders als bei meiner Jurorentätigkeit in der *VOX-Kocharena*, wo ich ausschließlich die Ausführung des vorgegebenen Gerichts bewerte und kommentiere, ist beim Restauranttest das Gesamtprodukt entscheidend: Ambiente, Empfang, Service, Küchenqualität und Weinpflege. Dabei definiert sich eine Großstadtgastronomie nicht allein über Sterne (obwohl Berlin da in Deutschland auch vorne liegt), sondern ebenso über das breite internationale Angebot und eine möglichst umfassende Palette in allen Preisklassen. Legt man diese Kriterien zugrunde, ist die Gastronomie der deutschen Hauptstadt absolut einmalig.

Und dann gibt es eine weitere Besonderheit. Selbst Paris hat nicht so viele Hotelrestaurants mit Michelin-Stern wie Berlin. Wenn ich mich erinnere, wie das vor einigen Jahrzehnten aussah, da gab es in der Spitze nur das Restaurant *Maître* und sonst dominierte Buletten- und Eisbeinherrlichkeit. Auch heute erlebe ich neben großartigen Genussabenden manchmal Flops, wenn ich in unseren Restaurants unterwegs bin, und davor möchte ich Sie, lieber Leser, bewahren. Gewiss haben Küche und Service die Möglichkeit, sich zu verbessern und Ausrutscher, die ja mal passieren können, vergessen zu machen. Aber es lauert auch die permanente Gefahr, eine gute Wertung zu verschlechtern und abzuwerten. Das waren die Überlegungen, die mich veranlassten, in der *Berliner Morgenpost* und der *WELT am Sonntag* das System der 2. Chance einzurichten. Häufig jubeln wir hinterher, es kann aber auch sein, dass in einem Restaurant die Preise zwar kräftig angehoben wurden, aber das, was der Gast auf den Teller bekommt, in keinem ordentlichen Preis-Leistungs-Verhältnis mehr steht, oder der Küchenchef gewechselt hat und die Speisen plötzlich eine Klasse schlechter geworden sind. Auch wenn etliche unserer Leser andere Erfahrungen gemacht haben als ich notierte, besuchen wir gerne das Restaurant noch einmal. Viele Male bin ich gefragt worden: Wie wird man Restaurant- und Hoteltester? Sowohl bei der Gastrokritik als auch beim Hoteltest ist erst mal eine riesige Leidenschaft, gottgegebenes Talent Voraussetzung, doch dann gilt es diese Basis mit Kompetenz, Wissen und Erfahrung zu untermauern. Im Bereich der Küche habe ich das große Glück gehabt, mit den besten Künstlern am Herd kochen und von eben den Besten lernen zu dürfen. Da lernt man dann auch Nuancen zu unterscheiden. Das macht sich regelmäßig bei der täglichen Arbeit bezahlt. Im Hotelbereich hilft mir der komplett absolvierte Total-Quality-Lehrgang für General Manager bei einer der besten Hotel-Gruppen weltweit. Kompetenz muss man sich halt erarbeiten. Wir finden es doch alle ärgerlich, wenn ein Sportreporter vom Ischendorfer Tagesspiegel, der nie gegen den Ball getreten hat, Franz Beckenbauer die Laufwege oder den Pass aus der Tiefe des Raumes erklären will und ohne Sachkenntnis kritisiert. Und beim wohlverdienten Restaurantgenuss soll das anders sein?

Gewiss gibt es bei Hotel- oder Restauranttests nicht nur vergnügliche Erfahrungen. Die richtig negativen habe ich in dieser Auswahl natürlich nicht berücksichtigt. Warum sollen Sie, lieber Leser, derartige Restaurant-Enttäuschungen auch noch miterleben? Was bei ehrlichen Bewertungen freilich unverzichtbar bleibt, ist die Detailkritik, wo sie angebracht ist, auch bei ordentlichen Küchen. Natürlich ist mir bewusst, dass Perfektion ein ständiges Streben bleibt, ohne dass dieses hohe Ziel tatsächlich kaum zu erreichen ist. Freuen Sie sich einfach, wie großartig die Berliner Restaurant-Palette in allen Preisklassen ist und wie international.

Ganz gleich, ob Sie das Glück haben, in dieser aufregenden Stadt zu Hause zu sein oder als Besucher in Berlin ein Restaurant genießen zu wollen, ich wünsche Ihnen Guten Appetit, welches Restaurant Sie auch immer gerade ausgewählt haben. Und wenn Sie wollen, berichten Sie mir doch mal von Ihren ganz persönlichen Erfahrungen.

Heinz Horrmann

Ihr Heinz Horrmann

ACH! NIKO! ACH!

Bei den alten Griechen

Ein Restaurant kann wie ein später Ferientag im Altweibersommer sein. Die Sehnsucht nach Mittelmeer, nach mediterranem Genuss und beschwingter Stimmung, das waren die Bausteine für den unglaublichen Erfolg der italienischen Restaurants in unserem Land.

In Berlin haben sich als Nummer zwei der südlichen Speiselokale eindeutig die griechischen Küchen positioniert und deutlich vor den Franzosen oder Spaniern etabliert. Sie heißen *Mythos*, *Nemesis*, *Ta Panta Ri*, *Cassambalis* oder *Ach! NikO! Ach!*, das ich ausgewählt habe. Es bedarf keiner aufgesetzten Einstimmung auf die griechische Atmosphäre. In diesem Lokal, das mit der grün eingewachsenen Terrasse und den überall wiederkehrenden Farben Weiß und Blau wie eine griechische Insel mitten auf dem Kurfürstendamm ausschaut. Und so agieren auch die Kellner, die ihre Scherzchen machen, auf die Tische klopfen, eben so, wie es die Feriengäste in den Hellas-Tourismuszentren so persönlich empfinden.

Große Auswahl an Salatvariationen und Omelettes

Ich mag nicht beurteilen, ob *Ach! NikO! Ach!* der beste Grieche der Stadt ist, allein im Bereich Kurfürstendamm-Leibnizstraße haben sich nahezu ein Dutzend Spezialitätenrestaurants mit griechischer Küche angesiedelt. In dem Lokal, das ich besucht habe, wie auch in den anderen gilt, dass man sich Zeit lässt, sehr viel Zeit. Etwas gewöhnungsbedürftig für Mitteleuropäer mutet an, dass die Griechen ihre Speisen meist nur lauwarm servieren. Zum Einstimmen auf die besondere Situation spendiert der Kellner ein Gläschen Ouzo, eine klare Spirituose mit ausgeprägtem Anis-Aroma. Bei der Bestellung sorgte ich für Verwunderung. Ich wollte von allem ein wenig probieren, doch der freundliche Servicemann korrigierte mich: „Nein, nein, das ist viel zu viel. Jeder einzelne Gang ist so groß, dass er Ihnen reicht." Eigentlich eine Umsatzbremse, gewiss, aber liebenswürdigerweise erkennbar mit Blick auf das Gästewohl. Und in der Tat, die Salate waren Riesenportionen.

Mein Choriatiki, der griechische Bauernsalat mit Weißkohl, Oliven, Zwiebeln, Kopfsalatblättern, Tomaten und viel Feta (für 6,50 Euro) war genug für drei und keine Hausfrau kann die Zutaten zu diesem Preis zusammenkaufen. Nicht anders sah es beim Hähnchensalat mit (lauwarmen) Streifen von der gebratenen Brust. Überall ist natürlich mit Knoblauch gewürzt, doch man übertreibt es nicht. Noch eine Besonderheit: Eine ganze Seite der umfassenden Speisekarte mit einem Dutzend Salatvariationen und Omelettes bewegte sich im Rahmen von vier bis sieben Euro.

Um Ähnliches zu finden, muss man lange suchen … Gewiss, einfach geht's zu: In der blau-weißen Kunststoffdecke waren Brandflecken und vor dem nächsten Gang musste ich erst einmal eine Ameisenstraße vom Tisch umleiten.

Zehn Gerichte mit Fisch und Meeresfrüchten stehen zur Auswahl, die gebratenen Sardinen mit Tsatsiki, Taramas, Salat und Skordalla sind gut gewürzt und das Gericht ist umfangreich genug, einen Holzfäller satt zu machen. Seezungen haben hierzulande inzwischen Rekordpreise. Im *NikO* wurden ausgelöste Filets verarbeitet, und auch da wurde der günstige Preis voll an den Gast weitergegeben. Ganz gewiss schmeckt mir eine Seezunge in schaumiger Butter gebraten oder komplett mit der Gräte gegrillt erheblich besser, doch der Preis ist dann auch in vergleichbaren Restaurants drei bis vier Mal so hoch. Der große Nachteil dabei: Die Konsistenz ist nicht bissfest, sondern eher puddingweich. Kross dagegen sind die panierten Calamari-Ringe und appetitlich die melierten Riesengarnelen. Diese können Sie wahlweise mit der üblichen griechischen Garnitur oder eingedeutscht mit Brokkoli, Kroketten und einem kleinen Salat an der Seite bestellen.

ACH! NIKO! ACH!

Küche
Griechisch

Adresse
Kurfürstendamm 97 – 98
10709 Berlin-Wilmersdorf

Telefon
030/324 97 79

Internet
www.achnikoach.de

Öffnungszeiten
tägl. 12 bis 24 Uhr

Verkehrsanbindung
U-Bhf. Adenauerplatz,
S-Bhf. Halensee,
Bus M19, M29

Kartenzahlung
Bar, EC-Karte, Kreditkarten

Preise
À la carte: 3 – 13,50 €

Extras
Sitzplätze außen

Volle Aufmerksamkeit

Wenn ein Gastronom von sich selber sagt, er sei eine Zeitlang nicht gut drauf gewesen, jetzt aber wieder voll für seine Gäste da, mit Passion und Ehrgeiz, dann ist das nicht nur ein fairer Zug, sondern auch der richtige Anstoß, mal wieder das Prinzip der zweiten Chance zu bemühen. In diesem Falle berichte ich von meinen Erfahrungen mit Adnan, dem türkischen Wahlberliner, und seiner mediterranen Küche im „In-Restaurant" in der Schlüterstraße 33.

In der Tat ist *Adnan* mehr denn je der großartige Gastgeber, der Stammgäste anzieht wie das warme Schokoladentörtchen die Wespen, der einen sehr guten Service dirigiert, Gästepflege auch bei voll belegter Terrasse an den letzten lauen Abenden und ausgebuchtem Restaurant vorlebt. Ganz wichtig: Nicht nur Promis,

sondern auch ihm nicht bekannte Gäste bekommen die volle Aufmerksamkeit. Die Küche zeigte sich ebenfalls verbessert. Der Salat kommt knackig frisch, der angelfrische Fisch ist perfekt gegart und das Kalbskotelett mit ausgebackenem Salbei appetitlich gewürzt. Der Koch sollte es lediglich ein wenig kürzer braten und rosé belassen. Empfehlenswert: Spagetti mit Trüffel und, wer Lust darauf hat, die großen, ovalen Pizzen mit Scampi oder Thunfisch.

In sechs Kategorien vergibt die Jury bei der Berlin-Partner-Aktion die gastronomischen Auszeichnungen für die Branchenbesten der Hauptstadt. Die Kategorie „Charmantester Service“ fehlt noch. Da wären *Adnan* und sein Team ein Favorit. Der Restaurateur ist liebenswerter Gastgeber und kompetenter Berater seiner Gäste ohne Besserwisserei. Auch darum hat er eine so große Schar von Stammkunden.

Einfache mediterrane Küche, aber liebevoll serviert

In diesem legeren Restaurant, wo sich das Leben auf der großen Straßenterrasse abspielt, wird deutlich, dass es nicht immer die große Gourmet-Oper sein muss. Wer in fröhlicher Runde ohne Tempelatmosphäre genießen will, ist bei *Adnan* genau richtig. Erlebnisgastronomie hat nicht in jedem Fall etwas mit Clowns und Artistik als Rahmenprogramm zu tun, sondern erst einmal mit prächtiger Stimmung und mit mehr schönen Frauen als anderswo.

Adnan ist der Zeremonienmeister und die Seele des Lokals, Mittelpunkt fröhlicher Lebensart. Als Empfangschef und Maître eilt er durch die engen Reihen, Bussi für die Damen, Komplimente für den Herrn. Dicht gedrängt amüsieren sich Fernsehschaffende, Geschäftsleute sowie ein Kreis von Winzern mit Fritz Keller vom *Schwarzen Adler* in Oberbergen. Das Restaurant passt in die neue, viel zitierte Bescheidenheit. Bei *Adnan* gibt es weder Kaviar noch teure Trüffel, dafür aber äußerst schmackhafte Gerichte aus erstklassigen Produkten zu niedrigen Preisen. Am Anfang stehen bei *Adnan* Rosmarin-Fladenbrot und Pizzen. Das klingt erst einmal sehr simpel, wenn man bedenkt, dass der ausgerollte Hefeteig vor 500 Jahren in Neapel als Arme-Leute-Essen zur Resteverwertung erfunden wurde. Heute bekommt man das runde Stück Italien zumeist labberig mit oft unpassendem Belag an jeder Straßenecke. Gourmets, steinigt mich, aber ich bleibe dabei: So kross, so hauchdünn, nur mit Käse, Tomaten und Kräutern belegt und damit unverfremdet, wie Pizza als Hors d'œuvre bei *Adnan* auf den Tisch kommt, ist das simple Gericht auch für Feinschmecker ein Genuss! Und genau diese Linie, Einfaches köstlich zubereitet, zieht sich durch das Küchenprogramm, prägt die Qualität des Hauses. Wer hier allerdings hochsensible kreative Aha-Erlebnisse erwartet, hat schlicht das falsche Restaurant gewählt.

Das Gesamtkunstwerk ist die Zusammenstellung eines Angebots, das eigentlich jeder mag. Der köstlich gekräuterte Meeresfrüchtesalat oder die Linguine mit über Kamille gegartem Hummer sind Beispiele. Dorade oder Loup de mer kommen vom Grill, der Zander wird in der Pfanne auf der Haut gebraten. Ganz ausgezeichnet war der Tafelspitz, dünn aufgeschnitten mit Bouillon-Kartoffeln, auch das Kalbsrückensteak mit einer Zitronenbuttersauce. Es gibt eben nicht nur die mediterrane Ausrichtung bei *Adnan*. Ganz unbesehen davon, gehört nach wie vor Pasta in jeder Form zu den Rennern, weil Geschmack und Konsistenz stimmen. Die fruchtige Säure des Tomatensugo bei den Arrabiata harmonierten aufs Schönste mit der Peperoni-Schärfe.

ADNAN

●●●○○

Küche
Italienisch

Adresse
Schlüterstr. 33
10629 Berlin-Charlottenburg

Telefon
030/54 71 05 90

Öffnungszeiten
Mo – Sa 12 bis 24 Uhr,
So 18 bis 24 Uhr

Verkehrsanbindung
S-Bhf. Savignyplatz,
Bus M49, X34

Kartenzahlung
Bar

Extras
Sitzplätze außen

Die Renaissance von Großmutters Gerichten

Schwäbische Festtagssuppe, Tafelspitz und Spanferkel: Im *Aigner* am Gendarmenmarkt setzt man mit Erfolg auf traditionelle Küche.

Was macht den Erfolg eines Restaurants aus? Ist es die Sammlung von gastronomischen Auszeichnungen oder das besonders gute wirtschaftliche Ergebnis? Das Restaurant *Aigner* im Dorint am Gendarmenmarkt wird von den Gastro-Führern beharrlich ignoriert, macht aber dank ständiger Vollbelegung mit den höchsten Umsatz aller Berliner Lokale.

Deutsche Küche ist in. Selbst die Drei-Sterne-Stars wie Dieter Müller und Jean-Claude Bourgueil nehmen neuerdings Traditionsgerichte wie Eintopf und große Braten als Basis für ihre Neuinterpretationen köstlicher Kreationen. Im *Aigner* wird das seit acht Jahren, einfacher und schlichter, aber ebenso konsequent praktiziert. Herbert Beltle, der mit vergleichbarem Konzept eine Großgemeinde von Stammkunden ins *Alte Zollhaus* gebracht hat, kommt im Sauseschritt. Der geschäftstüchtige Bayer serviert selber eine der Spezialitäten. Dabei wird der Tafelspitz, zarte Stücke aus Schulter und Brust, im Kupferkessel angerichtet und mit Rindsuppe, Wurzelgemüse, Markscheibenknochen, Schnittlauchsoße, Apfelkren und Bratkartoffeln kombiniert. 23 Euro kosten die zwei Gänge. Am Nebentisch folgt einer Schwäbischen Festtagssuppe die geschmorte Spanferkelkeule vom Saalower Kräuterschwein, wie zu Großmutters Zeiten mit Ofengemüse und Salzkartoffeln serviert. Tatar vom Jungbullen-Filet mit der ganzen Palette an Gewürzaromen, Bauernbrot und Landbutter oder Königsberger Klopse mit Roter Bete, Kapernsauce und Kartoffel-Schnittlauchpüree erfreuen auch Connaisseure, die gemeinhin auf dem Gourmettrip mit Jakobsmuscheln und Trüffel sind.

Hervorragende Klassiker der deutschen Küche wie zu Großmutters Zeiten

Das Ambiente ist als Rahmen maßgeschneidert. Die Dorint-Gruppe, die von der französischen Kette Accor dominiert wird, hatte einst die gesamte Einrichtung des Traditionscafés *Aigner* erworben, das 85 Jahre lang zu Wien gehörte wie Fiaker und Sachertorte, als das Haus nach finanzieller Durststrecke schließen musste.

Rund eine halbe Million, damals noch starke D-Mark, kosteten Wandverkleidungen, Tische, Stühle, Lampen, Öfen und das Billardzimmer. Alle Ausstattungselemente wurden nach Berlin transportiert und hier eingebaut. Das macht das Restaurant mit seinen 120 Plätzen unverwechselbar.

Zurück zur Speisekarte: Ich mag zur Abwechslung auch mal kross gebratenes Zanderfilet und die Brandenburger Bauernente aus dem Rohr. Die wird in Beltles Küche zwar vorgebraten, aber unter der Oberhitze des Salamanders so richtig kross gemacht. Suppen liegen im Trend. Das hat die *Aigner*-Crew geschwind umgesetzt, mit Kraftbrühen und Löffelerbsensuppe mit Eisbein.

Besonders geschickt ist die *Aigner*-Werbung für ein Dessert, die leichte Leckerei zum Abschluss, die von immer mehr Gästen, die Kalorien zählen, ausgespart wird. „Ich fing eine Diät an, hörte auf zu trinken und Süßigkeiten zu essen und in vierzehn Tagen verlor ich exakt zwei Wochen", so wird der amerikanische Comedy-Star der 40er-Jahre, Joe E. Lewis zitiert. Das verfehlt die Wirkung nicht, und so kommt warmer Schokoladenkuchen, mit flüssiger Schokolade gefüllt, begleitet von Gewürzorangen und Vanilleeis oder karamellisierte Katalanische Creme auf den Tisch. Das Getränkeangebot ist wie der Speisenbereich konzipiert: ordentliche, preiswerte Lagen, keine Spitzenweine. Etliche Kreszenzen werden auch glasweise serviert.

AIGNER

●●◐○○

Küche
Regional/
Österreichisch

Adresse
Französische Str. 25
10117 Berlin-Mitte

Telefon
030/203 75 18 50

Internet
www.aigner-gendarmenmarkt.de

Öffnungszeiten
tägl. 12 bis 2 Uhr,
Küche bis 23.30 Uhr

Verkehrsanbindung
U-Bhf. Französische Straße,
Stadtmitte, Bus 147

Kartenzahlung
Bar, EC-Karte, Kreditkarten

Preise
À la carte: 7 – 32 €

Extras
Sitzplätze außen,
beheizte Raucherecke

Preiswert, gut und lecker

Auch in der Gastronomie ist der Leserwunsch für mich, wenn möglich, Auftrag. Kennen Sie ein gutes Restaurant in Spandau?, war die Frage. Helfen Sie uns mit einem Tipp, die Bitte des Lesers. Obwohl Spandau ein so großer und bedeutender Bezirk ist, habe ich mich anfangs schwergetan.

Gut, man kennt das *Brauhaus*, das Restaurant *Kolk* oder ein paar Exoten wie das *Maui Barbecue*, aber sonst? Nach einigem Suchen fand ich in der Spandauer Altstadt ein wirklich empfehlenswertes Restaurant, wo man für kleines Geld sehr gut essen kann, und das auch noch mit ordentlichen Portionen. Die Rede ist vom Restaurant *Alt-Spandau*, das geradezu ideal für eine ganz bestimmte Klientel ist. Wer produktbezogene Küche mag, aber auch offen ist für einige kroatische Elemente und dann noch fettfrei und gesund auf dem Lavastein-Grill zubereitetes Fleisch liebt, für den lohnt sich auch eine Anreise aus Charlottenburg oder Wilmersdorf.

Das rustikal eingerichtete Lokal mit langer Theke und angrenzendem Festsaal ist blütenweiß eingedeckt, und da stören auch die Papierservietten nicht. Der von der Familie Dudić dirigierte Service arbeitet gekonnt und sehr freundlich. Nicht nur Ambiente, sondern auch diese familiengeprägte Gästepflege schafft Atmosphäre.

Auch wenn es durchaus umfassend im Preisbereich unter 10 Euro zugeht, ist das alles andere als ein Schnellimbiss. Der gemischte Salat mit Hausdressing beispielsweise ist richtig frisch und knackig, gut mit Kräutern und Gewürzen abgeschmeckt und kostet 2,50 Euro. Die anschließend servierte Hummersuppe,

die auch selbst in teuren Restaurants häufig nach geröstetem Mehl schmeckt, ist im *Alt-Spandau* frisch zubereitet, mit Cognac abgeschmeckt und durch Krebsfleisch veredelt, Preis 3,80 Euro. Wie Sie sehen, halte ich mich heute häufiger mit der Preisliste auf, weil ich es so ungewöhnlich finde. Als warme Vorspeise wählte ich Scampi vom Grill, die als Hauptspeise von Butterreis und pikanter Tomatensauce begleitet werden. Die halbe Portion (ohne Reis) war genau richtig. Sprachlos machte mich die Tomatensauce. Das war keine Sauce im klassischen Sinn, sondern ein Tomaten-Zwiebel-Kompott, aber geradezu herzhaft köstlich abgeschmeckt.

Sehr gutes Essen für kleines Geld

Am Nebentisch war man auf Fisch programmiert. Das Zanderfilet „Diana" war in Mandelbutter gebraten, dazu gab es Gemüsestreifen, Petersilienkartoffeln und noch einen Salat, und die große Portion kostete 11,50 Euro. Noch zwei Euro günstiger (!) und geschmacklich einwandfrei – wie ich mit einer Miniportion selber feststellte – war das Rotbarschfilet „Grenoble Art". Der normalerweise etwas langweilige Rotbarsch wurde mit Zitronenwürfeln, Kapern und gehackten Kräutern aufgemöbelt. Ich finde es großartig, dass es diese Form von Geschmacksintensivierung auch in einem besonders günstigen Restaurant gibt.

Bei den Spezialitäten vom Lavastein-Grill wählten wir ein Filetsteak, ein kräftiger 300-Gramm-Cut, perfekt gegart mit Speckbohnen und Bratkartoffeln wie aus Großmutters Kochbuch, und ein Pfeffersteak, ebenfalls tadellos, dazu gab es Rösti und Salat. Lediglich die Pfeffersauce war pampig, aber das wage ich in diesem Rahmen schon gar nicht zu kritisieren. An einem Fußballer-Stammtisch kam die Altstädter Grillplatte auf den Tisch. Da traute ich meinen Augen kaum, aber die Platte war für jeden Gast mit Rumpsteak, Cevapcici, Schweinefilet, Lendenschnitten und ausgebratenem magerem Speck beladen und wurde von Pommes frites, Djuvetschreis und Salat ergänzt (13,50 Euro): ein richtiges Gericht für Reiner Calmund. Das hätte ich selbst mit großem Hunger nicht geschafft, die jungen Sportler hatten damit kein Problem.

Für den, der die kroatische Küche mag, ist die ganze typische Palette im Angebot, von Pljeskawitza bis Medaillons „Matuschka". Imponierend, wie in der ganzen Küchenliste frische Produkte dominieren und alles handwerklich gekonnt zubereitet ist. Natürlich fließt in einem derartigen Restaurant in erster Linie das Bier. Wer Wein trinken mag, muss deswegen aber nicht darben, es gibt etliche offene Kreszenzen.

ALT-SPANDAU

●●●○○

Küche
Kroatisch/International

Adresse
Moritzstraße 7
13597 Berlin-Spandau

Telefon
030/33 30 80 92

Internet
www.altspandau.de

Öffnungszeiten
So – Do 11.30 bis 22 Uhr,
Fr+Sa 11.30 bis 22.30 Uhr

Verkehrsanbindung
U-Bhf. Altstadt Spandau,
Rathaus Spandau

Kartenzahlung
Bar, EC-Karte, Kreditkarten

Preise
À la carte: 2,50 – 16,50 €

Geschnitten und handgeklopft

Seit vielen Jahren gehört Bruno Pellegrinis Restaurant *Ana E Bruno* – Gusto Italiano zu den absolut besten mediterranen Küchen in der Hauptstadt. Das Niveau zu halten, war mitunter harter Kampf.

Denn wenn ich das Restaurant besucht habe, waren höchstens drei Tische besetzt. Da hätte der charismatische Gastgeber schon eine größere Gästeschar verdient. Dass die Frage, ob Spitzengastronomie überhaupt noch bezahlbar bleibt, in dem etwas abgelegenen Haus tagesaktuell ist, wird angesichts des Wareneinsatzes und der Größe der Portionen deutlich. Alles was bei meinem Besuch serviert wurde, war gelungen, oft köstlich, aber stets in Miniportiönchen verabreicht. Und auch das Gläschen Champagner, das als Begrüßungsschluck offeriert wurde, stand hinterher auf der Rechnung. Doch keine Frage, hier habe ich durchaus Verständnis, weil alles, was aus der Küche kommt, von guter Qualität und damit teuer im Einkauf ist.

Überraschender Abschluss beim Dessert

Das Meer pur auf der Zunge vermitteln die gegrillten Jakobsmuscheln, fein abgeschmeckt, und ebenso der marinierte Hummer mit Kapern, Karibischem Meersalz, Zedernfrüchten und Tomaten-Ingwer-Schaum. Da wird deutlich, was ich meine. Auch beim Carpaccio, nein, nicht einfach haudünn geschnittenes Filet, sondern handgeklopft und mit einer Aromabombe aus grünem Spargel, schwarzen Trüffeln und einer Vinaigrette, dominiert von Zitrusfrüchte-Saft und Bio-Eier.

Während die kleine Küchencrew noch an den bestellten Speisen arbeitete, spendierte Pellegrini eine kleine Auswahl aus dem Pasta-Programm. Das Beste vom Bio-Kalb „Rossini", beispielsweise. Da hatte ich mir eine Kombination von Geschmortem und Kurzgebratenem vorgestellt. Auf dem Teller war aber ein kleines Filet, geschmacklich durchaus gut, aber ohne Röstaromen, weil temperiertes Anbraten wohl vergessen wurde. Erstklassig das Krönchen aus Gänseleber, darum übrigens die Namensgebung Rossini, der Komponist und Genießer hatte allerdings ein Rinderfilet mit Gänseleber und Perigord-Trüffel, geschmacklich ergänzt von Portwein-Jus, zusammengestellt.

Die Variation von Fischen im Wildbasilikum-Tomaten-Schaum mit einem wunderbaren Olivenöl und glaciertem Frühjahrsgemüse war in der Zusammenstellung mit Scampis nicht so überzeugend. Bei einem früheren Besuch hatte ich den Heilbutt mit Zucchini, Entenleber und einem Marsala-betonten Jus genossen, in der Wertung ein aufregenderer Fischgang. Ein Hochamt der Gourmandise ist die Lammhaxe, natürlich ebenfalls Bio, da steht der Küchenchef drauf, mit mediterranen Kräutern und Tomaten geschmort, und erstklassigen Artischocken.

Wer viel probiert und noch Appetit auf einen süßen Abschluss hat, für den gibt es neben den Standards wie Cassata oder Ricotta-Käse-Soufflé auch Überraschungen, so Vignolakirschen in Barolo oder Muscovado-Savarin mit Kardamom-Eiscreme und Espressokaffee-Sauce.

Zur Saison pflegt der Meister, der einst im Sterne-Restaurant *Schiffchen* in Düsseldorf bei Claude Bourgueil gelernt hat, selbst mit weißen Handschuhen Piemont-Trüffel über Pasta zu hobeln. Das macht ihm augenscheinlich so viel Freude wie die Wein-Empfehlungen mit ganz großem Auftritt, der an die Oper von Verona erinnert.

Wohl nirgendwo in Berlin wird der Wein liebevoller gepflegt als hier, der Korken geradezu herausgeschmeichelt, die Qualität und Temperatur mit einem winzigen Gläschen geprüft. Die Weinkarte beschränkt sich nicht auf die gängigen Kreszenzen aus Bella Italia, sondern umfasst 500 Positionen.

Das Ambiente ist schmucklos, minimalistisch, aber in der Detailarbeit wie Tischwäsche und Bestecke durchaus hochklassig.

ANA E BRUNO

●●●○○

Küche
Mittelmeerraum

Adresse
Sophie-Charlotten-Str. 101
14059 Berlin-Charlottenburg

Telefon
030/325 71 10

Internet
www.ana-e-bruno.de

Öffnungszeiten
Mo – So 17 bis 24 Uhr,
Mittags nach Vereinbarung

Verkehrsanbindung
S Westend (Berlin)

Kartenzahlung
Bar

Preise
3-Gänge-Menü: 65 €
4-Gänge-Menü: 75 €
6-Gänge-Menü: 95 €
Menü: 20 €

Extras
Exzellente Weinauswahl
mit über 500 Etiketten

Schlürfen erlaubt

Das kulinarische Puzzle im Großkomplex *Humboldt Carré* (Behrenstraße) ist nahezu komplett. Nach dem Restaurant *Gendarmerie* mit großer Außenterrasse (für Sonnentage) und *Metropole Bar* ist nun Genuss in der *Austernbank* im untergeschossigen Säulensaal möglich.

Das Ambiente der *Austernbank* ist außergewöhnlich, zwei Meter dicke Wände, schwerer Granitboden, die wuchtigen Säulen mit Blattsilber veredelt. Der ehemalige Tresorraum der Bank (daher der Name) wurde schick gemacht, ohne den ursprünglichen Charakter zu zerstören. Große Glasvitrinen mit den Genüssen aus den Meeren auf viel Splittereis prägen das Bild, 120 Sitzplätze auf 300 qm lassen viel Platz ohne Enge. Doch das alles ist nur der Rahmen, viel wichtiger sind die Produkte und der Service. Was erwartet den Gast in diesem weltstädtischen Restaurant? Ich wollte vor allem ganz frische Austern als Vorspeise genießen, an die köstlichen und mineraligen Perlen des Meeres habe ich mich bisher nur im *KaDeWe* getraut. Hier sind fünf Sorten im Angebot von den Sylter Royal bis Belon, alle kommen jeden Donnerstagmorgen frisch von den Austernbänken. Das schmeckt man. Ein paar Gedanken zum wichtigsten Schalentier der Meeres-Delikatessen: „Austern" hat einmal ein unbekannter Connaisseur gesagt, „sind eine Hommage an alle menschlichen Sinne." Recht hat er. Von der unbewiesenen erotischen Bedeutung einmal abgesehen, löst sie ein wunderbares Zusammenspiel von Genuss und Fantasie aus: Die Auster schmeckt nicht nur nach Meer, sondern löst Vorstellungen von ziehenden Wolken über Ozeane aus. Träume auf Silberschalen serviert. Da die kleinen Köstlichkeiten so empfindlich sind, müssen sie unbedingt kühl und luftig gelagert, spätestens sechs Tage nach der „Ernte" am Saum des Meeres dem Gast serviert werden. In diesem Restaurant stimmt der Ablauf ebenso perfekt wie in der *Grand Central Oyster Bar* in Manhattan, dem legendären Bahnhofs-Lokal und größten Austernverkäufer weltweit. Zum Lukullischen aus dem Meer gehören die Riesengarnelen, die meine Begleitung genoss: bissfestes, weißes Fleisch, nussiger als Hummer. Am Nebentisch wurde eine Kaviarprobe organisiert.

Besonders empfehlenswert: Bouillabaisse „Austernbank"

Nein, nicht allein das sündhaft teure Luxusprodukt (100 g für 180 Euro), sondern auch der würzige Kaviar von Forelle, Hering oder Bachsaibling (ab 15 Euro für 100 g.) Aus Überzeugung und Begeisterung empfehle ich als Zwischengang die Bouillabaisse

„Austernbank". Die frisch gemachte Suppe mit fünf Fischsorten ist nicht gebunden, wie sonst zumeist serviert, sondern kommt klar mit im Backofen getrockneten Baguettescheiben auf den Tisch. Nie zuvor habe ich die in Marseille erfundene „Königin aller Fischsuppen" so harmonisch abgeschmeckt erlebt wie hier. Kompliment an den Küchenchef und den Zwei-Sterne-Koch Rolf Schmidt, der die Konzeption erdachte und für die Qualität der Laggner-Betriebe verantwortlich ist.

Nun holen sich etliche Genießer mit Meeresfrüchten als Hors d'œuvre Appetit auf mehr. Für diese Genießer sind die ebenfalls auf Eis ausgebreiteten prächtigen Fleischangebote präsentiert. Und hier kommt die nächste Neuerung ins Spiel. Es gibt keine Festpreise. Die Edelsorten der Rindfleisch- und Kalbsproduktion wie Wagyu (Kobe-Rinder aus Australien), US RibEye (von Herford) oder irisches Filet werden per 100 Gramm berechnet (von 10 bis 22 Euro). Da kann sich jeder die passende Portion errechnen und bestellen. Ich wählte das Milchkalbskarree (aus dem vorderen Teil des Rückens), das mit dem Aroma gebenden Knochen gegrillt wird. Dazu gab es Haricots (Böhnchen) mit getrockneten Tomaten und richtig kross gebratene Rosmarinkartoffeln. Das günstigste Fleischgericht ist das Nackensteak vom Iberico-Schwein mit 8,50 Euro.

Die Dessertkarte ist dünn, nicht weiter erwähnenswert, aber die meisten Gäste wählen sowieso Käse aus der Vitrine.

AUSTERNBANK

●●●○○

Küche
Fisch & Meeresfrüchte

Adresse
Behrenstraße 42
10115 Berlin-Mitte

Telefon
030/76 77 52 70

Internet
www.gendarmerie-berlin.com

Öffnungszeiten
Do – Sa 18 bis 24 Uhr

Verkehrsanbindung
U-Bhf. Französische Straße,
Bus TXL, 100, 147, 200

Kartenzahlung
Bar, Kreditkarten

Extras
Raucherlounge mit klassischer Bar (im Seitenflügel des Gebäudes)

Tellerweise Wellness

Kein Michelin-Stern, aber voller Geschmack, leckere Kreationen und lockere Kellner: Das *Balthazar* am Kurfürstendamm ist eine Art kulinarischer Wellnesstempel.

Donnernden Applaus gibt es in der Fernsehshow *Kocharena*, wenn einer der Hobbyköche einen Gang gegen einen Sterne-Star gewonnen hat. Und im Hintergrund freut sich der Berliner Koch und Restaurateur Holger Zurbrüggen, der als Coach die Amateure vorbereitet und mit ihnen einen Tag lang trainiert hat. Das ist übrigens bei dem Wettkochen der einzige Vorteil für die Amateure, weil die Topköche erst in der Arena erfahren, welche Gerichte sie in 15 oder 20 Minuten fertigen müssen.

Die Produktionszeiten für die *Kocharena* sind die einzigen Tage, an denen Zurbrüggen nicht in seiner Küche am Kurfürstendamm steht. Die üblichen Gastspiele seiner Zunft oder Kreuzfahrten mit Schaukochen, wie sie zum Leidwesen der Gäste immer mehr seiner Kollegen pflegen, gibt es für ihn nicht. Dafür sieht er den Wettbewerb in der „neuen deutschen Genuss-Metropole" (Gault Millau) für zu hart und manchmal auch gnadenlos an.

Das *Balthazar* gehört nicht zu den elf Berliner Sterne-Restaurants, führt aber überzeugend vor, dass die Gastro-Szene einer Stadt weit mehr verlangt als prämierte Haute Cuisine. Die Atmosphäre hier ist locker, unverkrampft, aber durchaus kultiviert. Der Service agiert flink und schnörkellos wie in Pariser Brasserien der besseren Art. Holger Zurbrüggen, der einst bei Steigenberger die Aromaküche installierte und später die ganze Küchencrew für seine kulinarische

Ku'damm-Belebung mitnahm, kocht mit guten, frischen Produkten, handwerklich gekonnt, ohne freilich nach den (Michelin-)Sternen zu greifen.

Mein Feldsalat mit gerösteten Croûtons zur herzhaften Wildkirsch-Vinaigrette (ungewöhnliche Aromakombination) war geschmacklich so harmonisch wie der Vollwert-Salat mit Sprossen und Nüssen oder das Ragout fin vom Springbock mit Pilzen im Blätterteig gebacken. Alles leichte, unkomplizierte Vorspeisen.

Empfehlung:
Loup de Mer, kross gebraten auf der Haut

Japanisch schlicht mutet Sashimi und Tatar vom Thunfisch an, tatsächlich aber, durch die feine Säure des Grapefruitsalats, im Wechsel mit Avocado-Ingwercreme und dem kräftigen Einsatz von Gewürzen, werden daraus pikant gemachte Variationen vom Gelbflossenthunfisch, in Scheiben, leicht angebraten, als Tatar, oder im Briggteig serviert. Da wechselt der Chef ständig die Zubereitungsart, um Langeweile vorzubeugen. Das hört sich alles mächtig viel an, ist aber nur etwas, um richtig hungrig zu werden – winzige Gabelspitzen von intensivem Geschmack. Scheinbar auch ein Prinzip von Zurbrüggen, denn die Dame am Nebentisch bekommt gleich acht kleine Appetithäppchen in weißen Porzellanschälchen, von der Größe, die Weightwatchers selig macht. In Anlehnung an das Japanische Kaiseki heißt diese Kombination *Balthazar* Kaiseki. Gebratener Steinbeißer, eher schwach im Geschmack, wird mit Meerrettichsauce aufgemöbelt und von Rote-Bete-Risotto ergänzt. Die Dorade Royal ist an der Rückengräte in Olivenöl gebraten, exzellent. Ganz anders im Geschmack, Curry und Mediterranes von Steinbutt und Garnele, da ist die Schärfe gewünscht.

Am Abend bekommt der schöne, minimalistisch eingerichtete Raum, der zum Hotelkomplex *Louisa's Place* gehört, durch geschickt eingesetzte Lichteffekte einen Wohlfühlrahmen; passend zum Abendmenü, gästefreundlich kalkuliert

(vier Gänge für 39,90 Euro) mit einem toskanischem Garnelen-Kartoffelsalat, roter Linsenschaum mit Dorade, gratiniertes Lammkarree und winterliches Punschtörtchen. Das Hummermenü, in drei Gängen serviert, ist mit 44 Euro wirklich fair kalkuliert. Und wo wir schon beim Loben sind, empfehlen wir noch den Loup de Mer, der wird auf der Haut kross gebraten.

Was stört die Gäste am meisten im Restaurant? Das Ergebnis einer Feinschmecker-Umfrage entlarvt, es ist vor allem steife Atmosphäre und aufdringliche, belehrende Kellner. Ja dann werden Sie auch in diesem Punkt nur Wohlbefinden im *Balthazar* am Kurfürstendamm erleben. Lediglich an der Weinkarte muss noch kräftig gearbeitet werden. Ein paar kleine Lagen und Mittelklasse-Kreszenzen sind zu wenig für ein derartig angenehmes Restaurant. Aber das bekommt der engagierte Zurbrüggen gewiss noch in den Griff.

BALTHAZAR

●●●◐○

Küche
International

Adresse
Kurfürstendamm 160
10709 Berlin-Wilmersdorf

Telefon
030/89 40 84 77

Internet
www.balthazar-restaurant.de

Öffnungszeiten
Küche tägl. 18 bis 23 Uhr

Verkehrsanbindung
U-Bhf. Adenauerplatz

Kartenzahlung
Bar, EC-Karte, Kreditkarten

Preise
Menü: 42 – 89 €
À la carte: 8,50 – 26,50 €

Extras
Sitzplätze außen

Köstlichkeiten im Bey

Wie immer, wenn Adnan, der Zeremonienmeister der alten Westberliner Restaurant-Szene einlädt, ist der Andrang gewaltig. So war es auch bei der Eröffnung seiner neuen Restaurant-Idee „Bey" in der Knesebeckstraße. Bei Openingpartys spielt in der Regel die Küche noch keine Rolle. Wichtig ist es, das Lokal ins Gespräch zu bringen, die neue Adresse zu platzieren. So habe ich denn auch ein paar Wochen gewartet, um den Köchen und dem Service Einspielzeit zu geben.

Wie ist nun die Küche im Bey, einmal isoliert vom Wohlfühl- und Promi-Faktor? Die Ausrichtung ist mediterran, angenehm leicht, fast gesundheitsorientiert, ohne den Genuss zu minimieren. Da hinein passen natürlich sehr gut ein paar asiatische Elemente, die wenig plakativ, aber gekonnt als Aroma-Tupfer eingebracht werden.

Ein Beispiel ist das vorzügliche Sashimi vom Thunfisch. Das frische Produkt offenbart Klasse, aber ich höre schon die Unkenrufe, das sei ja keine Kochkunst. Irrtum: Hier wurde die Beize, Würze und Abstimmung derart gekonnt und nicht überfrachtet eingebracht, dass eben so viel Lob wie beim perfekten Braten, Pochieren oder Gratinieren angebracht ist.

Insgesamt ist die Verwandtschaft mit dem Adnan-Stammhaus sowohl von der Konzeption wie vom Ambiente gleich erkennbar. Es ist wie eine neue Geliebte, die vom Typ der Ex aufs Haar gleicht, nur 15 Jahre jünger ist. Auch im Bey gibt es die handgeschriebene Tagekarte mit ein paar Salaten, leichten (und preiswerten) Vorspeisen wie Carpaccio von der Jakobsmuschel oder einem Hähnchen-Scampi-Spieß. Bei unserem Besuch hatte der Koch gerade frischen Schwertfisch und Loup de Mer bekommen. Mutig offerierte er den Schwertfisch, einen der kompliziertesten, weil leicht trocken und häufig geschmacksneutral, vom Grill. Das Abenteuer gelang, der Fisch war kaum faserig. Der Loup wird im Ganzen auf der Haut gegrillt (auf Wunsch in der Pfanne gebraten) und ist natürlich noch deutlich saftiger.

Wie im Adnan gibt es das kräftige 400 Gramm-Kalbskotelett (weniger ist für mich Carpaccio) mit der klassischen Salbei-Zitronenbutter und Kartoffelstampf. Besser noch ist das Steak-Angebot. Hier wird American Prime Beef aus Omaha, Nebraska verarbeitet, das ich wegen des kräftigen Geschmacks mit dem deutlich teureren Wagyu gleichsetze. Für einen Gemeinschaftsspaß am Tisch ist die große Scampi-Tafel gedacht. Zum Selbstbedienen kommt die große Kilo-Portion auf den Tisch, fein gegrillt, mit Saucen, die auf Wunsch der Gäste angeschlagen werden (z. B. Sauce Bearnaise, Aioli oder Trüffeljus). Allerdings steht das Vergnügen auch mit 45 Euro auf der Rechnung.

Bei den Desserts hebt sich eine kleine Köstlichkeit von den Standards wie Crème Brûlée oder Tarte mit Vanilleeis ab: Adnans Apfel. Der wird mit Marzipan gefüllt und in Pergamentpapier gewickelt, dann im Ofen gegart und mit frischer Vanillesauce kombiniert, köstlich.

Recht ungewöhnlich ist bei Adnan die Weinkalkulation. Die beiden Kreszenzen des Monats, zwei sehr gute Lagen aus Italien, sind jeweils mit 19 Euro berechnet.

Wer mag, kann natürlich auch einen Sassicaia für 350 Euro oder einen Solaia für 365 Euro bestellen. Der Weinservice ist ausgezeichnet, der ganze Bedienungsapparat läuft reibungslos und schnell. Auch wenn die 150 Plätze besetzt sind, muss keiner warten. Wenn im Frühjahr die Sonne die Gäste auf die Straße lockt, verdoppelt sich mit der Straßenterrasse das Platzangebot noch einmal. Servicetechnisch ist das kein Problem, nur müssen die beschwerdefreudigen Nachbarn einkalkuliert werden. Das macht Adnan höflich, ja galant, dem Namen des Restaurants entsprechend: das türkische Bey heißt nämlich übersetzt Grand Senior oder ganz einfach Herr.

Bei so viel Lob ist das einzige Problem, das ich sehe, dass man Adnan nicht klonen kann. Der besondere Reiz, das bestätigen immer wieder die Gäste, ist doch, dass der Maître mittags und abends immer da ist und jedem Einzelnen das Gefühl gibt, der wichtigste Gast zu sein. Nun muss Adnan ständig von Restaurant zu Restaurant eilen, um seiner Passion nachzukommen. Da ist es schon ein erheblicher Vorteil, dass die beiden Lokale gerade mal zwei Straßenecken weit auseinander liegen. So wie der Chef selbst werden es auch die Kunden halten und wechselweise den Klassiker oder die moderne Variante Bey mit ihren asiatischen Elementen besuchen. Nahezu unschlagbar sind die beiden Joker des gebürtigen Türken, der wie ein italienischer Edelmann auftritt: gute Stimmung und ein unschlagbares Preis-Leistungs-Verhältnis.

BEY

●●●○○

Küche
Mediterran

Adresse
Knesebeckstraße 33
10623 Berlin/Charlottenburg

Telefon
030/88 72 06 67

Internet
noch nicht vorhanden

Öffnungszeiten
Mo-Sa 12 bis 01 Uhr

Verkehrsanbindung
S-Bhf. Savignyplatz (300 m), Uhlandstraße (380 m)

Kartenzahlung
Bar, EC-Karte, Kreditkarten

Preise
À la carte: 4 – 28,50 €

Extras
Sitzplätze außen

Berlins heilige Currywurst

Wer den Genuss hochklassiger Gastronomie so richtig von Herzen liebt, darf getrost hin und wieder auch zu den Anfängen Berliner Spezialitäten zurückkehren, zur Currywurst beispielsweise, die ihren 50. Geburtstag feierte.

Und wo Anerkennung ist, da gibt es gleich Mitbewerber für den Ursprung des scharfen Schnellgerichts. Hamburger Gastronomie und das Ruhrgebiet wollen Berlin den Schöpferglanz streitig machen. Der Erfolg hat halt viele Väter. Wir bleiben dabei: Das aufgepeppte Würstchen trat aus Berlin seinen Siegeszug an. Wahrscheinlich wurde die allererste in der 1930 gegründeten Firma Konnopke zubereitet. 1947 gab's einen Wurstwagen, zwei Jahre später wurde die Imbissstube errichtet. Mit der Würze nach geheimem Familienrezept ging das Originalberliner

Fast Food über den Tresen. Heute gibt es die Currywurst in Berlin an jeder Ecke. Die Experten, vor allem hungrige Nachtschwärmer streiten sich, ob die beste nun auch heute noch in der *Konnopke* Imbissbude an der Kreuzung Schönhauser Allee/Eberswalderstraße oder bei *Bier's* am Kurfürstendamm 195, wo ich meine Currywurst-Erfahrung vertieft habe, serviert wird. Hüben wie drüben wird sie auf Gästewunsch nicht auf Papptellern, sondern auf richtigem Porzellan angerichtet.

Nun sind diese beiden Vorzeigeadressen, wie schon gesagt, alles andere als Einzelkämpfer, die die Idee verwursten, über die manche die Nase rümpfen. Am Alexanderplatz im S- und U-Bahnhof floriert ebenfalls ein Rekordverkauf und das gilt auch für die Wurstbraterei in der Schloßstraße, Ecke Zimmermannstraße in Steglitz.

Das Besondere bei *Bier's* sind – neben der Wurst – die Belgischen Pommes

Variationen bieten alle an. Da ist die leicht geräucherte Wurst mit Majoran gewürzt, in Naturdarm gepresst und in reinem Bratenfett gegart, in Stücke geschnitten und mit einer Mischung aus edelsüßem Paprika, Cayennepfeffer, Curry aus großen Blechdosen gepudert. Schließlich gibt der Mann hinter der Theke die hausgemachte Sauce aus Ketchup mit eingekochten Tomaten hinzu. Häufig schwören Kenner auf die Currywurst ohne Pelle (gemeint ist die Wurst ohne Darm), manchmal ist sie auch ohne Röstaromen, nur in siedendem Fett gegart. Auch zu DDR-Zeiten versuchte man in Ostberlin den schnellen Snack nachzuempfinden. Die Ostberliner Band *Silly* setzte der Currywurst mit dem Lied „Heiße Würstchen" ein musikalisches Denkmal.

Nun kann ich Ihnen erzählen und belegen, warum ein getrüffelter Fasan oder ein Kalbsrücken in Morchelrahm besonders gut gelungen ist oder danebenging. Bei der Currywurst verhalte ich mich anfängerhaft. Ich weiß nicht, was wichtiger ist, die Wurst oder würzige, individuell gestaltete Sauce auf Tomatenbasis. Bei den guten Imbissbuden lässt man sich nicht in die Karten sehen, wie das heiße würzige

Drumherum angerichtet wurde. Die Besten wie *Bier's* am Kurfürstendamm schwören, wie gesagt, auf frische eingekochte Tomaten.

Das Besondere bei *Bier's* ist nicht nur die Wurst, sondern auch die Belgischen Pommes Frites (extra dick und geriffelt), die dazu ebenfalls auf einem Porzellanteller angerichtet werden, nicht auf Plastik. Dazu wird Cola, Wasser oder ein Berliner Pils geordert. In der Nacht wechselt das begleitende Getränk häufig zu Prosecco. Wenn Feste in der Stadt sind, beispielsweise nach dem Presseball, wandelt sich Berlins Currywurst-Metropole zum besten Champagner-Verkäufer. Udo Walz, der Meister der schnellen Schere, findet Champagner zur Currywurst zwar „ganz schrecklich dekadent“ – aber wer schert sich drum?

Gedränge an den 15 Stehtischen, ein Gast aus dem bayerischen Neustadt isst zu hastig, verschluckt sich. Ungefragt hauen ihm drei Nachbarn hilfreich, aber zu kräftig auf den Rücken. Nachbarschaftshilfe ist ein Gebot wie das eherne Gesetz, wonach eine „Curry“ nur in Berlin verzehrt werden darf. Fehlt ihr die Berliner Luft, die angeblich so besonders riecht, degeneriert sie zum Allerweltsgericht. Da kann Herbert Grönemeyer, der engagierte Kohlenpottbarde, noch so leidenschaftlich über die Bochumer Currywurst fabulieren, Berlin ist die wahre Heimat.

BIER'S

●○○○○

Küche
Deutsch/International

Adresse
Kurfürstendamm 195
10707 Berlin-Charlottenburg

Telefon
030/881 89 42

Öffnungszeiten
Mo – Do 11 bis 5 Uhr,
Fr+Sa 11 bis 6 Uhr,
So 12 bis 5 Uhr

Verkehrsanbindung
U-Bhf. Uhlandstraße,
Bus M19, M29, X10, 109, 110

Kartenzahlung
Bar, EC-Karte, Kreditkarten

Preise
À la carte: 1,60 – 2,20 €

Extras
Sitzplätze außen

Fisch auf den Tisch

Das *Bocca di Bacco* in der Friedrichstraße überzeugt durch gediegenes Ambiente. Werden in Berlin die In-Lokale aufgezählt, in denen sich die Promis tummeln, führt das Borchardt die Rangliste an, wird die schlimme Küche der *Paris-Bar* schöngeredet, aber das *Bocca di Bacco* steht da nie in der Wertung.

Dabei sind Tom Cruise und Co. inzwischen schon Stammgäste beim Italiener, der sich qualitativ von Jahr zu Jahr gesteigert hat. Die Speisekarte sowohl am Mittag wie zum Dinner ist übersichtlich geblieben. Neben den Standards wie Vitello Tonnato, vorzüglich zartem Kalbsbraten mit Kapernsauce, toskanischem

Landschinken mit Büffel-Mozzarella gibt es auch ungewöhnlich kleine Köstlichkeiten wie der Sockel von geschmorten roten Zwiebeln, die eine wunderbare Verbindung mit gegrillten, aber knackig gelassenen Garnelen eingehen. Natürlich steht Pasta im Mittelpunkt von Spaghettini bis Lasagne. Meine Empfehlung sind die Ravioli mit köstlichen Steinpilzen an Butter-Thymian-Sauce. Bei den Hauptgängen belässt es die Küche bei vier Mal Fisch, fünf Mal Fleisch. Das Schwertfischfilet unter einer Kruste von getrockneten Tomaten an Artischocken (mit feiner Säure) war butterzart, allerdings hätte ich mir von einer Kruste mehr Festigkeit versprochen. Die aromatisierenden getrockneten Tomaten lagen als Creme zart wie Pudding obenauf. Die anschließend servierten kleinen Kalbsschnitzel, mit Salbei sehr fein gewürzt, waren geschmacklich einwandfrei, aber leider trocken gebraten.

Empfehlung: Ravioli mit Steinpilzen an Butter-Thymian-Sauce

Die Seezungen (leider nicht täglich auf der Karte) sind von vorzüglicher Qualität, perfekt angerichtet und von bissfestem Fleisch. Der Vorzug, Fisch und Meeresfrüchte nicht totzubraten, trifft auf die Scampi mit Tomate, Oliven und Kräutern und ebenso auf den Thunfisch in Sesamkruste zu.

Nun ist es nicht so, dass die Küche, die in der Anfangsphase deutliche Schwächen hatte und sich dann erheblich steigern konnte, nicht auch ein paar außergewöhnliche Fleisch-Highlights präsentieren kann. Der Kalbsrücken beispielsweise bekommt eine sehr eigene Note durch die Kruste von Kakaobohnen und Pinienkernen. Das Filet wird flambiert und beim Lammkarree überzeugt die Rotweinsauce. Ich habe selten ein Restaurant erlebt, dass eine so aufwendige Käsekarte offeriert vom Parmesan mit altem Balsamico über Ziegenkäse mit Trüffelhonig oder Taleggio mit Paprika-Senf-Früchten. Auch beim Käse gibt es einen Ausflug nach Sardinien, die Heimat der besten (und bildschönen) Servicekraft. Der sardische Schafskäse wird umrahmt mit Apfel-Senf-Früchten.

Beim Dessert begrenzt sich die Küche auf Standards, es sind die üblichen italienischen Verdächtigen: Crème Brûlée, Schokoladentörtchen oder Vanilleparfait, muss man nicht unbedingt haben.

Die Weine aus dem begehbaren Weinklimaraum im Restaurant sind kundenfreundlich kalkuliert. Aus 200 italienischen Lagen wählten wir einen angenehmen trockenen Weißen mit Blütenduft aus den Weinbergen von Guiseppe Vita, Deutschlands Top-Manager, für den Wein kein Getränk, sondern eine Lebensphilosophie ist. Für das Business-Lunch oder allein Speisende stehen genügend halbe Flaschen bereit. Lobenswert. Was ich kritisieren muss, ist die enge Bestuhlung, so dass an Tischen vertrauliche Gespräche kaum möglich sind. Da ist manchmal die Diskretionsgrenze unterschritten. Doch die Gäste sind bereit, das kleine Problem hinzunehmen, weil der Service gut eingefahren ist und die Kunden liebevoll umsorgt, auch die Küche unter der Regie Loriano Mura heute insgesamt einen guten Job macht.

BOCCA DI BACCO

●●●○○

Küche
Italienisch

Adresse
Friedrichstr. 167/168
10117 Berlin-Mitte

Telefon
030/20 67 28 28

Internet
www.boccadibacco.de

Öffnungszeiten
Mo – Sa 12 bis 24 Uhr,
So 18 bis 24 Uhr

Verkehrsanbindung
U-Bhf. Französische Straße,
Bus TXL, 100, 200

Kartenzahlung
Bar, EC-Karte, Kreditkarten

Preise
Mittagstisch: 8,50 – 27,50 €
Mittagsmenü: 16,50 – 19,50 €
À la carte: 8,50 – 28,50 €

Extras
Weinkeller,
Loungebereich

Speisen mit Spionen

Die Leserempfehlung schien mir eindeutig und unverwechselbar. Das Restaurant mit ordentlicher Küche hieße „Blond", wie die Haarfarbe, die Inspiration für eine ganze Serie von Witzen liefert. Doch knapp vorbei ist auch daneben. Eine winzige Namensverwechslung sorgte für Turbulenzen.

Blond erwies sich beim Besuch als bekennende Schwulenbar, aber das *Bond,* wie Geheimagent James, 007, also das Lokal zwei Ecken weiter in der Knesebeckstraße 16 am Savignyplatz, ist ein hübsch gestyltes, pfiffiges Restaurant mit Straßenterrasse und, vor allem, mit einer guten Küche. Ein Lokal, das ich wirklich ansprechend fand und das wohl auch unser Leser gemeint hat. Also achten Sie auf das „L", wenn Sie reservieren wollen. Richtig blond, um beim Wortspiel zu bleiben,

war allerdings die Begrüßung der blonden Geschäftsführerin, die mich aus TV-Sendungen erkannte und völlig überrascht fragte, wer mich denn in dieses Lokal geschickt hätte. Als Stärke der Dame erwies sich in der Folgezeit ihre glückliche Hand fürs Personal. Der Service war ausgezeichnet, und auch die Küche startete mit Unerwartetem und guten Aromakombinationen.

Bei keinem Gericht lief ich Gefahr, anschließend in die Reha zu müssen. Das Amuse Bouche war eine interessante Verbindung von Apfelschaum und scharfem Curry im Minigläschen. Mir sind derart kleine Appetitmacher lieber als ein sogenannter Gruß aus der Küche von der Größe einer nicht selber ausgewählten Vorspeise.

Geheimtipp: *Bond*-Burger mit Rinderfilet, Rucola, Tomatenpesto, Parmesan und French Fries

Zur Spargelzeit hatte ich Lust auf das Süppchen von diesem Beelitzer Edelgemüse, kombiniert mit frischen Flusskrebsen und Trüffel. Das mit dem Trüffel muss man relativieren. Es waren vier hauchfeine Spänchen der (ungleich billigeren) Sommertrüffel, alles andere hätte auch die Kalkulation oder den Preis gesprengt. Außerdem ist mir das immer noch lieber als dieses furchtbare synthetische Trüffelöl, mit dem so viele Durchschnittsakrobaten am Herd hantieren. Die Suppe war wunderbar abgestimmt, die Krebse knackig und aromatisch. Ein guter Start.

Der kleine Salat von Mittelmeer-Pulpo bestand einmal nicht aus gegrillten, sondern in Salzwasser gekochten Tintenfischscheibchen, verbunden mit Blattsalat und einer Vinaigrette mit ausgemacht feiner Säure. Gerne hätte ich davon eine etwas größere Portion bekommen, aber der Koch ist wohl angehalten, besonders auf den Wareneinsatz zu achten, denn am Nebentisch bestand der appetitlich aussehende Garnelenspieß auch nur aus vier winzigen Exemplaren. Auch eine Portion wie geschaffen für die Frühjahrsdiät. Der Hauptgang korrigierte dann den Eindruck ein wenig. Das war schon eine ordentliche Portion Spargel, noch bissfest gegart und schmackhaft, dazu eine im Wasserbad perfekt aufgeschlagene Sauce Hollandaise. Wer selber kocht, weiß, wie schnell die echte Hollandaise gerinnt. Insgesamt also ein guter Gang, der nur einen Kritikpunkt hatte: Das Kalbsfilet von akzeptabler Fleischqualität war viel zu lange in der Pfanne und mausetot gebraten. Schade.

Sehr positiv ist die Breite des Angebots. Es gibt etliche Gerichte unter zehn Euro, Ziegenkäse im Strudelteig für den kleinen Hunger beispielsweise, Salate mit Grillgemüse und etliche Pastagerichte. Für Eilige werden Burger und Sandwichs serviert. Die interessanteste Variante ist dabei gewiss der *Bond*-Burger, bei dem ein kleines Rinderfilet mit Rucola, Tomatenpesto, Parmesan und knusprigen French Fries kombiniert wird.

Dazu stehen etliche Weine auf der Karte, die glasweise ausgeschenkt werden. Wer eine Flasche bestellt, bekommt die kundenfreundlich kalkuliert auf den Tisch mit den lila Decken. Aubergine und Lila sind dominierende Farben in der Dekoration. An der Wand prangt ein Riesenposter von Emma Peel, der „Schirm, Charme und Melone"-Kämpferin vergangener Tage, die nachdrücklich das Flair der Sixties heraushebt, insgesamt dominierend beim Ambiente diese Restaurants.

BOND BERLIN

●●◐○○

Küche
International

Adresse
Knesebeckstraße 16
10623 Berlin-Charlottenburg

Telefon
030/50 96 88 44

Internet
www.bond-berlin.de

Öffnungszeiten
Mo – Fr ab 12 Uhr (Küche 12 bis 15 Uhr und ab 18 Uhr), Sa ab 18 Uhr, So ab 10 Uhr

Verkehrsanbindung
U-Bhf. Ernst-Reuter-Platz, S-Bhf. Savignyplatz, Bus M49

Kartenzahlung
Bar, EC-Karte, Kreditkarten

Preise
Frühstück 3,50 – 12,50 €
Sonntagsbrunch 8,50 €
À la carte 7,50 – 29,50 €

Extras
Sitzplätze außen, Raucherlounge

Viel mehr als nur Schnitzel

Der letzte Besuch im *Borchardt* lag schon einige Jahre zurück. In der Zeit bis heute wurde die Brasserie, in der zu Kaisers Zeiten das erste französische Gourmetgeschäft auf deutschem Boden florierte, zum meistgenannten und -beschriebenen Restaurant im Lande.

Nie aber war und ist die Küche das Thema, die handwerkliche Leistung der Crew am Herd und die Servicequalität, die zum Gesamtprodukt beiträgt, sondern stets ging es um Prominenz und besondere Gäste, die sich angezogen fühlen. Da war vom „Speisezimmer der Politik“ bis zur „Kantine der Superstars“ die Rede und die Küchenleistung wurde nur genannt, um zu verkünden, dass George Clooney ein riesiges Wiener Schnitzel verdrückt hat. So gut derartige Promi-Geschichten fürs Marketing sein mögen, dem eigentlichen kulinarischen Angebot werden sie nicht gerecht.

Wenn man die ganz normalen Maßstäbe für eine ehrliche Bewertung anlegt, wie gut ist dann das Restaurant, das nie Pause macht, keinen Ruhetag kennt und längst Kultstatus erreicht hat? In jedem Fall ist die Entwicklung enorm. Bei meinem letzten Besuch hatte der Gault Millau als besonderen Gag die Hauben (als Gastro-Auszeichnung) auf den Kopf gestellt. Aktuell gab es zu Recht eine sehr ordentliche Benotung. Die Küchenqualität und -stabilität hat einen Namen: Philipp Lemoine. Seit mehr als einem halben Dutzend Jahren führt der Franzose Regie in der Küche, schreibt jeden Tag eine neue Speisekarte, auf der nur die Klassiker wie die Meeresfrüchteplatte oder das Wiener Schnitzel mit lauwarmem Kartoffelsalat ständig vertreten sind.

Ich wählte den roh marinierten Thunfisch mit Wasabi-Ingwer-Vinaigrette und Krustentier-Rillette. Sauber, ohne Fehl und Tadel abgeschmeckt, der Fisch von Sashimi-Qualität. Ich hätte mir nur noch etwas mehr Schärfe gewünscht, aber das fällt dann wohl in die ganz persönliche Wertung. Erstklassig die Produktqualität, die sich im *Borchardt* übrigens nicht nur bei den teuren Lebensmitteln zeigt, sondern auch beim frisch gelesenen Rucolasalat oder den duftenden Pfifferlingen, die so gut vorbereitet waren, dass es keinerlei Sandknirschen als Begleitmusik gab.

Breites Angebot – von raffinierten Vorspeisen bis zum Schnitzel

Es folgte eines der besten Kalbsfilets (Biokalb), die ich jemals gegessen habe, herrlich rosa gebraten mit einer kräftigen Morchelsauce und Navarin (ein kranzförmiges Ragout) von grünem Spargel und jungem Lauch. Auch das Hasenrückenfilet in Portweinjus mit Majoran-Kartoffel-Gnocchis war auf den Punkt gegart und nicht, wie das so oft passiert, faserig totgebraten. Unsere Nachbarn, die das Weidelammkarree mit Artischocken und Thymianpüree bestellt hatten, lobten ebenfalls exakt diese Detailqualität. Wobei man sagen muss, dass das Kultlokal bis auf den letzten Platz ausgebucht war. Da imponieren mir perfekte Garzeiten besonders.

Einfach war der Weg zu dieser Küchenkontinuität nicht. Lange Zeit hatte Roland Mary, Inhaber und Regisseur im Hintergrund, intensiv gesucht, um den richtigen Küchenchef zu finden, der Qualität mit der Größe des Edelbistros (200 Plätze) auf einen Nenner bringt. Mit Philipp Lemoine aus Paris wurde er fündig. Der Küchenkünstler aus dem *Le Fouquet* war im New Yorker *La Boite En Bois* verantwortlich, hatte eine gute Zeit im besten Pariser Hotel George V. und arbeitete in der Brigade des viel zu früh verstorbenen Berliners Siggi Rockendorf. Internationale Erfahrungen ließ Lemoine sofort in die Tageskarte einfließen. Zwei Beispiele für raffinierte Vorspeisen: Étouffée-Tauben in Kartoffelringen mit Pfifferlingen in

Cassis Acetojus, Kalbszungencarpaccio mit Löwenzahnsalat in Meerrettichvinaigrette und Rote Bete. Mit Fischen beschäftigt sich der Wahlberliner am liebsten. Die Dorade Royal serviert er kross auf Kartoffelcarpaccio und mit gefüllten Minipaprika, die dem milden Fisch ein wenig Schärfe geben.

Heute ist auf das Küchenteam, das nicht hinter einem Michelin-Stern herhechelt, aber permanent gehobene Brasserie-Qualität produzieren will, ebenso Verlass wie auf den Service, den seit Jahren Rainer Möckel dirigiert.

Die Entwicklung gilt auch für den Weinservice. Gelistet sind kleine preisgünstige italienische Lagen ebenso wie klassifizierte Bordeaux. Der von mir gewählte Lynch-Bages, ein angenehmer Pauillac, den man gern den „Mouton des kleinen Mannes" nennt, wurde ohne Nachfrage vom Kellner dekantiert. Auch derartige Kleinigkeiten, die heute längst keine Selbstverständlichkeiten mehr sind, pflegen das Wohlgefühl und machen den Restaurantbesuch angenehm. Und wie versprochen: Kein Wort über Promis ...

BORCHARDT

●●●●○

Küche
Französisch

Adresse
Französische Str. 47
10117 Berlin-Mitte

Telefon
030/81 88 62 62

Öffnungszeiten
tägl. 11.30 bis 24 Uhr
(Küche ab 12 Uhr)

Verkehrsanbindung
U-Bhf. Französische Straße, Stadtmitte, Bus 147

Kartenzahlung
Bar, EC-Karte, Kreditkarten

Preise
À la carte: 9 – 32 €

Auszeichnungen
14 Gault-Millau-Punkte

Extras
Rauchen im Kellergewölbe, Sitzplätze außen

Diese Kundschaft macht Mühe

In Berlin gibt es Hunderte italienische Küchen, mehr als von jeder anderen internationalen Richtung. Warum wollen wir zum „Italiener"? Woher kommt die Vertrautheit, ganz gleich, ob Sterneküche oder Pizzeria?

Der Pauschalbegriff scheint präzise genug. Ich glaube, es ist zum einen eine tiefe Sympathie für die Küchenrichtung, zum anderen häufig auch eine kurze Erinnerung an den Urlaub.

Ein relativ neuer Name der Bella-Italia-Fraktion, der für eine besonders interessante Ausführung steht, ist *Bosco Verde*, mitten im feinen Grunewald-Zentrum an der Hagenstraße.

In den Tagen, in denen der Sommer mit Bruthitze zurückkehrt und sich das kulinarische Leben am intensivsten unter blauem Himmel abspielt, drängt sich der *Bosco-Verde*-Garten, mit hohen Bäumen vom Straßenalltag abgeschirmt, besonders auf. Ein wunderschön gestaltetes Fleckchen Italien mit Zitronenbäumen, Oliven, mit plätschernden Brunnen und Blumenpracht.

Spezialität des Küchenchefs sind Fisch & Meeresfrüchte

Vergessen Sie die Speisekarte des Restaurants mit den üblichen italienischen Standardgerichten. Das interessante Angebot, nach den frischen Produkten des Marktes zusammengestellt, findet auf Schiefertafeln statt, mit Kreide geschrieben.

Mir stach sofort der erstklassige Service ins Auge, der es mit der Klientel allerdings nicht leicht hat. An zwei Tischen beobachtete ich besonders sparsame Grunewalder Kundschaft. Eine Frau, die ihren Dutt mit einem goldfarbenen Netz verschnürt hatte, verspeiste lustvoll zwei große Streifen Kalbsleber mit Apfelscheiben, säbelte auch noch ein Stück von der dritten, um dann dem Kellner zu sagen, dass das Gericht nicht richtig genießbar war.

Dann bestellte sie eine Flasche italienischen Rosé, nahm zwei Gläser in vollem Zug, bat dann den Kellner, die Flasche für zu Hause zu verkorken, und erkundigte sich noch dreist, ob sie damit den niedrigeren Außerhauspreis berechnet bekomme. Für den nicht verspeisten Rest der prächtigen Dorade, die ihr Mann angegangen war, bat sie um ein „Doggy Bag“. Wie gesagt, leicht hat es hier der Service nicht, die Kundschaft ist anspruchsvoll, macht Mühe. Allerdings könnten die Damen und Herren der Brigade einmal Einfluss nehmen, dass das grässliche Industriebaguette, extrem blässlich und kalt, einmal gegen Brot mit krosser Kruste gewechselt wird. Das hat mich ebenso gestört wie die zu warme Temperatur des Pinot Grigios.

Sehr genussvoll zubereitet war das Carpaccio „von zwei Fischen", wobei die hauchdünnen Scheiben vom Tintenfisch mit einem duftenden Öl und Rosa-Pfeffer (schmeckt nach Marzipan) zur vorzüglichen Ergänzung geriet. Die natürlich zu erwartende Palette an Nudelgerichten, durch sahnige Cremesaucen verfeinert und mit Trüffelspänen gekrönt, wird auch in kleinen Portionen serviert, besonders gerne als Zwischengang.

Wer mediterran speisen möchte, hat zumeist auch Appetit auf frischen Fisch aus dem Meer, ganz naturbelassen gegrillt. Der Kellner zeigte mir vor der Zubereitung die Dorade, sie war erfreulich frisch (Augen noch nicht eingefallen, die Schuppenhaut noch glänzend). Eine gute Viertelstunde später war der Fisch perfekt gegrillt und dezent gewürzt. Der Kellner filetierte so gekonnt, dass ich nicht eine einzige Gräte im aufbereiteten Fleisch fand. Würde man so sorgfältig mit der dazugelegten Zitrone verfahren (mit einem feinem Netz oder entkernt), müsste ich nicht 13 störende Kerne an den Tellerrand bugsieren.

Am Nebentisch wurden die italienischen Klassiker serviert, zuerst Vitello Tonnato, das hauchdünne Kalbsfleisch mit Thunfischsauce, und anschließend Saltimbocca.

BOSCO VERDE

●●○○○

Küche
Italienisch

Adresse
Menzelstr.1/Ecke Hagenstr. 2
14193 Berlin-Grunewald

Telefon
030/89 74 60 74

Internet
www.bosco-verde.de

Öffnungszeiten
tägl. 12 bis 24 Uhr

Verkehrsanbindung
S-Bhf. Grunewald, Bus 118, 119

Kartenzahlung
Bar, EC-Karte, Kreditkarten

Preise
Mittagsmenü 7 €
À la carte: 4 – 25,50 €

Extras
Sitzplätze außen,
Tageszeitungen,
Zeitschriften

Locker aus der Rinderhüfte

Selbst der größte Liebhaber raffinierter Aromakombinationen und kreativer Meisterstücke am Herd hat manchmal auch schiere Fleischeslust. Wir sprechen im Augenblick nur von dem, was auf den Teller kommt, von den hübschen und offenherzigen brasilianischen Tänzerinnen später mehr.

Im Vorfeld der ITB konzentriert sich die ganze Welt in einigen Messehallen. Bei meinem gastronomischen Ausflug zu südamerikanischen Küchenkulturen landete ich im *Brasil Brasileiro* am Kurfürstendamm. Mein Gott, gibt es hier eine gewaltige Fan-Gemeinde. Das weitläufige Restaurant mit eng gestellten Tischen schien aus den Nähten zu platzen, so viele Gäste strömten herein. Es war ein Donnerstag. Von Donnerstag bis Sonntag werden die Grillspezialitäten von erotischen Samba-Einlagen und Capoeira-Akrobatik begleitet. Unbedingt reservieren!

Grillfleisch-Spezialitäten für jeden Geschmack

Das besondere Erlebnis in der Reihenfolge: Weil die Karneval-in-Rio-Show besonders aufwendig war, zahlte ich 45 Euro als Paket-Preis für Dinner und Programm. Zum Festpreis von 25 Euro an normalen Tagen dürfen sich die Gäste so oft sie wollen am Vorspeisen-Buffet bedienen, vor allem aber so viel gegrilltes Fleisch essen, wie sie vertragen können. Hier ist es, wie es bei allen All-inclusive-Veranstaltungen und -Ferienpaketen ist: Die disziplinierten Slim-Jünger und Wenig-Esser zahlen für die Vielfraße. Sage und schreibe 20 verschiedene Fleischspieße werden zubereitet und von fröhlichen Kellnern an den Tischen serviert. Dabei schneiden die Serviceleute mit einem schwertähnlichen Messer Streifen herunter und legen sie zu den scharfen Saucen auf den Teller. Nun schlägt mein Herz nicht so sehr für kleine Würstchen, Lammfleisch und Pute, sondern für die ganz besondere Spezialität des Hauses „Picanha“, die Rinderhüfte von einem Fettrand als Aromaträger umgeben. Das Fleisch wird dabei hochkant auf den Spieß gesteckt. Das erste Mal in meinem Leben habe ich diese saftige Fleischspezialität mit rosa Kern beim Geburtstag meines Kocharena-Jury-Kollegen Reiner Calmund genossen, der vor einiger Zeit in Köln aus herzlicher Verbundenheit mit Land und Leuten ein riesiges brasilianisches Fest veranstaltete. Im besten Berliner Restaurant dieser Kategorie war die Qualität ebenso gut, die Feijão (mit Rind und Schweinefleisch gekochte Bohnen) noch köstlicher.

Nicht allzu häufig esse ich Schweinefleisch, aber der Schweinenacken, geradezu perfekt gegrillt, war für mich ein außergewöhnliches Genuss-Erlebnis. Deutlich bescheidener fand ich dagegen die Qualität der Vorspeisen. Der Salat wurde nicht schnell genug nachgelegt und die Garnelen waren durchschnittlich. Doch dramaturgisch richtig, bedeutete dieser Teil des Menüs ja nur ein behutsames Warmlaufen. Beim Hauptgang stand im Zwei-Minuten-Takt ein Kellner mit dem großen Fleischspieß neben dem Tisch. Damit sind wir schon beim Service. Der wird nicht nur liebevoll und aufmerksam zelebriert, die Chefin legte bei der Auswahl des Personals auch großen Wert auf Charme. Da kommt Freude auf.

Interessant, dass Wein im Restaurant keine große Rolle spielt. Dafür reicht die Bier-Palette mit Produkten aus Brasilien bis Friesland. Ein weiterer Schwerpunkt sind feurige Cocktails, wobei der Bestseller eindeutig Caipirinha ist. Die offenen Weine werden freilich gepflegt. Weil die sensiblen Kreszenzen schnell schal werden, wenn die angebrochene Flasche lange steht, wird nach jedem Ausschenken luftdicht versiegelt.

Zur fortgeschrittenen Stunde gerieten die Rhythmen heißer, die brasilianischen Tänzerinnen begeisternder. Zwischen den Tischen wurde getanzt und manche Experten, die hier häufiger speisen, machten bewusst eine Pause, verbunden mit einem Tänzchen, und widmeten sich dann erneut lustvoll der nächsten Portion köstlichen Grillguts. Das Fleisch kommt übrigens von besonders anerkannten Produzenten aus Brasilien. Interessant: Bei der Frage „Nicht aus Argentinien?“, gab es nur ein unwilliges Kopfschütteln. Ja, die Nachbarschaft. Das ist wie bei uns mit den Holländern ...

BRASIL BRASILEIRO

●●●○○

Küche
Brasilianisch

Adresse
Kurfüstendamm 151
10709 Berlin-Wilmersdorf

Telefon
030/89 40 98 89

Internet
www.brasil-brasileiro.de

Öffnungszeiten
Mo – Sa 18 bis 1 Uhr,
So 17 bis 1 Uhr

Verkehrsanbindung
U-Bhf. Adenauerplatz,
S-Bhf. Halensee,
Bus M19, M29

Kartenzahlung
Bar, EC-Karte, Kreditkarten

Preise
À la carte: 17 – 25 €

Extras
Shows mit Samba- und Tanzvorführungen

Brüder, zur Sonne!

Ein Test der Berliner Biergärten und Sommerterrassen

Auch für die überzeugten Genussmenschen unter Berlins Restaurantgästen gibt es Situationen, in denen selbst göttliche Drei-Sterne-Küchen sowieso chancenlos gegen einfache Steaks oder Garnelen vom Holzkohlegrill sind. Die Lust am Frischluft-Vergnügen sticht an Sommertagen alle anderen Kriterien aus.

Die ultimative Empfehlung für Sonnentage ist das *Café* (tatsächlich Bistro und Biergarten) *am Neuen See*, kurz *CANS* genannt. Es liegt mitten in der City und dabei tief im Grünen. Auf dem See darf gerudert werden und aus dem nahen Vogelschutzgebiet stolzieren Silberreiher und bunt gezeichnete Zierenten vorbei. Idyllisch. Während im Biergarten, wie kann es anders sein, der Gerstensaft,

Leberkäse, Brezeln und Biohähnchen dominieren, wird im Service-Bereich à la Minute gekocht, gegrillt, gebacken und angerichtet.
Die Vorspeisen sind dabei bewusst einfach gehalten: eine toskanische Landplatte beispielsweise mit verschiedenen italienischen Salamis, Oliven, Parmesan oder marinierten Gemüsen, Rosmarinkartoffeln mit Putenbrust, auch Picandou (Französischer Ziegenkäse) auf Kürbiskernbrot mit Honig überbacken und auf Rucolasalat angerichtet. Ohne spektakuläre Ausflüge geht es weiter mit hausgemachten Spaghetti in einer Kombination mit Flusskrebsen oder Scampi und ebenso unkompliziert mit getrockneten Tomaten und Streifen von kurz gebratenem Rinderfilet.

Tipp für Genießer: die „weiße" Pizza!

Vom Grill sind eher Putenbrust und Zitronenhuhn zu empfehlen, weniger das Entrecote, das schnell fest und zäh wird. Die Pizza aus dem Steinofen ist für mich die beste in der Stadt, hauchdünn und splitterkross. Ich bevorzuge die „weiße" Variante mit Lachs, Hummerkrabben, Blattspinat, Salbei und Crème Fraîche statt Tomatenmark und Käse, dafür aber mit viel Dill (11,50 Euro). Insgesamt 14 Ausführungen werden angeboten, alle im Großformat und ab 8 Euro, günstig für den, der mächtigen Hunger hat. Bei der Edelausführung mit Lachs und Hummerkrabben bleibt natürlich nicht mehr viel übrig vom ursprünglichen Gedanken, der in Süditalien zur Pizza-Erfindung geführt hat: nämlich die konsequente Verwendung aller Reste von Fisch bis Fleisch auf einen Teig gepackt und mit Tomaten und Käse abgerundet. Wie auch immer, die weiße Pizza empfehle ich jedem Genießer. Leichte Sommerweine werden glasweise angeboten, ab 2,85 Euro. Große Lagen sind an solchen Abenden einfach fehl am Platz.

Sie wissen ja, bei den Gourmetküchen hilft die Quersumme aller gastronomischen Bewertungen zur Einordnung, beim Besuch eines Sommerrestaurants stehen Atmosphäre und Wohlfühl-Service verbunden mit dem Blick in die Natur im Vordergrund. Und da reichen einfach gut gemachte, originelle Ausführungen bestehender Standardgerichte.

Hier im Grünen fällt der Tag mit Hektik und Problemen ab. Filmstar Heiner Lauterbach hat Glück. (Glück lässt sich natürlich auch organisieren.) Zusammen mit einem Gesprächspartner findet er zufällig die letzten beiden freien Stühle, bestellt Thunfisch und bleibt relaxt, selbst als ihm ein fremder Hirtenhund penetrant am Hosenbein schnuppert. Hochbetrieb derweil am Grill, Loup de Mer wird mit Kräutern gefüllt und gegart, Grillgemüse rundet ab. Ansonsten auch heute die übliche Palette: Lammkoteletts, Geflügel ohne Fett, extrem kalorienarm, für den, der darauf achten muss. Alles hier in freier Natur ist wahrlich keine große Kochkunst, aber sauber gemacht. Roland Mary ist der Inhaber, der Berlins Gastronomie immer wieder belebt. Ganz gleich, ob im *Borchardt*, im neuen *San Nicci*, im *Pan Asia*, bei seinen Catering-Terminen oder hier, er ist der Gesprächspartner, den die Gäste suchen, von Iris Berben bis Barbara Zimmermann. Zum Tagesbeginn am See sind schließlich Anklänge an Renoirs Gemälde „Frühstück der Bootsfahrer" zu erkennen. Für Naturfreunde, die den Morgen als die schönste Zeit ansehen, wird ab 10 Uhr Frühstück serviert.

CAFÉ AM NEUEN SEE

●●◐○○

Küche
Deutsch/Italienisch

Adresse
Lichtensteinallee 2
10787 Berlin-Tiergarten

Telefon
030/25 44 93 00

Öffnungszeiten
tägl. ab 9 Uhr

Verkehrsanbindung
U+S-Bhf. Zoologischer Garten,
Bus M46, 100, 106,
187, 200, 348

Kartenzahlung
Bar, EC-Karte, Kreditkarten

Preise
À la carte: 4,50 – 19 €

Extras
Sitzplätze außen

Mit Mango geht es los, mit Mango hört es auf

Koriander, Chili & Co.: Zu Besuch im indischen Restaurant *Calcutta* an der Bleibtreustraße

Calcutta liegt im Gangesdelta oder in der Bleibtreustraße, mitten in der langen Zeile internationaler Küchen. Das indische Restaurant existiert bereits seit 1967 und gilt als das älteste indische Lokal im Lande. Vor 20 Jahren wurden die Wände in zarten Pastellfarben mit Alltagsszenen aus dem exotischen Subkontinent dekoriert. In der Kombination mit holzgeschnitzten Deckenverzierungen und gelber Tischwäsche wirkt das Restaurant einladend. An den letzten schönen Tagen freilich spielt sich das Leben auf der Straßenterrasse ab. Hier war der erste Eindruck weniger erfreulich. Obwohl ich der Bedienung einen Hinweis gab, dass ich draußen sitze, kümmerte sie das wenig.

Die Aromafülle beim Garnelen-Pakora war sehr gut. Drei Saucen, mild, fruchtig und scharf, und eine vorzügliche Koriandercreme, mit Minze und Chili abgeschmeckt, sorgten für atemberaubende Schärfe im Nachgang. Überhaupt: Wer Koriander mag, wird angetan sein, verzeiht leichter Fehler und Pannen. Die Garnelen, in einem Kichererbsenmehlteig gebacken, ähnelten von der Optik dem japanischen Tempura, leider war die Hülle nicht derart kross, sondern labbrig. Am Nebentisch wurde Chicken Jalfrezi serviert. Das klingt wild, ist aber nur Huhn ohne Knochen mit Erbsen und Tomaten in einer Käsesauce. Ich wartete derweil auf meinen Fisch Tikka. Es dauerte. Flachsten Gäste nebenan: Der Weg von Indien nach

Berlin ist lang, so lang ... Als der Chef des Hauses erschien, ging alles viel schneller. Der Tikka Viktoriabarsch, mit Kartoffeln im Tandoori-Ofen gegart, wurde serviert. Bei der Schärfe hatte die Küche sich hier schon dem europäischen Geschmack angeglichen. Leider war der Fisch weich wie eine Farce und die Kartoffeln ohne Eigenaroma. Empfehlenswert sind die Gerichte aus dem Original-Lehmofen dennoch, die eingelegten Lammkoteletts zum Beispiel oder die marinierte Hühnerbrust.

Empfehlenswert: Gerichte aus dem Lehmofen

Hat man die Entscheidung getroffen, zum Inder zu gehen, sucht man zumeist Curry-Gerichte. Rogan Josh beispielsweise, das ist eine Lammfleisch-Spezialität aus Kaschmir mit Kräutern aus dem Himalaja. Ganz gleich, ob Sie das Spezial-Curry bestellen oder Korma-Gerichte aus dem Nordwesten Indiens (in Sahnesauce mit Kardamom, Rosinen und Mandeln), die Portionen sind tatsächlich riesig und die Preise einheitlich niedrig (12,50 Euro). Bei den Süßspeisen ist es wie bei den Getränken, alles dreht sich um Mango. Die Mango-Mousse, mit Limonensaft und Joghurt aufgearbeitet, ist eine leichte Leckerei. Dafür hat der Mango-Schnaps die Härte eines klassischen Obstlers.

CALCUTTA

●○○○○

Küche
Indisch

Adresse
Bleibtreustr. 17
10623 Berlin-Charlottenburg

Telefon
030/883 62 93

Internet
www.restaurant-calcutta.de

Öffnungszeiten
tägl. 12 bis 24 Uhr

Verkehrsanbindung
S-Bhf. Savignyplatz,
U-Bhf. Uhlandstraße,
Bus 109, 110, M19, M29

Kartenzahlung
Bar, EC-Karte, Kreditkarten

Preise
À la carte: 3,50 – 19 €

Extras
Sitzplätze außen

Mediterraner Charme, aber Ärger mit dem Jahrgang

Die Qualität der Berliner Restaurantszene hat sich in den letzten Jahren derart entwickelt, dass sie inzwischen in Deutschland einzigartig ist, was die Breite und die Vielfalt der Möglichkeiten angeht. Allein die Weinpflege muss immer wieder kritisiert werden.

Mal hat der leichte Weißwein Bordeaux-Temperatur, dann kommt der Rote aus dem Eiskeller. Im mediterranen Restaurant *Cassambalis* war die Küche durchaus ein Genuss, doch bei der Weinbestellung ging der Ärger los. Beim ersten war der Jahrgang nicht mehr verfügbar, beim Pinot Grigio Colli, ein leichtes Tröpfchen für schwülheiße Abende, brachte der Kellner ohne weitere Ansage den noch unruhigen 2005er. Nach Reklamation war der ausgeschriebene Wein dann doch noch vorhanden, leider zu warm.

Es sollte die einzige Panne in diesem Restaurant in der Grolmanstraße in Sichtweite des Ku'damms bleiben. Das Lokal, ursprünglich griechisch ausgerichtet, aber mit mediterranen Gerichten und typischem Pariser Bistro-Ambiente, überzeugt mit unkomplizierten, nicht geschönten und sehr aromatischen Vorspeisen. Beim Rindercarpaccio stimmten die Fleischqualität und das Zusammenspiel der Aromen mit Kräuter, Zitrone und Parmesan. Das gilt auch für marinierten Oktopus vom Grill, für Austernpilze und die sorgfältig gelesenen

Salate als Visitenkarte des Lokals. Obwohl die Zusammenstellung der Speisen mediterran anmutet, wird die Rinderroulade mit hausgemachten Spätzle als Spezialität des Hauses offeriert. Stirnrunzeln ist nicht angebracht, Geschmack ist, was gefällt. Auch im Restaurant.

Die Dorade Royal, ein Prachtexemplar für zwei gesunde Esser, präsentiert der Kellner vor der Zubereitung am Tisch. Sie wird je nach Wunsch der Gäste mit Zitronen-Olivenöl oder mit Butter angerichtet. Qualität und handwerkliche Ausführungen waren tadellos. Das gilt auch für die Lammkeule aus dem Ofen, die mit Rosmarinkartoffeln serviert wird.

Einfach überzeugend: die unkomplizierten und aromatischen Vorspeisen

Etliche bekannte Berliner hatten auf der großen Bürgersteigterrasse Platz genommen, Schauspieler, Geschäftsleute, Politiker. Für die recht ungewöhnliche Optik des Lokals hatten die wenigsten einen Blick.

Dabei sind die Wände bis in den letzten Winkel mit Kunst gepflastert, für die Costas Cassambalis, der Patron und Namensgeber des Restaurants, Sorge trägt. Er entwarf auch die Spiegelwand voller Flaschen hinterm Tresen und initiierte das optisch gelungene, heitere Buffet mit Vorspeisen aus dem Mittelmeerraum, so Auberginen, Zucchini, Vitello Tonnato, Tzaziki und gefüllte Weinblätter, alles wirkte frisch und appetitlich.

Wie so häufig bei südeuropäisch ausgerichteten Restaurants dominieren die Früchte des Meeres, frisches Gemüse und Salate. Fleischgerichte werden weniger gefragt und sind auf der Karte nur recht übersichtlich vertreten. Eine Ausnahme: Spanferkelkoteletts in Zitronen-Oregano-Butter, ein Leibgericht von

Rolf Eckrodt, Motor der Berlin-Partner Gesellschaft. Die Dessertauswahl mit Standards wie Griechischer Joghurt mit frischen Früchten und Honig, Nougathalbgefrorenes und Crème Brûlée ist nicht erwähnenswert.

Die Weinkarte verzichtet auf große Gewächse und bietet nur kleine, aber dafür preiswerte Kreszenzen. Insgesamt akzeptabel, wenn es nicht die Tricks der Kellner mit den Jahrgängen gäbe.

CASSAMBALIS

●●◐○○

Küche
Mediterran

Adresse
Grolmanstraße 35
10623 Berlin-Charlottenburg,
im Hecker's Hotel

Telefon
030/885 47 47

Internet
www.cassambalis.de

Öffnungszeiten
tägl. 12 bis 24 Uhr

Verkehrsanbindung
U-Bhf. Uhlandstraße,
Bus 119, 129

Kartenzahlung
Bar, EC-Karte, Kreditkarten

Extras
Sitzplätze außen

Auszeichnungen
12 Gault-Millau-Punkte

Karotten im Luftschutzkeller

Das finale Wegstück zum Restaurant ist ein ganz fieser Totalangriff auf die Sinne. Beißender Gestank, eben wie Abfallhalden riechen, widerliche Mülltonnen und Container rechts und links in langen Reihen im Blickfeld, Beleidigung für die Augen. Dazu ein finsterer Hinterhof, wie in Krimi-Szenen, bevor es Leichen gibt.

Dann steh ich endlich vor dem winzigen Namensschild an der Hauswand zwischen Westin Hotel und Komischer Oper: *Cookies Cream*. Das Restaurant befindet sich im Obergeschoss, der Nachtclub mit Bar unten. Düster sind die Flure und Treppen, Notbeleuchtung, Luftschutzbunker-Atmosphäre. Das Restaurant mit unverputzten Wänden, an den Decken Isolierplatten neben umwickelten Rohren, auf einem Tisch eine einsame Vase mit roten Blumen. Insgesamt sieht es vergleichbar grausam aus wie in Tim Mälzers *Bullerei* im Hamburger Schanzenviertel. Für Gäste, die schönes Ambiente genießen wollen und damit ihre Seele streicheln lassen, ist dieses Restaurant alles andere als eine Empfehlung. Um allerdings der Wahrheit die Ehre zu geben: Es wird nicht wie bei Mälzer auf blanken Holztischen serviert, hier mildern Tischdecken und Stoffservietten den allzu coolen Eindruck.

Dann aber folgt der nächste Tiefschlag, die Speisekarte: Anders als im früheren *Cookies* in der Charlottenstraße gibt es hier jetzt ausschließlich vegetarische Nahrung, nicht mal mehr ein ganz kleines Steak oder ein kross gebratenes Stückchen Fisch. Sei's drum, also ran an die Pampen-Knödel. Es mag zwar Gäste geben, die überzeugt sind, Gemüse sei ihr Fleisch. Ich sehe das sehr

subjektiv, wenn ich befinde, dass derartige Küchen in die Öko-Ecke gehören. Das Beste war noch der Einstieg, ein frischer knackiger Salat mit einem harmonisch abgeschmeckten Wallnussdressing und gebratenen Kräuterseitlingen.

Für Anhänger vegetarischer Gerichte

Mit dem nächsten Gang begann dann das Festival der Geschmacksneutralität. Das gilt sowohl für die Selleriecreme mit weißem Portwein als auch für die folgenden Gerichte. So ein gefülltes Brioche mit Wachtelei, ein Kartoffelschaum mit Portweinschalotten und Feldsalat. Klingt alles richtig gut, schmeckt aber leider nicht so wie klangvoll auf der Menükarte beschrieben. Es folgten Pinienkern-Kartoffelroulade mit Rote-Bete-Carpaccio, sehr gesund, gut für die Blutbildung. Aber wie gut hätte dazu eine gelackte Entenbrust gepasst ...

Am besten schmeckte mir bei diesem Gang noch der Meerrettichschaum. Insgesamt stelle ich mir geschmacklich so die milde Anschlusskost aus dem Hipp-Glas für Kleinkinder vor. Meine Begleiterin probierte die Parmesanknödel mit Korianderkarotten in Amalfi-Zitronensud. In stiller Höflichkeit beendete sie schnell den Gang.

Ein zartes Hoffnungspflänzchen wuchs bei der Lektüre der Speisekarte, als ich den Begriff „Gegrilltes“ fand, aber es war nur Gegrilltes vom Kürbis, begleitet von Schnittlauch-Gnocchis. Den letzten Joker setzten wir optimistisch aufs Dessert: Apfel-Calvados-Tarte mit marinierten Pflaumen, das hört sich doch wahrlich großartig an, doch leider gab es keinen feinen Tarte-Boden, sondern eine für mich undefinierbare Pampe. Beim Teelöffel Waldmeister-Sauerrahm-Eis hatte es die Küche tatsächlich verstanden, den Waldmeistergeschmack wegzuzaubern. Ein wenig Weihnachtsstimmung brachten die eingelegten Winterfrüchte zum Haselnussparfait mit Hagebuttenzabaione auf den Tisch. Gut ist, dass die Karte klein gehalten wird: vier Vorspeisen, vier Hauptgänge, dreimal Dessert. Drei Gänge kosten 32 Euro, das erleichtert die Arbeit der Küche, aber auch die Auswahl für die Gäste. Der Service ist zwar hemdsärmelig cool, aber bei der Gästebetreuung und im Ablauf ausgesprochen angenehm und gut. Auch die Weinpflege ist gekonnt. Aufmerksam wird nachgeschenkt, wann immer es nötig ist. Nichts zu kritisieren an der Leistung des jungen Kellners. Es ist doch wirklich schön, auch in diesem Restaurant aus Überzeugung etwas positiv registrieren zu können. Die Weinkarte verzichtet auf große Gewächse und ist im Übrigen angemessen kalkuliert.

Mein Fazit: Anhänger vegetarischer Gerichte bezeichnen *Cookies Cream* als das beste Restaurant seiner Art. Das mag so stimmen, aber ich frage mich: Wie müssen dann die anderen fleischlosen und aromafreien Zonen sein ...

Amüsant fand ich das Publikum, eine amerikanische Künstlergruppe, zum Teil in knallbunten Kostümen, laut palavernd an langer Tafel. Die Gäste wirkten wie Komparsen im Filmteam von „Ein Käfig voller Narren".

COOKIES CREAM

●●○○○

Küche
International/Vegetarisch

Adresse
Behrenstr. 55
10117 Berlin-Mitte

Telefon
030/27 49 29 40

Internet
www.cookiescream.com

Öffnungszeiten
Di – Sa ab 19 Uhr

Verkehrsanbindung
U+S-Bhf. Friedrichstraße,
U-Bhf. Französische Straße

Kartenzahlung
Bar, EC-Karte, Kreditkarten

Preise
Menü: 32 €
À la carte: 7 – 18 €

Keine S-Klasse, eher ein leichter Kolbenfresser

Das Restaurant, das auf dem Kurfürstendamm im letzten November dichtgemacht und Unter den Linden neu eröffnet wurde, ist von Spitzenpositionen, von Sternen, Hauben und Diamanten als gastronomische Auszeichnungen Lichtjahre entfernt. Aber Sie wissen ja, die Gastronomie einer Weltstadt definiert sich nicht allein über Sterne.

Wir sind zu Gast im Restaurant Daimlers, wo der automobile Stern im Mittelpunkt steht. War im alten Daimlers am Kurfürstendamm zumindest ein wenig abgeschlossene Bistro- Atmosphäre, speist hier der Gast auf schwarzem Leder unter Designerlampen im freien Raum des Ausstellungs-Bereichs. Sieht man einmal von

den Auto-Modellen und den Miniaturen der Vehikel in der Schrankwand ab, ist das kleine Restaurant nur spärlich dekoriert. Der Service agiert freilich aufmerksam und liebenswert. Von den Gerichten der kleinen Speisekarte begann ich mit „Kartoffel und Wild". Gemeint war eine Kartoffelsuppe mit einer Wildschinkenpraline. Die Suppe war mit so viel Sahne montiert, dass kaum noch Kartoffelaroma zu schmecken war. Die appetitliche Wildpraline hatte die Größe einer Murmel. Schade. Und das ist auch der Zuschnitt der übrigen Gerichte. Es sind Portionen für die Puppenstube. Das Gericht „Tatar und Stakkato" vom Blauflossen-Tunfisch war beispielsweise eine klassische Amuse-bouche-Portion, ein kleiner Gruß aus der Küche und kein normaler Gang, ein briefmarkengroßes Stück Tuna, kurzgebraten, und ein Kügelchen gebeiztes Tatar mit Senf-Öl leicht parfümiert. Geschmacklich nicht schlecht, wäre der Fisch nicht mit süßen Rosinen kombiniert. Da frage ich mich wirklich, was der Koch hauptberuflich macht.
Auf den Kalbstafelspitz mit Bouillon-Kartoffeln und Meerrettich-Sauce hatte ich mich gefreut, manchmal sorgt ein herzhaftes, gut gemachtes rustikales Gericht für einen Glücksmoment. Geschmacklich war es, die aromaneutrale Sauce einmal ausgenommen, nicht schlecht. Aber auch hier hatte ich vier kleine Appetithäppchen an Stelle einiger Scheiben auf dem Teller. Völlig unsinnig ist die eigene Interpretation der beliebten Berliner Currywurst. Lamm- oder Geflügelbratwurst kombiniert der Koch mit Tomaten-Curry-Salsa (Dip).

Nun ist nicht alles schlecht, was aus der kleinen Küche im Auto-Showroom serviert wird. Das Tagesgericht, in Rotwein marinierte Perlhuhnbrust, war auf den Punkt gebraten und optisch wie für den Gaumen eine Freude. Überhaupt scheint Business-Lunch, das täglich wechselt und auf einer Wochenkarte angekündigt ist, noch das Beste am Daimlers. Da stimmt das Preis-Leistungsverhältnis, denn für das Gericht und ein Getränk werden 8,50 Euro berechnet. Wer anspruchsvoller ist, bekommt zum Hauptgang noch eine Tagessuppe und ein Glas Champagner für 15 Euro. Während die Weinkarte ausschließlich deutsch orientiert und mit guten Lagen recht dünn besetzt ist, überzeugen die umfassenden Wasser- und Champagnerkarten (auch besondere Edel-Jahrgänge).

Wo die Crew am Herd klein ist, bleibt die Speisenauswahl zwangsläufig begrenzt, besteht das Angebot auch aus etlichen Standards, so die Entenbrust mit Sesam-Sauce oder Kalbshack-Lasagne. Manchmal riskiert der Küchenchef Kopf und Kragen, wenn er seine kreativen Anwandlungen umsetzt. Dann platziert er beispielsweise Parmesan-Risotto zum Forellenfilet oder eben die Rosinen zum Tuna. Doch das sind zum Glück die Ausnahmen.

Alles in allem ist das Produkt ganz gewiss keine S-Klasse, um in der Modellpalette des Autohauses zu bleiben, und wahrlich kann das Bistro nicht als Edelstein in der Krone der Berliner Gourmandise bezeichnet werden, sondern muss als ein schneller Imbiss für Laufkundschaft bewertet werden.

Der Service ist, wie gesagt, ausgezeichnet, weil flink und unaufdringlich. Das macht den Aufenthalt angenehm und lässt die kleinen Pannen der Küche großzügig vergessen.

DAIMLERS

●◐○○○

Küche
Deutsch/International

Adresse
Unter den Linden 14
10117 Berlin

Telefon
030/39 01 81 40

Internet
www.daimlers.de

Öffnungszeiten
Montag – Samstag
9 Uhr bis 22 Uhr
Sonntag 9 Uhr bis 20 Uhr

Verkehrsanbindung
S- und U-Bahnhof Friedrichstraße
U-Bahnhof Französische Straße
Bus 200

Kartenzahlung
Bar, EC-Karte, Kreditkarten

Preise
Frühstück: 4,90 – 10,90 €
Mittagstisch: 8,50 – 10,00 €
À la carte: 4,90 – 20,90 €

Extras
Sonnenterrasse

DAITOKAI

Köche sind wahre Show-Talente

Sehr gewöhnungsbedürftig ist das *Daitokai*-System der Gästepflege allemal. Da werden acht bis zehn Menschen bei gleißendem OP-Licht um die Teppanyaki-Tische gesetzt, ganz gleich, ob die sich nun kennen, mögen oder ob ihnen die Qualmerei von hektischen Dauerrauchern als Nachbar auf die Genusssinne oder das Gelaber (in Entertainer-Lautstärke) von Stimmungskanonen auf die Nerven geht.

Einmal wollten wir diese Art von „Gemeinschafts-Dinner" erleben und uns dabei in der japanischen Tugend Geduld versuchen. Geduld ist nämlich in jedem Fall angesagt. Den Meursault musste der Service wohl noch aus Beaune in Burgund holen, so lange kam uns das Darben bei trockener Luft vor. Als der Wein endlich serviert wurde, war kräftiges Nachkühlen nötig.

Flink gehen dagegen die Schauköche in blitzsauberer Montur vor. Appetitlich kommen die vorbereiteten Produkte auf Teller und in Muschelschalen an die heiße Platte. Bei uns war es nach der winzigen Portion Sashimi eine Fisch- und Meeresfrüchteauswahl, auf der Karte „Fangnetz" genannt. Lachsfilet, Garnelen, Jakobsmuscheln (im extremen Bonsai-Format) und Gemüse werden mit Gewürzen, Sojasauce und ganz wenig Fett auf der Platte gebraten. Hurtig zerkleinerte der Koch gleichzeitig eine Entenbrust, parfümierte die Scheiben mit Orangen-Teriyaki-Sauce und teilt sie mit großer Präzision auf zwei Teller. Der Hummer kommt leicht vorgekocht und ausgelöst in der Karkasse zum Teppanyaki-Koch. Der zerlegt den halbierten Schwanz mit Hocho-Messer, trommelt dabei auf der Platte herum. Ein Showtalent – auch eine Form von Erlebnisgastronomie im japanischen Restaurant. Die Hälfte der Gäste am Tisch versucht sich mit Stäbchen (Hashi), die anderen flüchten zu Gabel und Löffel.

Dessert-Tipp: das Teppan-Eis

Das beliebteste Gericht im *Daitokai* ist das Thunfischsteak mit Bergpfeffersauce, der Fisch, der beim Braten stets einen rosigen Kern behalten soll. Während in Japan das rote und fette Fleisch vom weißen Thun (Albacore genannt) oder vom Blauflossenthunfisch stammt, beides extrem teure Fische, ist die Qualität in Deutschland, auch wenn von Sushi-Klasse gesprochen wird, wesentlich schwächer, aber auch erschwinglicher. Gleiches gilt für das zarte japanische Rindfleisch, das wertvolle Kobe-Beef, das einen Kilogrammpreis von 150 Euro hat. Im *Daitokai* wird auf Wunsch Wagyu als Spitzenprodukt serviert.

Das in Australien oder in den USA gezüchtete Wagyu-Rind ist von der gleichen Rasse wie Kobe, nur nicht so aufwendig mit Sake und Bier aufgezogen. Die Qualität, die wir bekamen, war durchaus ansprechend und gut gewürzt.

Wer das Menü „Irori Spezial" bestellt, mit einem ordentlichen Querschnitt durch die japanische Küche, leicht europäisch umfrisiert, hat die Möglichkeit, gegen einen kleinen Aufpreis von acht Euro, Wagyu zu probieren. Dann beläuft sich der Preis der zehn kleinen Gänge (einschließlich Straußenfilet mit drei verschiedenen Saucen) auf 61 Euro.

Damit kein Missverständnis entsteht, das sind natürlich Probierportiönchen, wie sie einst zur Zeit der Nouvelle Cuisine auf die Teller kamen.

Auch für Slim-Fanatiker, die sonst stets auf das Dessert verzichten, empfehle ich hier, das Teppan-Eis zu probieren: Vanilleeis mit Früchten wird auf der heißen Platte flambiert und mit einer Himbeersauce zubereitet. Ein ungewöhnlicher Abschluss.

DAITOKAI

●●○○○

Küche
Japanisch

Adresse
Tauentzienstr. 9 – 12
10789 Berlin-Charlottenburg

Telefon
030/261 80 90

Internet
www.daitokai.de

Öffnungszeiten
tägl. 12 bis 15 Uhr (Küche bis 14 Uhr) und 18 bis 24 Uhr (Küche bis 22 Uhr)

Verkehrsanbindung
U+S-Bhf. Zoologischer Garten, U-Bhf. Kurfürstendamm, Bus M19, M29, M48

Kartenzahlung
Bar, EC-Karte, Kreditkarten

Preise
Mittagsmenü: 30 – 46 €
Mittagstisch 14 – 29,50 €
Menü: 56 – 72 €
À la carte: 4,10 – 48 €

Extras
Sitzplätze außen

Französisch locker

Wenn es um Hotelrestaurants geht, kann sich keine andere europäische Stadt mit Berlin messen, selbst Paris hat nicht so viele Sternerestaurants in Edeldomizilen wie die Metropole an der Spree.

Im Ritz Carlton konzentriert sich der ganze F&B-Bereich jetzt auf das neue Konzept mit der Brasserie *Desbrosses*, bisher das deutlich preiswertere „Alltags-Lokal" im Fünf-Sterne-Haus am Potsdamer Platz. Frappierend neu am Programm, das sich Robert Petrovic, einer der Genussexperten in der Gruppe mit dem Löwenkopf im Wappen und aktueller Generaldirektor des Berliner Hauses, erdacht und umgesetzt hat, ist die Kombination des Restaurants mit einer Boulangerie. Aus der, frei übersetzt, französischen Küchenbäckerei gibt es den lieben langen Tag frische Spezialitäten aus dem Backofen von provenzalischen Broten und Baguette – alles auch für den Außerhausverkauf. Dazu die feinsten Olivenöle aus Nizza, Orangenblütenhonig aus der Provence und Konfitüre aus dem Elsass. Mit Chansonabenden und Familienessen am Chefs-Table wird französische Lebensart zelebriert.

Wie gut aber ist die Produktqualität, sind die Küchenleistungen, die ich vor Jahren einmal deutlich hatte kritisieren müssen? Ich probierte das Thunfischcarpaccio mit Limonenvinaigrette, es war klasse, von absoluter Sashimi-Qualität. Die Bio-Gänseleberterrine mit Brioche bekam durch grobes Meersalz Biss und wurde durch Apfelkaramell mit der feinen Säure versehen, die die wuchtige Köstlichkeit braucht.

Die Tagesspezialitäten stehen jetzt mit Kreide auf großen Tafeln geschrieben. Eine größere Gruppe am Nebentisch ließ sich davon inspirieren und bestellte durchgängig die Meeresfrüchteplatte. Wenn man berücksichtigt, was alles da aufgetischt ist, Austern, Crevetten, Muscheln, Meeresschnecken, bissfest belassener Kaisergranat und Taschenkrebsscheren, dann ist 38 Euro nur auf den ersten Blick happig, faktisch aber nicht zu hoch berechnet. Ganz erstklassig war das Minutensteak, das Küchenchef Jörgen Sodemann mit Fritten und Gemüse als Plat du Jour auftischte, einschließlich eines Getränkes nach Wahl steht das mit 14 Euro auf der Rechnung.

Wie es sich für eine Brasserie gehört, werden gleich sieben Gerichte auf dem Grill zubereitet, ein Schwerpunkt im À-la-Carte-Angebot. Zwar müssen die Gäste auf das Chateaubriand eine gute Dreiviertelstunde warten, doch das satte Pfund Fleisch-Köstlichkeit ist eine echte Empfehlung.

Das Chateaubriand ist eine echte Empfehlung

Gar nichts zu nörgeln? Nur, dass das butterzarte Stubenküken mit gravierender Blässe auf den Tisch kam, die nichts mit der sprichwörtlichen vornehmen zu tun hat. Es kostet keinen Cent mehr, wenn das Tierchen mit Oberhitze „sonnengebräunt" appetitlich gemacht wird und die Haut dadurch den labbrigen Charakter verliert. Ansonsten arbeitet die Küche bewusst nicht auf Sterneangriff bedacht, aber wohltuend ordentlich mit guten Grundprodukten.

Die Brasserie ist nicht nur in Berlin, sondern wahrscheinlich in Deutschland die am schönsten ausgestattete. Interieur-Designer Peter Silling entdeckte das Original im französischen Mancon. Der Namensgeber Patrick Desbrosses hatte das Lokal in eine Patisserie umgewandelt. Nach dem Tod des Besitzers stand dieses wunderschöne Ambiente ungenutzt. Es wurde von Silling aufgekauft, abgebaut und komplett nach Berlin verfrachtet, einschließlich der „Geilen Sau" (so der Name des Kunstwerks), des farbenprächtigen Abbilds eines voluminösen

Mastschweins, das am Eingang steht. Auch ein Signal, dass hier ein kulinarischer Treffpunkt geschaffen wurde mit drei wichtigen Grundsätzen: Rustikal, locker und gemütlich soll es zugehen.

Weil nichts überkandidelt ist, wurde die Brasserie auch für das schnelle Business-Lunch attraktiv. Mit dem neuen Konzept, geprägt von kulinarischer französischer Lebensart, scheint mir schließlich plausibel, warum man in schwierigen Zeiten auf das zweite, teure Restaurant verzichtet hat.

Übrigens: Wer Freunden oder Kollegen eine kleine Freude machen will, kann sich für ganze drei Euro einen Crèpe mit Marillenkonfitüre als kleine Leckerei einpacken lassen.

DESBROSSES

●●●◐○

Küche
Französisch

Adresse
Potsdamer Platz 3
10785 Berlin-Tiergarten
im Ritz Carlton

Telefon
030/337 77 63 40

Internet
www.desbrosses.com

Öffnungszeiten
tägl. 6.30 bis 10.30 und
11.30 bis 23.30 Uhr

Verkehrsanbindung
U+S-Bhf. Potsdamer Platz,
Bus M48, M85, 200

Kartenzahlung
Bar, EC-Karte, Kreditkarten

Preise
Mittagstisch: 14 €
À la carte: 7 – 59 €

Extras
Sitzplätze außen,
Tageszeitungen/
Zeitschriften, WLAN,
Boulangerie

Auszeichnungen
13 Gault-Millau-Punkte

Ein authentischer Japaner

Im Blitzlichtgewitter der Eröffnungsparty stand der älteste und erfahrenste in Europa agierende Sushi-Meister Michio Minakami. Damit ist die Richtung des Restaurants Di vorgegeben. Hier geht es um „Japanese Cuisine", um japanische Küche. Minakami ist der Küchenchef und garantiert authentische Nippon-Gerichte und keine Wischiwaschi-Produktion, von jeder Richtung ein bisschen.

Was erwartet den Gast nun tatsächlich hier im Di? Erst einmal finde ich die Gestaltung mit dunklem Stein, viel Holz und gekonntem Lichtdesign sehr gelungen. Minimalistische Kantinen-Atmosphäre erlebe ich in letzter Zeit häufig genug. Da war es eine Wohltat, dass hier weiße Orchideen in Wandnischen und auf Tischen und Theke die Optik dominieren.

Die Karte ist übersichtlich und klein gehalten. Natürlich, wie nicht anders zu erwarten, die ganze Sushi-Palette, gefolgt von Salatvariationen, warmen Gerichten und Dessert. Was mir fehlt, sind Tempura von Gemüse und Teppan-Yaki-Angebote. Damit war vor 37 Jahren die japanische Küche bei uns gestartet (Daitokai).

Dafür waren die kreativen Shushi-Varianten mit das Beste, was ich auf dem Gebiet hierzulande erlebt habe. Interessant die gebackenen „California In Side Out“ mit Flusskrebsen, Crayfish Mango, Avocado, herausragend das Haus-Spezial: eine Rolle mit Aal, Mandeln und Omelett.

Herausragendes Haus-Spezial: Sushi mit Aal, Mandeln und Omelett

Das gilt ebenso für das wunderbare Bild, das der Sushi-Meister mit taufrischem Fisch auf den Teller zaubert. Geschnitten zu Blumen und zu Rosetten geformt. Fast schon ein Dalí zum Genießen. Das kulinarische Kunstwerk ist bei großem Wareneinsatz mit 22 Euro günstig kalkuliert. Richtig gut fand ich die Betonung der Krebse, die panierten und kross ausgebackenen Soft Shell Crab, auch Königskrabben und überbackene Flusskrebse.

Bei den Algen oder Seetangsalaten wird oft gepfuscht. Hier waren die Portionen zwar klein (aber mit 4,90 Euro auch günstig), dafür perfekt ausgewogen gewürzt. So kurz nach dem Start stimmte schon vieles im „neuen Japaner“. Unabhängig von Sushi, Sashimi und Co. offeriert die Küche sechs Hauptgänge wie klassisches Entenbrustfilet, die unverzichtbaren Großgarnelen, den geschmacksneutralen Butterfisch und das gebratene Rindfleisch. Das wurde zu meinem Favoriten.

Noch einmal zu Michio Mina-kami, weil der 62-Jährige die Seele des Restaurants ist. Sein Handwerk erlernte er im Norden Japans, wo er schon als Fünfjähriger in die Fischerboote kletterte und mithalf. Lohn: ein Fisch, den er sich aussuchen durfte. Den schnitt er fasziniert auf und zerlegte ihn. Bis heute hat sich nichts verändert. Er beherrscht als einer der wenigen die Kunst, einen Seeigel richtig aufzumachen und ihn zu Nigri Sushi zu verarbeiten.

Kritisiert werden muss die Weinpflege. Sowohl der Gavi di Gavi, der flach und teuer war, als auch der gute Pinot Grigio von Jerman wurden zu warm serviert. So verliert man das erste Glas, bis der Wein im Eiskübel die richtige Temperatur hat. Der Service arbeitet unaufdringlich, recht akzeptabel.

Di Japanese Cuisine

●●●○○

Küche
Japanisch

Adresse
Kurfürstendamm 200
10719 Berlin-Wilmersdorf

Telefon
030/88 62 88 61

Öffnungszeiten
Mo – Sa von 12 bis 24 Uhr,
So 16 – 24 Uhr

Internet
www.di-restaurant.de

Kartenzahlung
Bar, EC, Kreditkarten

Extras
in sehr zentraler Lage am Kurfürstendamm 200, drei Nischen für vertraute Zweisamkeit

Die zwei Ess-Stäbchen

Dos Palillos, olé, das klingt nach spanischen Spezialitäten, nach Pata Negra-Schinken und Kastagnetten. Der Name des Restaurants, aus dem Spanischen ins Deutsche übersetzt, bedeutet zwei Ess-Stäbchen und trifft im spanischen Kern die Tapas-Portiönchen.

Ansonsten arbeitet hier die Küche komplett asiatisch ausgerichtet. Darum die Verbindung mit den Ess-Stäbchen. Bernhard Munding ist der Küchenkünstler, der einige Jahre beim kreativen Drei-Sterne-Star Joachim Wissler in Bensberg arbeitete und jetzt in diesem ungewöhnlichen Szene-Restaurant (im Design-Hotel der spanischen Schuhfirma Camper) vor den Blicken der Gäste zaubert.

Tipp: Gegrilltes Schweinekinn und Gemüse in Tempurateig

Die Idee zu diesem internationalen Tuttifrutti wurde vom langjährigen Küchenchef von Ferran Adrià im Avantgardisten-Restaurant El Bulli geboren, der die japanisch geprägten Gerichte ohne die abgewrackte Molekularzubereitung mit Schäumchen aus dem Chemiebaukasten in Barcelona anbot, und das mit so großem Erfolg, dass weitere Restaurants mit seiner Küchenrichtung folgten ...

Was ich an dem Menü mit 12, wahlweise 16 Gängen (45 und 60 Euro) gut finde, ist das klare Bekenntnis zu Fett als Aromaträger, höchst ungewöhnlich heutzutage. Das hat Munding wohl bei Wissler abgeschaut, der auch in der feinsten Küche mit Schweinekinn und Speck arbeitet. So wird beispielsweise hier die Hähnchenhaut, die kalorienbewusste Slim-Jünger wegen des hohen Fettgehalts nicht mitessen, kross wie ein Kartoffelchip gebraten, für mich ebenso köstlich wie das Schweinekinn, das erst mit einer kantonesichen Gewürzmischung mariniert, leicht vorgegart, schließlich auf Holzkohle gegrillt, als kleine Aromabombe serviert wird. Vorzüglich. Angetan war ich ebenfalls von Gemüse, in Tempurateig ausgebacken. Und schließlich steht auf der Habenseite meiner kleinen Abendbilanz die Miniportion von geschmorten Rippchen.

Bei aller aufwendigen Detailarbeit in der einsehbaren Edelstahlküche gibt es auch Ungereimtheiten und geschmackliche Abstürze (nach persönlichem Geschmack). Das fängt bei einem winzigen Aperitif an, der aus Gurkenpüree mit japanischer Yuzu, einer eher salzig schmeckender Zitronenart, besteht. Nun hat man gerade einen Wein aus der kleinen, kundenfreundlich kalkulierten Karte probiert oder ein Spezialbier, das wie mit Orangenblüten aromatisiert schmeckt und da passt dieser steife Start-Drink nun überhaupt nicht. Völlig gegen den Strich ging mir die Leber vom Seeteufel, die besonders beliebt bei Avantgardeköchen ist. Leicht mit Sake parfümiert und einem undefinierbaren Gelee wurde sie serviert, im Geschmack völlig nichtssagend. Schließlich mag ich Wokgemüse naturbelassen, mit einem Hauch von Soja, hier aber gab es unpassend eine stark gebundene Sauce.

Letztendlich überwiegen aber die erstklassigen Geschmackserlebnisse, drängen die kritikwürdigen Ausführungen klar zurück. Das gilt auch für Kleinigkeiten im Tapas-Menü wie karamellisierte Walnüsse, den Salat von Algen und Tang oder eine mit Koriander aromatisierte Hühnchenrolle im Reispapier, ein Ausflug von der japanischen in die vietnamesischen Küche. Zur Abrundung serviert die sehr freundliche und kompetente Bedienung (ist in der Lage, jedes Gericht erklären zu können) unter anderem noch ein Onsen-Ei (in Salzbrühe gegart) und Wan-Tan (Teigtaschen) mit Garnelen.

Ich hatte das Glück, alleine speisen zu dürfen, hörte von anderen Gästen aber hinterher, dass zwei von einem Teller essen müssen. Das gehört zum Konzept. Ob diese kuriose Idee der Kommunikation dient? Ich mag es überhaupt nicht. Unter dem Strich steht ein interessantes Essenserlebnis. Schön, dass man es mal gemacht hat, ein zweites Mal ist freilich nicht nötig.

DOS PALILLOS

●●○○○

Küche
Asiatisch

Adresse
Casa Camper Berlin
Weinmeisterstraße 1
10178 Berlin

Telefon
030/20 00 34 13

Internet
www.casacamper.com

Öffnungszeiten
Di – Mi 18:30 bis 23:00 Uhr
Do – Sa 12.30 bis 15.00 Uhr
und 18.30 bis 23.00 Uhr

Verkehrsanbindung
U8 Weinmeisterstr.
Alexanderplatz in wenigen
Gehminuten mit Anbindung
an U- und S-Bahn, Tram, Bus,
Regional- und Fernverkehr

Kartenzahlung
Bar, EC, Kreditkarten

Preise
20 □ 4-Gänge-Lunchmenü,
45 □ bis 60 □ Dinnermenü

Jazz auf dem Teller

Kurz nach der Eröffnung habe ich im *Duke* recht ordentlich, wenn auch mit Schwachstellen im Küchen-Programm gegessen und mich über den damals noch unbedarften Service amüsiert. Nach Anfangsschwierigkeiten hatte die Truppe im Design-Hotel genügend Zeit, sich zu finden, und sich, soweit möglich, schulen zu lassen.

Das täglich geöffnete Restaurant, das Lunch und Dinner anbietet, ist zwar erkennbar am Rande der Kapazität, aber inzwischen auch gut durchorganisiert. Darum klappt das hier mit dem Mittagstisch, wo ansonsten immer mehr Restaurants dazu übergehen, nur noch Abendprogramm zu bieten. Der Erfolg gibt der Hoteldirektorin Tina Palmowski recht. Unkompliziert, einfach und schnell geht es beim Business-Lunch zu,

statt Tischdecken Tischläufer, auf die dann – hübsche Idee – mit einem überdimensionalen Stempel das Dessert-Programm aufgedruckt wird. Mittags wie abends beginnt die Mahlzeit mit dem vielleicht besten Brot in der Stadt, kross und warm, kombiniert mit Öl und Quark. Das folgende Thunfisch-Tatar war ebenso perfekt gewürzt wie der gebratene Heilbutt mit Trüffelsauce. Einziger Nachteil: Hier wird immer noch mit dem unsäglichen synthetischen Trüffelöl parfümiert. Im Gegensatz zur Lunchzeit steht ab 18 Uhr das mit 59 Euro kundenfreundlich kalkulierte große Fünf-Gänge-Menü auf dem Programm: Gerichte wie warme Hummermedaillons auf geräucherter Störbrandade (Mousse), Saiblingskaviar und geschmacklich unverfremdete Hummercreme oder das Rotbarbenfilet mit Austern-Safran-Schaum auf Kräuterrisotto.

Hier gibt es das vielleicht beste Brot der Stadt

Die Karte ist zum Glück klein gehalten, so kann sich Obermayr auf die Qualität der einzelnen Gerichte konzentrieren. Die in Thymianbutter gegarten Wachtelbrüstchen haben zwar eine vornehme Blässe, dafür aber das Aroma des feinen Gewürzkräutchens angenommen. Serviert wird die kleine Köstlichkeit auf einem Salat von Linsen in Aprikosenvinaigrette. Die gebratene Entenbrust richtet die Küche auf Wirsing an, rosa gebratenes Filet und geschmorte Kalbsbäckchen auf Selleriepüree. Sowohl das kurz gebratene als auch das geschmorte Fleisch war butterzart.

Die Vorspeisen von der Karte sind, gemäß dem Namen und Ambiente des *Ellington Hotels*, originell in Klassik und Jazz gegliedert. Beim Jazz poltern dann manchmal die Aromen im wilden Rhythmus durcheinander. Ein Beispiel: Salat vom gepökelten Spanferkel mit eingelegtem Sellerie, Schalottenconfit und dazu auch noch Parmesankäse. Wie auch immer, in der offenen Küche wird auf engstem Raum ordentlich gearbeitet. Und, das gefiel mir besonders, die Montur der Köche war blütenweiß – und sie hatten die Toque auf dem Kopf (die hohe weiße Kochmütze). Auffallend auch der besonders freundliche Service unter der Regie der umsichtigen Restaurantleiterin.

Nichts zu nörgeln? Kaum, nur das Reservierungspult mit dem ständig grell klingelnden Telefon mitten im Raum sollte in eine Ecke versteckt werden, um das Wohlgefühl der Gäste nicht zu stören.

Ein Wort noch zum coolen, gelungenen Ambiente. Das *Ellington Hotel* in der Nürnberger Straße (im alten Haus Nürnberg aus den 30er-Jahren) wurde mit minimalistischem Design, betonter Kühle und mit wenig Ausstattungsdetails fast ohne Blumenschmuck gestaltet. Exakt das Gleiche gilt für das Restaurant *Duke*, frei nach Duke Ellington, der in den 50er-Jahren im Berliner Jazzclub *Badewanne* spielte. Wichtigste Dekoration sind die Weinregale. Das schafft die Gedankenverbindung zur Weinkarte. Die reicht über Deutschland und Österreich weit hinaus, bietet ordentliche Burgunder und Mittelklasse-Lagen aus Bordeaux zu sehr fairen Preisen. Der Schlussgedanke gilt noch einmal dem Service, der auch dann noch bemüht blieb, als die Rechnung bezahlt war. Allzu häufig endet auch in vielfach teureren Gourmettempeln jedes Bemühen um den Gast, wenn der seine wichtigste Aufgabe erfüllt hat: beim Trinkgeld großzügig zu sein.

DUKE

●●●○○

Küche
International

Adresse
Nürnberger Str. 50 – 55
10789 Berlin-Schöneberg
im Ellington Hotel

Telefon
030/683 15 40 00

Internet
www.duke-restaurant.com

Öffnungszeiten
tägl. 11.30 bis 23 Uhr

Verkehrsanbindung
U-Bhf. Augsburger Straße,
Bus M19

Kartenzahlung
Bar, EC-Karte, Kreditkarten

Preise
Mittagsmenü: 13 – 18,50 €
Mittagstisch: 5,50 – 9,50 €
Menü: 59 €
À la carte: 8 – 27 €

Extras
Sitzplätze außen,
Heizstrahler, WLAN,
eigener Parkplatz

Auszeichnungen
12 Gault-Millau-Punkte

Scharfe Sache

In *Edd's Thailändischem Restaurant* schmeckt es wirklich wie in Thailand

Die Geschichte, die mich in *Edd's Thailändisches Restaurant* führte, ist schnell erzählt, aber gewiss ungewöhnlich. Kurt Lehrke, Chef des Leading Hotels *Palace* im Europa-Center, hatte über einen E-Mail-Wechsel die Bürgermeistertochter Benja Srisopa in der Nähe von Bangkok kennen-, später auch lieben gelernt und dann in einer landesweit viel beachteten Hochzeitsfeier geheiratet. Jetzt lebt Benja in Berlin, spricht gut deutsch, fühlt sich wohl, aber findet bei jedem Besuch eines thailändischen Restaurants in Berlin ein Stückchen Heimat. Und von Thai-Küchen werden in der Metropole immerhin zwei Dutzend gelistet. Die authentischsten Speisen biete für sie *Edd's* in der Lützowstraße, betont Benja.

Wir besuchten das kleine, minimalistisch eingerichtete Lokal, bei dem lediglich ein goldener Miniaturschrein den optischen Unterschied zu einem deutschen Business-Restaurant ausmacht und natürlich die Familie im Service, landestypisch farbenfroh gewandet. Edd, der Chef der Familie, steht am Herd, mit einem Helfer, darum muss man schon ein bisschen Geduld mitbringen. Die Vorspeisen sind groß genug, um sie zu teilen. Der Mangosalat mit gesunder Schärfe ist eine Kombination von Glasnudeln, Großgarnelen, Calamari und Scheiben vom Hühnerfilet. Den entscheidenden Unterschied aber macht die Gewürzmischung: im Mörser zerstampfte Knoblauchzehen, Schalotten und Chilischoten und viel, viel frischer Koriander (sowohl Blätter als auch Wurzeln). Herrlich original und kein bisschen auf den europäischen Geschmack frisiert.

Die Entengerichte in der scharfen Bangkok-Version sind eine Aroma-Offenbarung

So wie die regionalen Küchen Italiens oder Chinas sehr unterschiedlich sind, gilt das auch für Thailand: Für jede Region sind bestimmte Zusammenstellungen von frischen Kräutern, getrockneten Gewürzen, Aromaten und abrundenden Zutaten charakteristisch. Edd kommt aus Bangkok. Einheimische würden das sofort erkennen, wenn sie vom Entengericht auf meinem Teller probierten. Natürlich machen sie hier in der Küche auf Wunsch auch Entenbrust kross oder gelackt, ich aber hatte die scharfe Bangkok-Version „Gäeng kiou Waan Phed" in meiner Porzellanschale. Ein Essen dieser Schärfe kann ich nicht jeden Tag genießen, aber hier war es eine Offenbarung. Das Fleisch hatte da noch den geringsten Anteil. Es war eher ein wenig labberig, aber die grüne Currysauce mit gewürzter Kokosmilch, scharfen kleinen Vogelaugenchilis, Limettensaft und Zitronengras war eine Aromaexplosion der besonderen Art, die knackig bissfest belassenen Gemüsestreifen, bewusst mild abgeschmeckt, rundeten perfekt ab.

Ich war fast fertig mit dem Entengericht (16,50 Euro) da wurden meiner Frau die gebratenen King Prawns (Riesengarnelen) mit roter Currysauce und viel, viel Ingwer serviert. Der Servier-Rhythmus ist der Nachteil der kleinen Familienküche und darauf wird auch in der Speisekarte ausdrücklich hingewiesen. Ist ein Gericht fertig, wird es aufgetragen, erst dann beginnt die Herstellung des nächsten. Einer muss also immer warten. Vielleicht sollte Edd eines dieser neuen Warmhaltegeräte ordern, in denen die Speisen nicht trocken werden oder nachziehen. Dann könnten Gäste gemeinsam genießen. Der Begriff Genuss ist berechtigt und stets programmiert. Ganz gleich, ob die Gäste die Meeresfrüchte-Platte bestellen, die von grünem Curry begleitet wird, oder den Bananenblütensalat Yam Hou Prie mit Tintenfischstreifen, Garnelen und Geflügel in Bananenblättern, alles wird mit marktfrischen Grundprodukten à la Minute zubereitet.

Die Zubereitung von Desserts, dem süßen Abschluss, wird in der Thai-Kochschule besonders gepflegt. In diesem Restaurant geht es da vergleichsweise simpel zu. Bananen, Ananas mit Cointreau oder Honig und Eis in einigen Variationen sind im Angebot. Empfehlenswert ist freilich das ungewöhnliche Kokosnusseis mit süßen schwarzen Bohnen. Der Service ist wie überall im Land der lächelnden Menschen äußerst liebenswert. Probieren Sie's aus.

EDD'S

●○○○○

Küche
Thailändisch

Adresse
Lützowstraße 81
10785 Berlin-Tiergarten

Telefon
030/215 52 94

Internet
www.edds-thairestaurant.de

Öffnungszeiten
Di – Fr 11.30 bis 15 Uhr,
18 bis 24 Uhr,
Sa 17 bis 24 Uhr,
So 14 bis 24 Uhr

Verkehrsanbindung
U-Bhf. Kurfürstenstraße,
Bus M29, M48

Kartenzahlung
Bar

Preise
À la carte: 4 – 24,50 €

Extras
Sitzplätze außen

Genuss in und außer Haus

Das Unbegreiflichste in der kulinarischen Jahresbilanz war im Berliner Erfolgsjahr für mich, dass das Restaurant *Eiffel* bei Gault Millau nicht einmal aufgeführt wird, wo doch Küchenchef Dirk Güttes im Jahr zuvor noch im Potsdamer *Juliette* vom selben merkwürdigen Führer 16 Punkte und zwei Hauben bekommen hat.

Nach dem Wechsel des sympathischen Kochs sind hier im *Eiffel* seine Möglichkeiten noch wesentlich größer. Da Güttes auch bei der Aktion „Meisterköche" von Berlin-Partner nicht, wie von mir vorgeschlagen, „Aufsteiger des Jahres" wurde, wollte ich mein eignes Bild vom Restaurant überprüfen und habe dem Küchenchef die viel zitierte zweite Chance verordnet.

Danach steht unter dem Strich: Mittags und abends gibt es sehr ordentliche Gerichte, kein extremes Feuerwerk der Kreativität, aber handwerklich weitgehend fehlerfrei ausgeführt. Perfekt gebraten, wurde mir das Kalbsfilet mit einer herzhaften dunklen Fleischsauce (Reduktion) serviert. Auch der Gänsebraten gelingt köstlich. Güttes kombiniert ihn mit Marktsalaten plus Petersilienmousse und Orangencroûtons. Natürlich fehlen nicht Grünkohl und „fluffige" Kartoffelklöße. Ich bin nach wie vor von der Küche überzeugt.

Ideal für ein gemütliches Frühstück: „Sorbonne" mit Croissant, Konfitüre und kleinem Eiweißschock

Ich erlebte etliche Male in dem typischen Bistro, wie sie einst rund um die Pariser Hallen angesiedelt waren, einen liebenswerten Service, ohne Dünkel, aber aufmerksam und stets mit einem Lächeln. Wie unkomplizierte Speisen appetitlich präsentiert werden können, genoss ich ebenfalls im *Eiffel*, dem Lokal mit dem Pariser Eiffelturm im Wappen. In dieser „Mittagskantine" für zahlreiche Bürogänger am hinteren Teil des Kurfürstendamms, haben die Gastgeber Anjou und Simone mit persönlichem Einsatz und Schulung dafür gesorgt, dass das ganz früher nicht so stabile Produkt heute qualitativ gleichbleibend und durch ein gutes Preis-Leistungs-Verhältnis geprägt ist. Das scheint mir pures Glück in unserer Zeit der kellnernden Minijobber und studentischer Hilfskräfte in der Küche.

Ohne die Messlatte in die Höhe der funkelnden Drei-Sterne-Gourmandise zu legen, sind einige Gerichte doch hervorzuheben. So die in Portwein geschmorten Ochsenbacken mit Risotto und grünen Bohnen oder das Zanderfilet mit Pinienkernkruste, der Steinbutt mit Jakobsmuscheln gratiniert, die den eher zurückhaltenden Geschmack des Fischs aufmöbelte. Auch eine ganz einfache Hähnchenkeule aus dem Rohr mit krosser Haut war schlicht gut. Die pikante Paprikasauce wurde dazu separat serviert. Häufig habe ich das kurz gebratene Tunfischsteak von Sashimi-Qualität gegessen, das mit Wasabi-geschärftem Kartoffelpüree kombiniert wird.

Tagsüber ist das Restaurant, das mit einem gästefreundlichen Bonussystem arbeitet – wer zehn Businesslunchs (Tagesgerichte) bezahlt und abgestempelt bekommen hat, speist am 11. Tag kostenlos –, ohne besondere Atmosphäre, ein reiner Durchlaufladen. Der Wochenplan der offerierten Gerichte steht übrigens im Internet. Abends wandelt sich das Eiffel zu einem gemütlichen Dinnerrestaurant, ohne dabei Sterneambitionen anklingen zu lassen.

Wenn es wärmer wird, deckt das Personal die begrünte Sommerterrasse ein. Ideal für ein gemütliches Frühstück, zum Beispiel „Sorbonne" mit Croissant, Konfitüre und dem Eiweißschock. Wer es deftiger mag, kann sich auch schon pikante Lammwürstchen mit scharfer Tomaten-Chili-Sauce bestellen. Jedem das seine.

Übrigens: Den guten (preiswerten) *Eiffel*-Weinservice und kleine Delikatessen für zu Hause gibt es jetzt im Genuss-Shop gleich neben dem Restaurant, ebenfalls ein Konzept des *Eiffel*-Eigners.

EIFFEL

●●●◐○

Küche
Französisch/Mediterran

Adresse
Kurfürstendamm 105
10711 Berlin-Wilmersdorf

Telefon
030/891 13 05

Internet
www.eiffel-berlin.de

Öffnungszeiten
tägl. 9 bis 1 Uhr

Verkehrsanbindung
S-Bhf. Halensee,
Bus M19, M29, 110

Kartenzahlung
Bar, EC-Karte, Kreditkarten

Preise
Frühstück: 4 – 12 €
Mittagstisch: 7,50 – 8,50 €
Menü: 33 €,
À la carte: 7 – 29 €

Extras
Sitzplätze außen,
Weinhandel

Bonjour Fronkreisch

Bonjour und oui, oui, Monsieur, säuseln die Kellner mit weißer Schürze und Baskenmütze. Oh là là, das ist wahrlich mehr als nur ein Hauch von Paris.

Es gibt tatsächlich ein Fleckchen französischer Lebensart in Berlin – genauer in Mitte, das *Entrecôte* in der Schützenstraße nahe dem Checkpoint Charlie. Das Restaurant in einem Geschäftshaus, wo einst die Mauer stand, hat fünf Meter hohe, minimalistisch dekorierte Räume und eine kleine Straßenterrasse. „L'esprit brasserie", dieses ganz besondere Lebensgefühl, von dem so viele Dichter, Schlagertexter und Literaten schwärmen, wenn sie von Paris erzählen, wird hier lebendig umgesetzt. Ein origineller Rahmen für ein französisch orientiertes Speiseangebot, leider von stark schwankender Qualität.

Im Mittelpunkt stehen typisch französische Brasserie-Spezialitäten wie Weinbergschnecken mit Kräuterbutter gratiniert, die Pastete von der Entenstopfleber oder kleine Spieße von Jakobsmuscheln und Scampis. Die Zwiebelsuppe mit Käse überbacken darf nicht fehlen und ebenso wenig die Fischsuppe provenzalischer Art mit Garlic-Mayonnaise, Käse und Croûtons. Alles schön und gut, auch mit dem Entrecote (das dem Restaurant den Namen gab) vom Lavasteingrill mit goldbraunen Streichholzkartoffeln war ich durchweg zufrieden. Kein Sternenglanz, aber ordentlich.

Doch die Frage muss nach meinem Besuch erlaubt sein: Können die Lizenz-Franzosen nicht mit Fisch umgehen? Das Seezungenfilet mit Blattspinat mutete wie gewürz- und salzlose Klinikkost an. Wahrscheinlich ganz gesund für Magenkranke, aber überhaupt nichts für den Gaumen. Und am Nebentisch fluchten Touristen, die sich hierher verlaufen hatten, über sandige Miesmuscheln in Weißweinsauce. Da muss man schlechte Noten geben.

Zurück zur positiven Seite von Paris an der Spree. Der gratinierte Ziegenkäse mit Olivenöl und Friséesalat, gewiss keine große Kochkunst, aber gut gemacht, überzeugte, vor allem die mit Kräutern herzhaft abgeschmeckte Vinaigrette. Das galt auch für die kleinen knusprig ausgebackenen Rösti zum Räucherlachs mit Crème Fraîche und geriebenem Meerrettich. Für den großen Hunger bereitet die Küche ein Côte de Bœuf, ein Rinderkotelett, das vom Knochen als Aromaträger profitiert, mit rund einem Kilo Fleisch für zwei Personen zu. Das steht mit 64 Euro auf der Rechnung.

Spezialität des Hauses: Pommes allumettes

Wahlweise kann der Gast Bratkartoffeln dazu bestellen, die aber lange nicht so gut gemacht sind wie die Pommes Allumettes, die streichholzdünnen Pommes Frites und eben diese Spezialität, die ich empfehlen würde. Der Sauce béarnaise fehlt leider frischer Estragon.

Auch in schlechten Zeiten war am Abend jeder Tisch besetzt. Im hinteren Teil des Restaurants sang eine amerikanische Gruppe auf ihrer Tour „ganz Europa in fünf Tagen" recht lautstark. Eigentlich brauchten sie nicht weiterzureisen. Gemäß dem Filmtitel „Ein Amerikaner in Paris" waren sie schon hier am Ziel. Ich beschäftigte mich derweil mit dem Wein. Während der Bordeaux, ein Figeac, pfleglich behandelt wurde, früh geöffnet und auf Wunsch dekantiert, kam der Chablis Premier Cru für den ersten Teil des Essen leider erst einmal zu warm auf den Tisch. Er wurde dann im Eiskübel auf die richtige Temperatur gebracht, doch das erste Glas ist bei diesem Verfahren verloren.

Das *Entrecôte* ist nicht nur ein Abendrestaurant, auch mittags ist der Tisch gedeckt. Lange Zeit schien für die Berliner zu gelten, was Donald Trump in schnoddriger Art formulierte: „Lunch is only for losers." Zu deutsch: Mittagessen ist nur für Verlierer. Eine Kultur des Business-Lunchs hat sich an der Spree erst in den vergangenen Jahren entwickelt. Das Geschäft zwischen 12 bis 14 Uhr machen dabei nach wie vor nur wenige Restaurants.

ENTRECÔTE

●●○○○

Küche
Französisch

Adresse
Schützenstr. 5
10117 Berlin-Mitte

Telefon
030/20 16 54 96

Internet
www.entrecôte.de

Öffnungszeiten
Mo – Fr 12 bis 24 Uhr,
Sa 18 bis 23 Uhr,
So 18 bis 22 Uhr

Verkehrsanbindung
U-Bhf. Kochstraße,
Stadtmitte, Bus M29

Kartenzahlung
Bar, EC-Karte, Kreditkarten

Preise
Menü: 17,50 €
À la carte: 5,50 – 48 €

Extras
Sitzplätze außen,
Tageszeitungen/
Zeitschriften, WLAN

Zwei Preisträger im selben Restaurant

Das Ergebnis ist spektakulär und für das Restaurant eine gute Marketing-Hilfe: Bei der jährlichen Aktion „Meisterköche" von Berlin-Partner wurde Michael Kempf, der Küchenchef des Facil, hoch über dem Mandala Hotel am Potsdamer Platz, zu Berlins Meisterkoch 2010 gewählt und gleichzeitig Restaurant-Leiter Manuel Edwin Finster zum besten Maître der Metropole gekürt.

Zwei aktuelle Preisträger im selben Sterne-Restaurant, wahrlich eine gute Empfehlung. Auch ich war bei früheren Besuchen mehrheitlich zufrieden, aber nicht immer. Wie schmeckt nun das Essen auf der Erfolgswelle, wie agiert der Service?

Dramaturgisch vielleicht falsch, aber mein Urteil zum Service gleich vorweg: Da gibt es nichts, aber auch gar nichts auszusetzen, was ganz selten vorkommt. Finster und sein Team sorgen für Wohlfühlaroma, operieren von der Begrüßung (mit feuchten Handtüchern) bis zur Verabschiedung herzlich, aber unaufdringlich. Das gilt auch für den Weinservice. Und die Küche? Erst einmal verlangt die Speisekarte mit vielen Spezialbegriffen wie „Carabineiro" (rote Riesengarnele), Dashi (japanischer Fischsud), Escabeche (scharfe Marinade) oder Anapurna-Curry (eine harmonisch scharfer Gewürzmischung) dem Gast eine Menge ab. Auch für geschulte Genießer sind das oft böhmische Dörfer.

Ich startete mit der Terrine von der Gänseleber mit Maracuja und Rote Bete in den Genussabend. Drei kleine Würfel, drei Würfel Rote Bete, das war insgesamt wenig auf dem Teller, aber ein großartiges Geschmackserlebnis. Das gilt auch für den

Müritz-Saibling, ein saftiges Mittelstück, auf den Punkt gegart, behutsam gewürzt und mit Grapefruit, Birne und Akazien-Nuss-Butter ergänzt und abgeschmeckt. Meine Partnerin probierte derweil „Bauer Grübels Landei" (den Namen muss man auch nicht kennen). Das pochierte Ei kommt mit butterzartem Spinat und gewürzt mit Pommerysenf und einer Decke aus knusperigen Pfefferkaramell, köstlich.

Kempf liebt Bison. Die Schulter bei Niedrigtemperaturen geschmort und mit Mais und einem Hauch von Curry parfümiert. Erstklassig ebenso das kurzgebratene Bisonfilet mit Herbstfrüchten und Kalbskopfjus. Eine interessante Variante erlebten wir bei der butterzart geschmorten Ochsenbacke, die herzhaft durch Bockbieressig gewürzt war, und der dazu gereichte Waldorf-Salat bestand aus streichholzgroßen Selleriespänen plus Dressing.

Erstklassig: Bisonfilet mit Herbstfrüchten und Kalbskopfjus

Insgesamt hat sich Michael Kempf, der Jüngste unter den Berliner Top-Köchen, ohne Frage prima durchgesetzt und mit seiner Vorliebe für arabische und indische Gewürze sowie mit Holzkohlenöl raffinierter Untermalung eine sehr eigenwillige Linie gefunden. Ein paar Beispiele: Der besonders fleischige Felsenoktopus (bekommt man nicht allzu häufig) ist häufig im Tagesangebot. Ich habe ihn mehrmals gegrillt genossen mit Tomaten-Chorizo-Marmelade (scharfe spanische Würstchen). Köstlich. Ein anderes Mal entwickelte sich die Aromafülle des Felsenoktopus mit Holzkohleöl. Die Terrine vom gegrillten Maguru-Thunfisch mit Strauchtomaten und Auberginen ist von einer ausgewogenen Aromenbalance und der Hummer mit Blumenkohlbrandade und Krustentier-Limonen-Sauce lebt von der intensiven Sauce.

Ob Fisch oder Fleisch, bei den Hauptgängen, erfahrungsgemäß auch in Top-Restaurants häufig schwächer als die Vorspeisen, ist Kempf eine Ausnahme. Ganz gleich ob Tafelspitz vom Müritz-Lamm, Taube oder Entenbrust, gute Noten sind

gewiss. Für die Desserts von Patissier Thomas Gläser gibt es eine eigene Karte. Erstklassig sind die „Roten Früchte mit Tahiti Vanille". Fein abgeschmeckt, schön präsentiert und mit genügend Gran-Couva-Schokolade ergänzt.

Die Preiskalkulation im Facil ist durchwachsen. Mittags ist der Preis von 18 Euro für den ersten Gang und 18 für zwei akzeptabel, das Abendmenü kostet 85 Euro für vier kleine Gänge, aber der zusätzlich bestellte kleine Blattsalat ist mit 16 Euro weit überpreist. Doch alles, was serviert wird, ist von guter bis hervorragender Qualität und delikat zubereitet. Das Schwächste waren noch die Amuse Bouche, ein warmes Minisüppchen vom Feldsalat und Andeutungen von gezwirbelten Fleischsplittern, das entspricht nicht der Klasse der Küche.

Die Weinkarte ist dem Niveau des Restaurants angemessen. Erfreulich viele halbe Flaschen sind für das Business-Lunch, auch für den späten Genuss ideal. Täglich bietet der Sommelier ebenso glasweise eine besondere Auswahl von guten und günstigen Kreszenzen. Über die Weinpflege habe ich mich gefreut, der Chablis Premier Cru kam ordentlich gekühlt und der Bordeaux wurde rechtzeitig dekantiert. Aufmerksam und ohne großes Theater wird ständig nachgeschenkt. Längst nicht mehr selbstverständlich, aber für ein Genusserlebnis absolut zwingend.

FACIL

●●●●○

Küche
International

Adresse
Potsdamer Straße 3
10785 Berlin-Tiergarten
im Hotel The Mandala

Telefon
030/590 05 12 34

Internet
www.facil.de

Öffnungszeiten
Mo – Fr 12 bis 15 Uhr und
19 bis 23 Uhr

Verkehrsanbindung
U+S-Bhf. Potsdamer Platz,
Bus M41, M48, M85, 200

Kartenzahlung
Bar, EC-Karte, Kreditkarten

Preise
Mittagsmenü: 28 – 39 €
(jeder weitere Gang 13 €)
Mittagstisch: 18 €
Menü: 70 – 140 €
À la carte: 18 – 52 €

Extras
Sitzplätze außen,
Kostenloser Parkservice,
Tiefgarage

Auszeichnungen
1 Michelin-Stern,
17 Gault-Millau-Punkte

Tanz ums Kalb

Im „Traveller International", dem amerikanischen Kult-Magazin für Reisen und Genuss, wurde das Berliner Clubrestaurant *Felix* als der „Hot Spot" in Germany gepriesen. Welchen Stellenwert man solchen Beurteilungen auch einräumen mag, ein schönes Kompliment ist es allemal.

Das Club-Restaurant *Felix* im Adlon-Komplex war ursprünglich als italienisches Restaurant eröffnet worden, blieb aber anfangs wegen der verkorksten Küche erfolglos. Später mutierte der Club zum Tempel für Tanz und Veranstaltungen. Den Restaurant-Anspruch hatte ich lange Zeit überhaupt nicht auf der Rechnung. Aber manchmal wird der Kritiker auch positiv überrascht. Der geneigte Leser weiß: Wer schlechte Gerichte und Fehler im Restaurant beim Namen nennt, der darf auch mal jubeln, wenn's gefällt. Seit das neue Management mit Martin Pelz an der Spitze der Adlon-Holding sich speziell mit dem *Felix* beschäftigte, stieg die Essensqualität, ebenso wurde die Weinpflege intensiviert. Ein talentierter Küchenchef konnte aus den eigenen Reihen rekrutiert werden: Michael Liebing hatte jahrelang an der Seite von Sternekoch Tim Raue gelernt und übernahm die Regie am Herd.

Ich wollte wissen, was der normale Gast, der zum Speisen ins *Felix* geht oder sich mit einer soliden Grundlage für eine lange Tanznacht präparieren will, hier erwarten kann. Vorspeisen und Hauptgerichte sind auf ein internationales Publikum zugeschnitten. Wie vorzügliche Sashimi hergestellt werden, hat der Koch im asiatischen Restaurant *Ma* gelernt. Ich wählte das Thunfisch-Tatar, das hier mit Wasabi-Kaviar und Daikonkresse aromatisiert und zusätzlich mit Gurkensaft abgeschmeckt ist. Ein einfaches Gericht, das mit Aromen harmonisch abgestimmt angerichtet wird, ebenso wie der Wildlachs mit Papaya-Relish.

Keine große Kochkunst, aber geschmacklich in Ordnung auch der Culatello (italienischer Kernschinken), dünn gespänt mit pochiertem Ei, Bohnenkraut und Kopfsalat. Ein Entrecote zuzubereiten oder Kalbspaillard (großes, dünn geklopftes Schnitzel) in Limonensauce verlangt keinen Künstler aus dem Kocholymp, aber oft sind es doch die einfachen Dinge, die leicht danebengehen. In dem modern gestalteten Restaurant war ich zufrieden.

Überragendes Wein-Angebot von halben Flaschen

Paris Hilton, die trotz ihres branchenkundigen Großvaters Conrad nicht unbedingt als Gastro-Kritikerin bekannt ist, zeigte sich begeistert von den gebackenen Jakobsmuscheln auf rahmigem Fenchel-Safran-Gemüse. Immerhin besser als andersherum. Die Perlhuhnbrust auf karamellisierten Lauchzwiebeln war in Ordnung, nicht mehr und nicht weniger, aber die im Rotwein geschmorte Ochsenbacke mit Bohnenragout habe ich als „ein Gedicht" bejubelt.

Zwei Menüs sind empfehlenswert: das Drei-Gänge-Menü für 44 Euro mit gutem Wareneinsatz: Hummertatar mit Fenchel, Papaya und Chili, gefolgt vom Heilbutt mit Staudensellerie, dominiert von frischem Estragon und dem abschließenden Holundersüppchen mit Kirschen, Schokoladenminze und einem nicht süßen, sondern herzhaften Curryeis. Die Parademischung an Aromakombinationen bietet das Fünf-Gänge-Menü mit der Zusammenstellung von À-la-Carte-Gerichten. Zu jedem Gang gibt es dann noch die passende Weinbegleitung, jeweils ein Glas von deutschen Winzern. Die Genuss-Palette wird mit 79 Euro berechnet, deutlich weniger als die Einzelgerichte. Der Preis ist ebenso akzeptabel wie die zehn Euro, die jedes Dessert kostet, ganz gleich ob eingelegte Erdbeeren mit Rosé-Champagner-Gelee oder Grapefruitsuppe mit Vanilleeis und Zitronenmelisse gewählt wird.

Gar nichts zum Nörgeln? Eine Kleinigkeit doch. Ich finde es grundsätzlich nicht gut, wenn die Beilagen zu den Gerichten extra berechnet werden, wie es hier der Fall ist. Geschmorte Thymianschalotten, Pommes Frites oder Sommergemüse gehören für mich selbstverständlich zum Gang.

Der Service arbeitet gut geschult, ohne zu nachdrücklich zu werden. Um die Weinkarte, u. a. mit einem Angebot von 100 halben Flaschen, kümmert sich Geschäftsführer Martin Pelz selber.

FELIX

●●●○○

Küche
Italienisch/International

Adresse
Behrenstr. 72
10117 Berlin-Mitte

Telefon
030/301 11 71 52

Internet
www.felix-clubrestaurant.de

Öffnungszeiten
Do – Sa 19 bis 22.30 Uhr

Verkehrsanbindung
U+S-Bhf. Brandenburger Tor,
U-Bhf. Mohrenstraße,
Bus M41, 123, 200

Kartenzahlung
Bar, EC-Karte, Kreditkarten

Preise
Menü: 46 – 48 €
À la carte: 12 – 34 €

Extras
Raucherlounge,
Parkmöglichkeiten
in der Tiefgarage
des Hotel Adlon

Pfalz
Spätburgunder „B“
KAMMERBERG
SPÄTBURGUNDER
2003

Ein wahrer Aufsteiger: First Floor

Matthias Diether sorgt für neuen Schwung im First Floor (Hotel Palace). Er ist zu Recht der Aufsteiger des Jahres und sorgt für neuen Glanz in Berlins weißer Brigade, als einer der drei absolut besten Kochkünstler.

Eigenwillige Küchenrichtungen und individuelle Variationen oder Zubereitungen feiner Gerichte gibt es in der deutschen Gourmet-Metropole Berlin zuhauf. Einer, der die klassische Linie auf der Basis Escoffiers, des Urvaters der Grand Cuisine, beibehält, aber wundervoll kreativ interpretiert, ist Diether, der viel internationale Erfahrung mitbringt, aber nie dem Murks der Küche aus dem Chemiebaukasten verfallen war. Sein Vorgänger Mathias Buchholz war gewiss ein Guter. Um neue Ziele anzugehen, nahm er aber schon in jungen Jahren erst mal eine Auszeit. Matthias Diether hat die Ausrichtung des Traditionsrestaurants nicht auf den Kopf gestellt, aber seine Aromakombinationen sind frecher, überraschender, ja noch köstlicher. Ich nenne als Beispiel nur einmal die Essenz von der Ofenkartoffel, die mit pochiertem Bachsaibling eine Gaumenfreude zum Start nach dem ungewöhnlich guten Amuse Bouche ist. Der Aal, Hausfrauenart, sieht auf dem Teller aus wie von Dalí zelebriert. Späne und Röllchen vom Aal, dazu die milden Flusskrebse, als Verbindung eine herzhafte Sauce, aber alles in kleiner Portion, dass genügend Lust für die nächsten Gänge bleibt, auf die Tarte von Jakobsmuscheln beispielsweise, auch klein, aber fein mit Passionsfrucht-Schaum sehr originell, aber passend zubereitet. Die Fische sind Höhepunkte in Diethers Aufmarsch am Herd. Der Saint-Pierre, der

Petersfisch, ist mit einer milden Kräuterkruste überbacken und mit Salsa herzhaft gemacht. Drei Fleisch-Gänge können à la Carte geordert werden, die soufflierte Étouffée-Taube, auf den Punkt gegart und mit Schalottenconfit und Sauce Riche abgeschmeckt. Ein Stückchen vom geschmorten Wollschwein und das Entrecôte „Café de Paris“ sind die weiteren Optionen. Geschmacklich fabelhaft, ich bin nur kein Freund von winzigen Tranchen, da hätte ich lieber ein Stück aus dem Entrecôte geschnitten, weil das garantiert saftiger bleibt. Die Anregung hat Diether übrigens sofort aufgegriffen.

Die Patisserie arbeitet mit „Geschmacks-Klammern“, damit meine ich die Begriffe Zwetschgen (in der Kombination mit Nougat, Sauerrahm und leicht gesalzenem Karamell) oder Sanddorn, ganz frech mit Curry, Valrhona-Schokolade und Banane serviert. Wer es nicht eilig hat und 45 Minuten Wartezeit akzeptiert, kann sich mit einem Mohnsoufflé und Mandelmilcheis verwöhnen. Exzellenter Wareneinsatz kann nicht billig sein. Doch mittags beim Lunch-Menü geht es ausgesprochen preisgünstig zu. Da sorgt Diether in einer Stunde für zwei oder drei kleine Gänge (ab 28 Euro pro Person).

Erstklassiges Weinangebot

Das große Degustationsmenü ist ein appetitlicher Querschnitt in acht Gängen, durch Diethers Küchenkunst, vom Gateau (Gebäck) über die Gänseleber bis zur Auswahl von Rohmilchkäse und Dessert. Das ist so ein wenig Erinnerung an die Zeit der großen Menüs.

Wir sitzen gemütlich an der großen Fensterfront des einst plüschigen und heute so frischen und modernen Restaurants und genießen ebenso Küche und Service. Sommelier Gunnar Tietz, bei der „Aktion Meisterköche“ schon als Berlins Bester herausgestellt, und der exzellente Maître Jens Martin Riese sorgen für gute Stimmung und vorzügliche Gästepflege. Das Weinangebot war schon zu Zeiten des viel zu früh verstorbenen Karl Stiehle erstklassig. Dieses Angebot, auch an halben und Großflaschen, konnte dank Tietz gehalten werden und bleibt ein Markenzeichen des Restaurants.

Fazit: Die Bewertung einer Küchenleistung und eines Restaurant-Erlebnisses sind kein Glaubensbekenntnis, sondern zum Glück immer noch Geschmackssache. Was mir ganz persönlich gefällt: Im Gegensatz zu vielen jungen Kollegen wird im First Floor in allen Bereichen Kreativität zu Gaumenfreude der Gäste eingesetzt und nicht, um sich ausschließlich selber ins Rampenlicht zu schieben.

Das Genießerrestaurant, das in Berlin am längsten mit einem Stern ausgezeichnet ist, hat unter dem jungen dynamischen Direktor Michael Frenzel eine bedeutende Weiterentwicklung gefunden und ist für mich eine echte Empfehlung.

FIRST FLOOR

●●●●○

Küche
International

Adresse
Budapester Straße 45
10787 Berlin-Charlottenburg
im Hotel Palace Berlin

Telefon
030/25 02 10 20

Internet
www.firstfoor.palace.de

Öffnungszeiten
Mo – Fr 12 bis 14.30 Uhr und
18.00 bis 23 Uhr,
Sa+So 18.30 bis 23 Uhr

Verkehrsanbindung
U+S-Bhf. Zoologischer Garten

Kartenzahlung
Bar, EC-Karte, Kreditkarten

Preise
Mittagsmenü: 28 – 46 €
Menü: 78 – 112 €
À la carte: 15 – 42 €

Extras
Sitzplätze außen,
Smoker's Lounge in
der Hotellobby

Extras
1 Michelin-Stern,
17 Gault-Millau-Punkte

Es geht a bisserl besser

Ganz ohne Frage, Joe Lackner, der Restaurateur der *Fischerhütte* am Schlachtensee, hat die Jahreszeiten gut im Griff

Aus dem Frischluftvergnügen im Sommer machte er aus der Alten *Fischerhütte* kein winterliches Not-Domizil für die Übergangszeit, sondern ein eigenständiges, attraktives Lokal mit ansprechendem Ambiente. Zugegeben, es liegt weit draußen, ist aber urgemütlich, wenn das Kaminfeuer knistert und für angenehme Atmosphäre sorgt. Die Essensqualität wurde durch Sternekoch Rolf Schmidt total verbessert.

Brot, Butter, Olivenöl und Kräuterdip zum Einstimmen sind schon jetzt in Ordnung, auch die Vorspeisen liegen qualitativ durchaus im grünen Bereich. Das Gericht Berglinsen mit Zander war gut abgestimmt, die Linsen bissfest mit feiner

Säure, der Zander frisch (das Fleisch zerfällt in Schuppen) und kross auf der Haut gebraten. Die große Portion Feldsalat (gut gesäubert) hat ein mildes Dressing, verbunden mit steirischem Kürbiskernöl und, als Kontrast dazu, herzhaftem Schafskäse. Am Nebentisch wurde zur gleichen Zeit der „Renner" serviert, ofenfrischer Flammkuchen mit Parmaschicken und Rucola. Auch hier zufriedene Mienen.

Urgemütlich und ideal für ein Essen nach einem langen Spaziergang

Bei den Hauptgängen stellte sich dann Unverständnis ein. War der Tafelspitz in Meerrettichsauce noch von akzeptabler Qualität, wobei nur der Haufen trockener Kartoffelwürfel nicht der Speisekarten-Bezeichnung „Bouillongemüse" nahekam, so war das Wiener Schnitzel, auch noch als „der Klassiker" gepriesen, tatsächlich eine Zumutung. Gekonnt gemacht, ist das Wiener außen trocken kross und innen saftig. Das Kalbfleisch und die Panade sind fest miteinander verbunden. Ein feiner buttriger Geschmack wird durch das Braten in geklärter Butter erreicht. Und hier in

der *Fischerhütte*? Panade und Fleisch hatten sich getrennt, die feuchte Außenhülle wirkte wie ein aufgeblasener Luftballon. Das Schnitzel wirkte wie im Schnelldurchgang in der Fritteuse gegart. Ein absoluter Flop. Da änderte der aromatisch angemachte Kartoffel-Gurken-Salat auch nichts mehr.

Gäste, die sich nur mit einer heißen Suppe nach einem Spaziergang um den See stärken wollen, können aus einem ständigen Angebot von vier Offerten (alle mit sechs Euro fair kalkuliert) wählen. Die Consommé mit Frittaten, diesen Streifen von ungewürztem Eierkuchen, die in der Alpenregion so beliebt sind, kam bei Bekannten leider nur lauwarm auf den Tisch.

Der Service ist ein ständiges auf und ab. Mein Kollege Carsten war geradezu entgeistert über Unvermögen und Unfreundlichkeit des Personals. Manchmal wollten die Kellner gar vornehmer sein als die Gäste. Ich hatte scheinbar Glück und erlebte den Service aufmerksam und angenehm. Und was aus der Küche kommt, darauf haben die Kellner keinen Einfluss ...

FISCHERHÜTTE

●●○○○

Küche
Fisch & Meeresfrüchte

Adresse
Fischerhüttenstr. 136
14163 Berlin-Zehlendorf

Telefon
030/80 49 83 10

Internet
www.fischerhuette-berlin.de

Öffnungszeiten
tägl. ab 9 Uhr

Verkehrsanbindung
U-Bhf. Krumme Lanke,
S-Bhf. Mexikoplatz,
Bus 112, 629

Kartenzahlung
Bar, EC-Karte, Kreditkarten

Extras
Sitzplätze außen,
überdachte Terrasse,
Decken, eigener Parkplatz

Wer frische Fische fischt

Obwohl Christian Lohse die gastronomische Krone der Hauptstadt darstellt, habe ich ihn lange Jahre offiziell nicht besucht, nur ganz privat. Das Offizielle mit der Beschreibung, wie er kocht, wollte ich jetzt nachholen.

Unendlich viel war über ihn und auch von ihm zu lesen, doch über seine Handschrift in der Küche und wie seine besonderen Gerichte zu bewerten sind, das fehlte stets. Oft sind es nur Nuancen, kreative Kleinigkeiten, die ihn aus der breiten Garde der erstklassigen Berliner Ein-Sterne-Köche herausheben. Das Filet von der Rotbarbe beispielsweise aromatisiert er ungewöhnlich mit dem Jus von Chipirons-Tintenfischen und Hummer-Bouillonkartoffeln. Für das Mittelstück vom Atlantiksteinbutt kreierte er eine Morchel-Bearnaise und die gerösteten Jakobsmuscheln

mit Zucchini-Brandade (provenzalische Mousse) bekamen einen völlig anderen Geschmack durch eine lauwarme Vinaigrette von gereiftem Sherry und – Sie werden es kaum glauben – Blutwurst. Wer sich das traut, hat Selbstbewusstsein.

Kochkunst muss nicht zwangsläufig avantgardistisch sein, sondern darf auch Anregungen aus weit zurückliegenden Traditionen ziehen. Christian Lohse machte mir das mit einer kleinen Köstlichkeit klar. Statt der üblichen Beurre Blanc, der klassischen Buttersauce mit Zitrusaroma, greift er zur Verjus-Sauce. Verjus ist der saure Saft unreifer grüner Trauben, der im Mittelalter in der Küche als Säure genutzt wurde, bevor die Kreuzritter die Zitronen nach Europa brachten. Er bindet den wiederentdeckten Saft mit Süßrahmbutter und schafft eine brillante Aromakombination, ideal zu den gerösteten Atlantik-Jakobsmuscheln und herzhaftem Petersilienpüree.

Tipp für besondere Anlässe

Ich genieße Lohses Aromaharmonien, aber leide dennoch nicht unter einer „*Fischers-Fritz*-Manie". Blick und Gaumen bleiben kritikbereit. Ein Gericht beispielsweise schmeckt mir nicht: die Terrine von Gänsestopfleber in Verbindung mit geräuchertem Havelaal und Pfefferkaramell. Jedes Geschmackselement einzeln ist wunderbar, in der Verbindung für mich jedoch keine große Gaumenfreude. Aber das ist sehr subjektiv. Bleiben wir beim Jubeln. Einfach umwerfend ist eine Vorspeise, die schon als Lohse-Klassiker gilt: Carpaccio von Atlantik-Langostinos mit geschlagenem Sauerrahm und Saiblingskaviar, ein Geschmackserlebnis ohne Schärfe, nur mit sanften Aromen.

Nun könnte man glauben, im *Fischers Fritz* stünden nur frische Fische auf der Karte. Weit gefehlt. Auch Fleischgenießer kommen auf ihre Kosten. Der Rücken vom Pauillac-Lamm, in Nussbutter gebraten und mit sanften Pimentos, Coulis von Basilikum und violettem Knoblauch serviert, oder die Bresse-Taube, auf dem Grill rosé gegart, sind appetitliche Beispiele, die einem das Wasser im Mund zusammenlaufen lassen.

Bei all der Verehrung und Aufmerksamkeit, die Spitzenköchen zufällt, wird oft vergessen, dass ein Koch im Grunde ein Handwerker ist. In Frankreich werden die besten und präzisesten in der Ausführung darum zum „Meilleur Ouvrier de France", dem besten Handwerker Frankreichs, gekürt. Das fällt mir bei Lohses beispielhafter Detailgenauigkeit spontan ein.

Nun ist der Wahlberliner nicht nur der höchstdekorierte Koch in der Stadt, sein Restaurant ist gewiss auch das teuerste und damit erst einmal ein Hort für besondere Anlässe. Das Vier-Gänge-Menü kostet pro Person 105 Euro (ohne Getränke), sechs Gänge gibt es für 150 Euro. Das klingt erst einmal recht teuer, ist aber immer noch weit preiswerter als viele andere große Restaurants in aller Welt.

Die Produkte, die hier in der Hotelküche des „Regent" verarbeitet werden, sind vom Wareneinsatz her schon extrem teuer. Dass das Restaurant, das mit Abstand das wichtigste Argument für eine „Regent"-Buchung ist, dennoch keinerlei Zuschüsse benötigt, spricht für Lohses kaufmännische Qualität. Weil es so perfekt läuft, habe ich die großartige Weinpflege und den diskreten perfekten Service noch gar nicht erwähnt. Zur Abrundung dafür mein letztes Kompliment für den Tag.

FISCHERS FRITZ

●●●●◐

Küche
Fisch & Meeresfrüchte

Adresse
Charlottenstraße 49
10117 Berlin-Mitte
im The Regent Berlin

Telefon
030/20 33 63 63

Internet
www.fischersfritzberlin.com

Öffnungszeiten
tägl. 12 bis 14 Uhr,
18.30 bis 22.30 Uhr

Verkehrsanbindung
U-Bhf. Französische Straße,
Stadtmitte, Bus 147

Preise
Mittagsmenü: 28 – 39 €
Mittagstisch: 19 €
Menü: 95 – 150 €
À la carte: 14 – 80 €

Kartenzahlung
Bar, EC-Karte, Kreditkarten

Extras
Sitzplätze außen,
Smoker's Lounge in der Hotellobby, Private Dining Room, eigener Parkplatz

Auszeichnungen
2 Michelin-Sterne,
19 Gault-Millau-Punkte

Das Häuschen am See

Keine andere deutsche Stadt ist heutzutage in der Gastronomie so breit aufgestellt wie Berlin. Eine Ausnahme gibt es, da war und ist die Hauptstadt dünn besetzt: Meeresfrüchte.

Dann erinnere ich mich an einige Versuche, die nicht wirklich empfehlenswert für einen Genuss-Besuch waren. Bis auf Berlins Top-Restaurant *Fischers Fritz* von Christian Lohse, das Köstliches präsentiert, aber nicht wirklich ein Fischrestaurant ist, stand ich mit leeren Händen da, wenn ich von Lesern gefragt wurde. Ab sofort ist das anders. *Fisherman's* heißt das Restaurant, das alle Wünsche nach

Meerestieren erfüllt. Es liegt nicht in den Genuss-Zentren der Stadt, sondern in Reinickendorf und war ursprünglich eine Sommerterrasse, wunderschön am Tegeler See gelegen. Kombiniert mit einem kuscheligen Pavillon, formierte sich unter der Regie des jungen Soren Engelmann ein richtig gutes Fischrestaurant mit angenehmer Atmosphäre, blitzsauber, aber nicht überkandidelt dekoriert. Es gibt weder Netze noch präparierte Schwertfische wie bei derartigen Lokalen weltweit als Dekoration üblich.

Hier gibt es Meerestiere aller Art

Engelmann steht selber in der Küche, mit einem kleinen Team. Nach einem nicht genau definierten Drei-Stufen-Plan gibt es Einfaches, Rustikales für kleines Geld, dann ordentliche Fische, zum Teil raffiniert angerichtet und schließlich den Bereich, der auf der Speisekarte das „Besondere" genannt wird: der in der Salzkruste gebackene Wolfsbarsch etwa oder der Atlantikhummer mit Vanille-Chili-Risotto. Zum Einfachen zählt der klare Fischeintopf mit verschiedenen Filets, Shrimps und Gemüse (für 6,50 Euro). Geschmacklich einwandfrei. Für alle Altersklassen (bei Kindern besonders beliebt) gibt es den *Fisherman's* Fishburger. Nicht wie üblich durchgedrehter Verschnitt, sondern ein knackiges frisches Filet vom Dorsch, das in einer knusprigen Sesam-Brösel-Hülle gebacken wird. Zu den attraktiven Vorspeisen gehört die Kombination von geräuchertem und gebeiztem Lachs, wobei mich lediglich die gebackenen Kartoffelplätzchen störten, die nicht knusprig, sondern pappig waren. Drei mittelgroße Jakobsmuscheln mit Mandelbutter in der Pfanne gebraten oder der Flusskrebs-Cocktail sind preiswerte kleine Köstlichkeiten. Vom Matjes bietet Engelmann x Variationen, herzhaft mit Apfelzwiebel-Sahnesauce, mit Curry oder mit Buchenholz geräuchert.

Ich hatte Lust auf das Filet vom Wolfsbarsch unter der Kräuterkruste mit Ratatouille und Röstkartoffeln. Eine richtig große Portion kam auf den Tisch, gut, aber nicht überwürzt, harmonisch abgestimmt, ein leckeres Gericht, auch dank der mit Zwiebeln und Speckwürfeln kross gebratenen Kartoffeln. Besser machen kann man die Kräuterkruste, die ebenso wie das Zanderfilet im Sesammantel geradezu nach einer Extraportion Oberhitze schreit und unter dem Salamander das richtige Finish bekäme. Das will der Koch zukünftig auch so machen.

Tadellos gelang der am Nebentisch servierte Wolfsbarsch in der festen Salzkruste (mit Eiweiß stabilisiert). Dabei gibt das Salz nur ganz leicht die Würze ab, doch das Eigenaroma des saftigen Fleisches wird voll erhalten. Was mir imponiert, ist das ständige Bemühen der jungen Köche, immer neue Varianten zu finden, um die Früchte des Meeres pikant zu machen. So wird die Dorade Royal in Kräuteröl gegart, werden die Riesengarnelen in Zitronenöl und Rohrzucker gebraten und mit Tequila abgelöscht und auf Wunsch verschiedene Fische mit einem Zucchinimantel präpariert.

Wenn Sie nun mit Ihrer Familie zu *Fisherman's* wollen und jemand ist in Ihren Reihen, der überzeugt ist, dass ganz ohne Fleisch das Essen nicht rund ist, kein Problem. Für diese Zeitgenossen zaubert die Küche auch ein Rinderfilet mit Balsamico-Barolo-Jus, ein Wiener Schnitzel, original aus der Oberschale vom Kalb geschnitten, oder eine (mit Blattspinat) gefüllte Poulardenbrust.

Die Dessertauswahl ist klein, preiswert und süß, nicht unbedingt mein Fall. Dennoch, ein Besuch lohnt sich in jedem Fall, allein schon, um von der hübschen Servicedame angenehm überrascht zu werden.

FISHERMAN'S

●●●○○

Küche
Fisch & Meeresfrüchte

Adresse
Eisenhammerweg 20
13507 Berlin-Tegel

Telefon
030/43 74 64 70

Internet
www.fishermans-berlin.de

Öffnungszeiten
tägl. 12 bis 23 Uhr

Verkehrsanbindung
U-Bhf. Alt-Tegel,
Bus 124

Kartenzahlung
Bar, EC-Karte, Kreditkarten

Preise
Mittagstisch: 3,80 – 10 €
À la carte: 3,90 – 19,50 €

Extras
Sitzplätze außen

Bayrisches Haus Potsdam

Der Osten kocht auf. Die Qualität in den Restaurants steigt kontinuierlich, allerdings strahlen die Michelin-Sterne über den neuen Bundesländern immer noch so selten wie an einem wolkenverhangenen Himmel.

Eine der wenigen Ausnahmen ist das Restaurant *Friedrich Wilhelm* im Relais & Chateaux-Hotel Bayrisches Haus, das versteckt im Wald liegt. Hier zaubert Alexander Dressel. In der kulturell hoch angesehenen Nachbarschaft der Metropole mit viel Prominenz kocht er köstlich, aber gelassen ohne Chichi, mit regionalen Elementen und den Produkten Brandenburgs.

Mein Navigationssystem hatte „Im Wildpark“, wo das Landhotel steht, nicht mal im Programm. Die Straße ist tatsächlich auch nur ein Waldweg mit einer einzigen Hausnummer, die „1“ des Hotels mit dem besonderen Restaurant. Wer hier auf der Terrasse sitzt, von Tannen umrahmt, empfindet schlagartig Ferienstimmung und Abschied von Alltagsproblemen. Dabei ist die Hauptstadt gerade mal eine gute halbe Autostunde entfernt. Aber ein bayrisches Haus im brandenburgischen Potsdam? Eine weiß-blaue Enklave im Herzen Preußens? Ja, in der Tat, das gibt es. 1847 vom Preußenkönig Friedrich Wilhelm IV. für die vom Heimweh geplagte bayrische Gattin Elisabeth erbaut, wurde es nach wechselhafter Geschichte schließlich ein Hotel.

Zu den Gaumenfreuden: Die Karte ist klein und vernünftig angeordnet, ein Degustationsmenü, mit oder ohne begleitende Weine, eine kleine Auswahl à la carte, preislich mit einer ordentlichen Spannweite. Das confierte Meerbarbenfilet beispielsweise, mit hauchdünn gehobelten Fenchel und Gurke ist ein köstlich leichter Hauptgang für 18 Euro, die Menüs liegen ab 62 Euro für drei Gänge im gehobenen Preisbereich.

Will man Dressels Sterne-Küche charakterisieren, gelingt das am besten mit der Formulierung „bodenständige Sommergerichte mit Spitzenprodukten aus der Umgebung". Müritz-Lamm, einmal geschmort, einmal gebraten, auf den Punkt zubereiteten Spargel aus Beelitz oder als Salat mit Langostinen und einem Löffel Kaviar, Schorfheider Maibockrücken, mit Stopfleber und herbem Cumberlandjus aromastark variiert. Das ist gewiss eine der feinsten Regionalküchen im ganzen Land.

Nun lässt sich der sympathische Küchenchef freilich nicht allein auf Brandenburg festlegen. Ich war ebenso begeistert von seinem Atlantik-Steinbutt mit Fierschwammerln und zweierlei Meerrettich (frisch und scharf und einmal mild) oder dem nussigen Hummer mit aromatisiertem Thaigemüse. Auch die feinen Scheiben von der Felsenkrake kann er nicht mit heimischen Produkten zaubern, die kommen aus dem Mittelmeer. Aber alles zusammen eine prima Mischung. Nun wäre es unnatürlich, wenn es überhaupt nichts zu nörgeln gäbe. Enttäuschend war das Filet vom US-Beef. Zwar war es herzhaft gewürzt und durch Topinamburröster, saftigen Pfefferkirschen und Spargel in Senf-Hollandaise geschmacklich perfekt ergänzt, allein die leicht trockene Fleischqualität war nicht überzeugend, da fehlte Saft und Kraft, vielleicht passt da das deutlich fettere Wagyu-Filet besser.

Eine der feinsten Regionalküchen im ganzen Land

Beim Dessert beweist Dressel auch sein Händchen für die Pâtisserie, beim Topfensoufflé zum Beispiel oder seinem Champagner-Flan (klassische Creme im heißen Wasserbad zum Stocken gebracht) mit köstlichen Erdbeeren vom Feld nebenan und Rhabarber. Die Weinkarte hat noch nicht die Endfassung erreicht, ist aber schon recht ausgewogen in der Zusammenstellung deutscher Lagen und ordentlicher Kreszenzen aus Burgund, Bordeaux und Italien. Der Service agiert sehr aufmerksam und kompetent, ohne dabei vornehmer als die Gäste sein zu wollen.

Wer es noch rustikaler mag, für den ist das weitere gastronomische Standbein des Hotels Bayrisches Haus interessant, die Alte Försterei am südlichen Eingang des Wildparks. In diesem Bistro mit angrenzendem Biergarten gibt es ein ordentliches Kalbstatar, den großen Braten oder auch einen Ostsee-Aal. Von Kultur und Architektur einmal ganz abgesehen, lohnt ein kulinarischer Ausflug nach Potsdam.

FRIEDRICH WILHELM

Küche
Regional/International

Adresse
Im Wildpark/Elisenweg 2
14471 Potsdam
im Hotel Bayrisches Haus

Telefon
0331/550 50

Internet
www.bayrisches-haus.de

Öffnungszeiten
Di bis Sa ab 18 Uhr

Verkehrsanbindung
S Potsdam Hbf S7
Bus 631 Richtung Werder bis Haltestelle „Bayrisches Haus"
800 m Fußweg durch den Wald

Kartenzahlung
Bar, EC-Karte, Kreditkarten

Preise
Menü: 58 – 82 €,
À la carte 24 – 45 €

Extras
Sitzplätze außen, eigener Parkplatz

Auszeichnungen
17 Gault-Millau-Punkte

Schuld war der Minister

Genuss mit köstlichen Speisen und Getränken wird seit jeher in Berlin auch in den sportlich orientierten Clubs gepflegt. Warum die Frühsammer im Grunewalder Tennis-Club Bisonhüfte kochen.

Dort war der ehemalige Sternekoch und seine Frau Sonja, die jetzt als Küchenchefin fungiert, schon einmal zu Hause, nannte seinen Betrieb damals *Servino*, bevor er eine neue Herausforderung suchte, inzwischen aber an den Grunewald-Herd zurückgekehrt ist. Zu Lunch- und Dinnerzeiten ist der großzügig bestuhlte und dezent dekorierte Saal im ehrwürdigen Clubheim mit schöner

Sommerterrasse vergleichbar eingerichtet, von der Atmosphäre her aber doch sehr unterschiedlich.

Abends wirkt der imposante Stuckdeckensaal festlich, mittags ist typisches Business-Lunch angesagt. Dementsprechend sind auch die Karten gestaltet. Das „Flotte Menü" – drei Gänge mit freier Wahl von Fisch und Fleisch, Käse oder Dessert – ist mit 18 Euro günstig kalkuliert und geschmacklich einwandfrei, hat aber mit großer Kochkunst so viel gemein wie die Rückhand des dortigen Clubmeisters mit der von Boris Becker zu seiner Wimbledon-Zeit.

Ganz anders schon das mittägliche Überraschungsmenü, da kosten drei Gänge allerdings auch 30 Euro. Wir bekamen eine Trilogie von Gewürzsüppchen, wovon die Rote-Bete-Reduktion besonders köstlich war.

Bei der Kombination von Calamaretti und Steinbutt in mediterraner Sauce mit viel Tomate und Filets von der Blutorange war bei gelungener aromatischer Abstimmung lediglich der Steinbutt totgebraten. Aber das mögen anscheinend mehr Gäste, als dass sie den Fisch noch mit glasigem Kern serviert bekommen. Was mir besonders gut gefiel, war die dezente Säure der Sauce. Die folgende Dorade war kross auf der Haut gebraten und ging ein leichtes, verspieltes Geschmackserlebnis mit Fenchel und Curry ein, die die Nudeln parfümierten.

Exzellent auch die Terrine von der Gänseleber mit grobem Salz. Im Übrigen sind die Fleischgerichte, im Wechsel Kurzgebratenes und Geschmortes, unkomplizierter Gasthaus-Standard. Ganz anders geht es mit dem Verteilen der Abendkarte zu. Das Degustationsmenü kostet 85 Euro, dafür bekommt der Gast neun kleine Gänge plus Amuse Bouche und Gugelhupf, was den Preis relativiert. Da blitzt dann ab und zu alter Sternenglanz an Originalität auf.

Im Vakuum gegarte Bisonhüfte mit getrüffelten Schwarzwurzeln oder mit Limonen confierter St. Pierre (der wenig ansehnliche „Heringskönig" hat delikates, festes, weißes Fleisch) auf Hummerrisotto. Das wird Restaurantbesuchern nicht alle Tage serviert.

Zum Ausprobieren: das Überraschungsmenü zum Mittag oder das Degustationsmenü

Die Bedienung agiert sportclubmäßig unkompliziert, aber stets freundlich. Als krankheitsbedingt die halbe Brigade ausfiel, übernahm Peter Frühsammer als Patron den Service selbst und überließ seiner Frau die Küche. Die Vorbereitungen, die einen reibungslosen Ablauf garantieren, hatten beide gemeinsam durchgeführt.

Die kleine Weinkarte ist ein ordentlicher Ritt durch europäische Anbaugebiete. Das Angebot aus deutschen Lagen, Italien, Burgund und Bordeaux ist sehr ordentlich und kundenfreundlich kalkuliert. Erfreulich, dass etliche Weine auch glasweise ausgeschenkt werden und zum Degustationsmenü sorgfältig zusammengestellt, eine Auswahl als Begleiter. Bei der neuen Ausrichtung lohnt sich durchaus ein Besuch. Witzig ist übrigens, wie er zu dem Restaurant in der Tennis-Club-Villa kam: Schuld waren die Eier des Ministers. Als Frühsammer in der benachbarten israelischen Botschaft kochte, konnte er den Wunsch eines deutschen Ministers nach einem großen Omelett mit Pfifferlingen nur erfüllen, weil er sich nebenan in der Küche des Grunewalder Tennis-Clubs ein paar Eier ausleihen durfte. In der Botschaftsküche gab es keine. Das war der Kontakt, der dazu führte, dass der einstige Sternekoch, der zwischenzeitlich als Rinderzüchter arbeitete, wieder in die gastronomische Öffentlichkeit trat.

FRÜHSAMMERS

●●●○○

Küche
International

Adresse
Flinsberger Platz 8
14193 Berlin-Schmargendorf

Telefon
030/89 73 86 28

Internet
www.fruehsammers-restaurant.de

Öffnungszeiten
Di – Fr 12 bis 14.30 Uhr und ab 19 Uhr, Sa ab 19 Uhr

Verkehrsanbindung
S-Bhf. Hohenzollerndamm, Bus 115

Kartenzahlung
Bar, EC-Karte, Kreditkarten

Preise
Mittagstisch: 9,40 €
Mittagsmenü: 26 – 42 €
Menü: 32 – 98 €

Extras
Sitzplätze außen, Raucherraum

Auszeichnungen
15 Gault-Millau-Punkte

Genusstempel mit schönstem Ambiente

Endlich erstrahlten auch mal drei Sterne über einem Berliner Restaurant, wenn auch nur für eine Nacht.

Dieter Müller, einer der am längsten in deutscher Kochgeschichte den Platz im Olymp behauptet, gab ein Gastspiel im *Gabriele*. Ein köstliches Steinbuttfilet mit Staudensellerieschuppen in einer betörenden Safransauce, ein Kastaniensüppchen mit einer großen Portion Albatrüffel und gebratener Wachtelbrust oder Müllers Kalbsfilet „Sous Vide“, mit einem unübertroffenen Kompott vom Kalbfleisch im Glas plus schwarzen Trüffel (Périgord). Nur ein paar Köstlichkeiten zum Niederknien, um Sie, lieber Genießer den Mund wässrig zu machen. Der Sterne-Segen gehört zum neuen Konzept, das sich Martin Pelz ausgedacht hat, als der *Gabriele*-Sternekoch Björn Panek von heute auf morgen seine Küche verließ und nach Dubai auswanderte. In jedem Monat gibt es jetzt dieses (geliehene) Sterne-Festival mit einem der Großen der Gourmandise. Aber auch sonst war bei meinen Besuchen für die Qualität im *Gabriele* lobenswert. Die Küche hat das Niveau gehalten, aber der Service ist mit der Verpflichtung des von Berlin-Partner als „Bester Maitre“ ausgezeichneten Vedad Hadziabdic eine ganze Klasse besser geworden. Schön, dass wir nach den Umstellungen wieder da waren und das erleben durften.

Ein gelungener Neustart. Das von Anna Maria Jagdfeld prachtvoll gestaltete Restaurant gehört für mich vom Ambiente her zu den absolut schönsten in Deutschland. Da jetzt auch der Service stimmt, die in der heutigen Zeit unpassend

teureren Einzelgerichten von 70 bis 80 Euro aussortiert wurden, und das Küchenteam einfach köstlich kocht, ist das *Gabriele* für mich eine echte Empfehlung. So bleibt alles auch für die Gäste spannend, die sich häufig derart hochklassige Restaurants leisten. Wenn ich nur die Wildtaube als Beispiel nehme, da wird das zarte Fleisch mit einem Hauch von Lakritz kombiniert und mit Fenchel serviert.

Abwechslungsreich & ungewöhnlich

Auch bei den Desserts dominieren nicht gekannte Aromaspielereien. Herrlich die Grapefruitsuppe mit der Süße von Vanilleeis und herzhaften Elementen durch grobem Meersalz und Olivenöl.

Die Weinkarte bewältigt einen mächtigen Spagat, von kleinen Pinot Grigios und Gavi die Gavi bis hin zu großen Lagen der Marchesis und Gajas. Für Qualität und Auswahl engagiert sich der Geschäftsführer der Adlon Holding, Wein-Experte Martin Pelz selber. Der Service im Restaurant ist, wie schon erwähnt, die ganz große Oper. Die Frage, die ich mir stelle: Ob die Klasse eines Restaurants, in dem es so gut wie nichts zu nörgeln gibt, auf Dauer so stabil gehalten werden kann? Wenn ja, molto bene, Hut ab.

GABRIELE

●●●●○

Küche
Italienisch

Adresse
Behrenstr. 72
10117 Berlin-Mitte
im Adlon Palais

Telefon
030/20 62 86 10

Internet
www.gabriele-restaurant.de

Öffnungszeiten
tägl. ab 19 Uhr
Mi + Do Ruhetag

Verkehrsanbindung
U+S-Bhf. Brandenburger Tor,
Bus M85, 100, 200, TXL

Kartenzahlung
Bar, EC-Karte, Kreditkarten

Preise
À la carte: 16 – 44 €
Menü: 96 €

Extras
Rauchen im Adlonpalais,
Parkmöglichkeiten
in der Tiefgarage des Hotels

Auszeichnungen
1 Michelin-Stern,
16 Gault-Millau-Punkte

Vom alten Berlin nach Paris

Stimmungsvoll, aber nicht typisch französisch spiegelt sich die Szene im *Ganymed*. In den Gastroführern wird das Restaurant am Bertolt-Brecht-Platz in Mitte Jahr für Jahr verschwiegen.

Dabei hat dieser Betrieb doch richtig Tradition und in letzter Zeit an Qualität zugelegt. Neben dem Grandhotel (heute ein Westin) war dieses Restaurant zu DDR-Zeiten die kulinarische Top-Adresse. „Weinrestaurant mit Weltniveau", hieß es damals in der Werbung. Das war natürlich deutlich übertrieben und ein paar Nummern zu groß. In jedem Fall konnte das Restaurant *Ganymed*, das, so lehrt die griechische Mythologie, nach dem Mundschenk der olympischen Göttertafel benannt ist, mit deftigen Speisen Bert Brecht, Heiner Müller und das ganze Theaterensemble über Jahrzehnte beglücken. Heute wird gleich neben dem Restaurant „Der zerbrochne Krug“ von Kleist aufgeführt, auf der anderen Seite werden zerbrochene Hoffnungen dargetan: geschlossene Bistros und Cafés. Das *Ganymed* mittendrin und gleich an der Spree, in der sich die Laternenlichter spiegeln.

Brasserie für den alltäglichen Besuch

In den Gasträumen wurde das Altberliner Interieur mit ein paar Handgriffen auf Französisch getrimmt: rot-weiß karierte Tischdecken, Fotos vom Eiffelturm und Speisekarten en français. Das Tagesmenü wird mit Kreide auf mannshohe Schiefertafeln geschrieben. Heute ein Kartoffel-Ingwer-Süppchen, gefolgt von der französischen Ente mit Berliner Beilagen, Apfelrotkohl, Klößen und Bratapfel. Danach ein Christstollenparfait zum Abschluss für 34,90 Euro. Den Preis kann man mit Wohlwollen akzeptieren. Mit diesem herzhaften Hin und Her geht es auf der Speisekarte weiter. Natürlich gibt's Austern von der französischen Küste, eine „Plateau des fruits des mer“, auch Entenstopfleber, auf der anderen Seite aber ebenso Gnocchi, Steaks und deftiges Sauerkraut. Zur Untermalung schmachtet Adamo.

Unterschätzt mir die einfachen Gerichte nicht! So bestellte ich mir einen ganzen Kopfsalat mit pochiertem Ei. Ich habe in der *Kocharena* gelernt, dass selbst das simple Gericht kein Gang ohne Schwierigkeiten ist. Im *Ganymed* wurde die Vorspeise wie in der Brasserie *Lipp* zubereitet. Mit ausgebratenen Speckwürfeln, Tomaten und Pinienkernen, der Salat mit feiner Säure und Kräutern angemacht, das Ei perfekt gegart und alles in einem harmonischem Bild serviert. Im Anschluss daran habe ich die Dorade Royal probiert. Da unsere Meere oft leergefischt sind, kommen die Doraden zumeist aus Aquakulturen. Hier wurde sie nicht filetiert, sondern im Ganzen gebraten und mit kleinem Gemüse sowie La-Ratte-Kartoffeln serviert. Daran muss die Küche freilich noch arbeiten. Die festen Kartoffeln werden, wenn es optimal ist, mit kross gerösteter, appetitlich brauner Schale serviert. Hier waren sie triefend vor Fett und ebenso wenig kross wie die Haut der Dorade. Es gibt halt keine leichten Gerichte, aber das sollte der Koch im ersten Lehrjahr beherrschen.

Ansonsten bietet die Küche eine durchschnittliche handwerkliche Leistung, ohne zu kreativen Höhenflügen anzusetzen. Die Pappardelle mit Kaninchenragout beispielsweise sind nach provenzalischer Art mit Kräutern gewürzt. Ein ordentliches Chateaubriand für zwei Personen bekommt seine besondere Würze durch die Pommery-Senf-Sauce. Die Elsässer Spezialitäten aus dem Dorfgasthaus wie Sauerkraut mit Blutwurst oder Bauchfleisch, Flammkuchen oder Steaktatar, mit Kapern, Anchovis, Gewürzgurke, Schalotten und Ei angemacht, gehören zu den Standards.

Die beiden Desserts bedienen Klischees zur französischen Lebensart: Crème brûlée und Crêpes Suzette. Bon Appetit!

Der Service machte keinen schlechten Eindruck. Bei früheren Besuchen mit Freunden servierte der Garçon nach olympischem Prinzip. Er schleuderte den Teller wie einen Diskus auf meinen Platz und beim Weinöffnen zerbröselte er den Korken. In der Summe aller Dinge ist die Brasserie am Schiffbauerdamm durchaus eine alltägliche Empfehlung, wenn nicht kulinarisches Feuerwerk erwartet wird.

GANYMED

●●○○○

Küche
Französisch

Adresse
Schiffbauerdamm 5
10117 Berlin-Mitte

Telefon
030/28 59 90 46

Internet
www.ganymed-brasserie.de

Öffnungszeiten
tägl. 12 bis 24 Uhr

Verkehrsanbindung
U+S-Bhf. Friedrichstraße,
Bus TXL, 147, Tram M1, 12

Kartenzahlung
Bar, EC-Karte, Kreditkarten

Preise
Mittagstisch: 7,90 – 24,90 €
Mittagsmenü: 22,50 €
Menü: 32,50 – 35,90 €
À la carte: 7,90 – 89 €

Extras
Sitzplätze außen,
Markise

Hmm, Milchkalbskotelett

Jetzt ist es kulinarisch wie zu Kaisers Zeiten: Der Gendarmenmarkt hat sich landesweit zum Zentrum der Gastronomie mit Feinjustierung zugleich für Gaumen und Bauch entwickelt.

Das Großrestaurant namens *Gendarmerie* ist nach *Fischers Fritz* (2 Michelin-Sterne), dem weltbekannten *Borchardt*, dem *Aigner* sowie Joe Laggners bisherige Adressen *Lutter & Wegner*, *Newtonbar* und Lounge die neue Attraktion. Joe Laggners Konzept hat Metropolen-Charakter, im mächtigen Genusstempel des Humboldt-Carré ist die *Gendarmerie* mit 180 Plätzen im Lokal und einer großen Außenterrasse mit weiteren 80 Plätzen der erste Teil eines Gesamtkunstwerkes. Wie gut sind nun die Küche und der Service der *Gendarmerie*? Bei meinem Besuch war jeder Tisch

besetzt, die Brigade in der großzügig gestalteten Küche musste also richtig ackern. Das Amuse Bouche zum Auftakt war recht schmackhaft. Die Gänseleberterrine hatten die Zauberer am Herd mit einer feinen Schicht Blutwurst und Apfel-Chutney kombiniert. Die feine Säure nahm der gehaltvollen Praline die Wucht.

Den halben Hummer als Vorspeise (immerhin 300 Gramm schwer) kann der Gast kalt mit Dips oder gratiniert bestellen. Ich wählte die überbackene, recht schmackhafte Variante. Einziger Kritikpunkt: Das Fleisch war sehr weich gegart. Ich mag es lieber ein wenig bissfester.

Hier sind die gute deutsche Küche und Regionalgerichte zu Hause

Ohne jeden Abstrich blieb der Hauptgang. Als Juror in der *Kocharena* hätte ich meine allererste 10 gezogen, so perfekt war das Milchkalbskotelett (butterzart) gewürzt und gegrillt. Dazu wurden Bratkartoffeln serviert. Das klingt ja so einfach, nur bekommt man sie in der Regel zu blass, viel zu fett oder verkohlt, wo Röstaromen angebracht wären. Hier in der *Gendarmerie*, wo die gute deutsche Küche und die Regionalgerichte zu Hause sind, stimmte alles. Die Kartoffeln waren mit wenig Fett behutsam gebraten. Kompliment.

Am Nebentisch probierten die Gäste mit Genuss den Kabeljaurücken auf einer Kartoffel-Fenchel-Brandade (nach provenzalischer Art pochiert). Zur sanften Parfümierung wird Pastisbutter (auf Basis des Anisgetränks) gereicht. Die Zufriedenheit war augenscheinlich groß.

Der Renner im Restaurant waren die Spargelgerichte, bei denen das Beelitzer Edelgemüse in fünf Kombinationen auf den Tisch kommt (von der Schinkenvariation bis zum Rinderfilet). Auch das Filet garte und richtete der Küchenchef perfekt an. Hier ist von Zwei-Sterne-Koch Rolf Schmidt, verantwortlich für die Küchenqualität in Laggners Restaurant, ganz bewusst eine handwerklich gut gemachte, saubere konservativ ausgerichtete Speisenfolge konzipiert worden, mit exzellenten Produkten – wie das auch die Meeresfrüchteplatte mit Meeresschnecken, Austern, Crevetten, Taschenkrebsen und Langostinos deutlich macht. Im Zeichen allgemeinen Slim-Denkens wurde die Dessert-Karte klein gehalten. Mousse, Tarte, ein paar Sorbets sowie, nach amerikanischen Vorbild, ein Frischkäsekuchen, das war's.

Die Mittagsempfehlungen liegen im Preisbereich günstig zwischen 7,50 und 14 Euro, auch sonst stimmt das Preis-Leistungs-Verhältnis, vor allem bei den kundenfreundlich kalkulierten Weinen (von österreichischen Lagen dominiert), die in ganz breiter Zahl glasweise ausgeschenkt werden. Der Service ist aufmerksam, ohne die Gästebetreuung zu überdrehen. Man spürt, dass die Mitarbeiter gut geschult wurden.

Über die Optik des großen Saals wird es nie eine einheitliche Beurteilung geben. In einem Gastro-Dienst wurde der Vergleich mit einem Bahnhofswartesaal bemüht. Ich kann das nicht nachvollziehen. Natürlich fehlen noch kleine Tischdetails, doch das gigantische Reliefbild (5 x 14 Meter) von Jean Yves Klein an der Rückwand als Dekoration, die schlanken Säulen im Raum, der so hoch wie eine Kathedrale scheint, und die elegante Metropolen-Bar als Blickfang machen die *Gendarmerie* einzigartig.

GENDARMERIE

●●●○○

Küche
Regional/Französisch

Adresse
Behrenstr. 42
10117 Berlin-Mitte

Telefon
030/76 77 52 70

Internet
www.gendarmerie-berlin.com

Öffnungszeiten
tägl. 11 bis 2 Uhr

Verkehrsanbindung
U-Bhf. Französische Straße,
Bus TXL, 100, 147, 200

Kartenzahlung
Bar, Kreditkarten

Extras
Sitzplätze außen, Raucherlounge mit klassischer Bar (im Seitenflügel des Gebäudes)

GOOD FRIENDS

Kantonesische Überraschung

Chinesische Lebensart und Pekings Attraktionen haben bei uns Dauerpräsenz erreicht. Für viele Berliner und für die Chinesen in der Stadt, was für die authentische Küche spricht, ist Good Friends in der Kantstraße dafür die beste Adresse.

Das Kompliment kann für das Ambiente nicht gelten. Ich muss schon sagen, für mich ist das Kaschemmen-Stimmung wie im Shanghaier Hafen: hoher Geräuschpegel, harte Holzstühle, Tischdecken mit Glasscheiben abgedeckt (lässt sich leichter abwaschen), Sojasauce in Maggiflaschen, billigste Papierservietten, die

Tagesspezialitäten in chinesischen Schriftzeichen und in deutscher Sprache auf eine Tafel gepinselt, kein Tischschmuck im Restaurant und auf der Terrasse. Die Speisekarte ist viel zu umfassend, fast so dick wie die Mao-Bibel.

Und die Enttäuschungen gingen zu Beginn meines Besuchs weiter. Der einzige trinkbare Bordeaux auf der Karte (Lynch-Bages) war nicht vorrätig, und es dauerte eine ganze Weile, bis der Service sich um uns kümmerte. Doch dann wendete sich das Blatt in der Bewertung total. Der in Berlin geborene Chinese machte einen aufmerksamen und gekonnten Service, die Speisen waren absolut erfreulich, kamen wenige Minuten nach der Bestellung, authentisch kantonesisch in der Ausführung. Authentisch klingt erst mal richtig gut, aber wie viel davon verträgt der Berliner?

Eine kurze Stippvisite im Reich der Mitte – einer der besten Chinesen der Stadt

Ich mag keinen lebend filetierten Fisch, bei Hund süß-sauer wird mir schlecht, und kommen gegrillte Larven oder Quallen in Essig auf den Teller, verordne ich mir Null-Diät. Das alles ist hier natürlich nicht der Fall. Als Ende der 20er-Jahre die erste Chinaküche an der Spree eingerichtet wurde, bejubelten die Feinschmecker die „neue kulinarische Weltoffenheit" der Metropole. In den letzten Jahren aber kam es zu einer Inflation asiatischer Küchenangebote mit häufig trostloser Frühlingsrollen-Fastfood-Finsternis. Auch bei *Good Friends* eröffnen Frühlingsrollen das Menü, aber sie sind frisch, saftig und mit bissfesten Garnelen gefüllt. Der große Unterschied wird auch bei Gerichten mit Schweinefleisch (Schweinebauch) deutlich. Das schließt die Produktqualität und die Arbeit des Kochs ein. Die Großgarnelen (wahlweise in Schalen gegrillt) in der Kombination mit chinesischen Pilzen und Bambus waren eher mild gewürzt und betonten den Geschmack des Produktes. Das galt übrigens ebenso für den gedämpften Seewolf mit Ingwer und Zwiebellauch.

Der freundliche Kellner hatte nun Fließbandtempo angenommen und servierte, wie es die gesellige Art der Chinesen ist, die nächsten Bestellungen als bunte Kombination gleichzeitig. Die butterzarten Jakobsmuscheln mit grünem Spargel, gebratener Tintenfisch mit Kaiserschoten und dann als Höhepunkt der chinesischen Menüfolge traditionsgemäß die krosse Ente. Überraschenderweise riet der Kellner von der Original Pekingente ab, bei der mit Luftdruck die Haut vom Fleisch abgelöst wird, bevor der Röstprozess beginnt. Die sei „heute nicht kross genug geraten". Bei der Ente mit Paprikagemüse und Knoblauch, die schärfste Variante, splitterte dagegen die krosse Haut erfreulicherweise wie gelackt. Ein Genuss. Es gibt übrigens zehn Wahlmöglichkeiten der Zubereitung und der Gemüsekombination für das beliebte Federvieh. Nur das Schweine-Angebot ist größer, weit mehr als ein Dutzend preiswerter Einzelgerichte (zwischen elf und 15 Euro) von der Sau. Noch günstiger allerdings ist das schnelle Mittagsmenü. Einschließlich einer sauer-scharfen Suppe stehen nur 6,80 Euro auf der Rechnung. Alle Speisen sind mit original chinesischen Gewürzen geschmacklich einwandfrei zubereitet. Tatsächlich eine kurze Stippvisite ins Reich der Mitte. Es hat zwar den Charme eines Reissilos in Shenyang. Nimmt man aber die Küchenleistung, ist das kantonesische Spezialitätenlokal ein heißer Tipp.

GOOD FRIENDS

●●○○○

Küche
Chinesisch

Adresse
Kantstraße 30
10623 Berlin-Charlottenburg

Telefon
030/313 26 59

Internet
www.restaurant-goodfriends.de

Öffnungszeiten
tägl. 12 bis 2 Uhr

Verkehrsanbindung
S-Bhf. Savignyplatz,
Bus M49

Kartenzahlung
Bar, EC-Karte, Kreditkarten

Preise
Mittagsmenü: 6,80 – 7,60 €
À la carte: 2,50 –45 €

Extras
Decken im Winter,
Heizstrahler, Markise

Grand „M“, Maritim Hotel

Das Restaurant am Ende der lang gestreckten Maritim Lobby trägt den eigenwilligen Buchstaben-Kurznamen *Grand „M“*. Das geschmackvoll eingerichtete Esszimmer des Tagungshotels entspricht nicht dem üblichen Abfütterungs-Langeweile-Ambiente.

Angenehme Wohnlichkeit ist Trumpf, aber keine hochgestochene Gourmettempel-Atmosphäre, und so funktioniert der Service: erstklassige Weinpflege, handwerklich gut geschult und freundlich-leger. In exakt die gleiche Richtung ging das Amuse Bouche mit dem scheinbar unausrottbaren Spruch: „kleiner Gruß aus der Küche“. Eine frische Miniportion Rindertatar mit Spiegelei von der Wachtel. Je länger wir freilich das Abendprogramm der Küche genossen, je tiefer sackte die Bewertung ab, und zum Schluss stand die noch nie beantwortete Frage im Raum, warum die Hauptgerichte in der Regel gegenüber den Vorspeisen noch mal deutlich abfallen.

An kalten Wintertagen ist eine heiße aromaintensive Suppe eine angenehme Eröffnung des Menüs. Meine Krebssuppe mit hausgemachten Ravioli war gut abgeschmeckt, aber leider nur lauwarm. Meine Kollegin hatte sich für eine sogenannte „Pilz-Latte“ entschieden. Gemeint ist damit eine Krebsvalouté (gebunden) mit aufgeschäumter Sahne. Leider kam der Koch auch hierbei nicht auf Temperatur, besser gesagt, die Pilzsuppe wurde als Kaltschale serviert.

Vorzüglich gelang der Wildlachs mit noch glasigem Zentrum und köstlich abgeschmeckt. Auch die Salate als Visitenkarte der Küche überzeugten. Das machte Hoffnung auf die Empfehlung des Tages für zwei Personen: den gebratenen Rücken vom Spanferkel. Das hört sich großartig an. Die Gedankenverbindung geht sofort zu butterzartem, noch rosigem Karree und Filet. Was dann auf den Tisch kam, war wohl eine Werbeaktion der Zahnarzt-Innung. Ich ahnte schon Schlimmes, als die liebenswerte Kellnerin mit dem Fleischstück kämpfte, beim Aufschneiden den ganzen Körper einsetzte, so fest war der Braten. Mit einem derart verkorksten Spanferkelrücken fällt jeder Auszubildende durch seine erste Prüfung. Schade, weil ein so schlechtes Gericht auch die Stimmung verhagelt, die gerade Deutschlands bester Barkeeper Andreas Lanninger, der die *Maritim Bar* übernommen hat, mit fröhlichem Vorbeischauen und lustigen Sprüchen hochgebracht hatte.

Tipp: Meeresfrüchtemenü am Freitagabend

Bei Fischgerichten wie Zander auf Rahmsauerkraut oder gebeiztem Thunfisch sieht das Notenblatt dann schon besser aus. Außerdem mangelt es nicht an guten Marketingideen im *Grand „M“*. Nehmen Sie zum Beispiel das Meeresfrüchte-Menü am Freitagabend – das bietet für 39 Euro eine gute Auswahl, der Weißwein und das Mineralwasser sind im Preis enthalten. Insgesamt ist die Bewertung nicht so schlecht wie in der vernichtenden Kritik von Gault Millau beschrieben. Mehr Sorgfalt in der Küche und Inspiration für die lieblos-langweiligen Desserts würden dem gesamten Restaurantkonzept allerdings gewiss guttun.

GRAND „M“

●◐○○○

Küche
International

Adresse
Stauffenbergstr. 26
10785 Berlin-Tiergarten

Telefon
030/20 65 10 90

Internet
www.maritim.de

Öffnungszeiten
Mo – Sa 12 bis 15 Uhr
und 18 bis 24 Uhr

Verkehrsanbindung
Bus M48, M85

Kartenzahlung
Bar, EC-Karte, Kreditkarten

Preise
Mittagsmenü (Mo – Fr):
13,90 – 17 €,
Menü: 39 €

Extras
Sitzplätze außen, eigener Parkplatz

GRILL ROYAL

Steaks, gut abgehangen

Viele Gäste sind überzeugt: Im *Grill Royal* gibt es die besten Steaks der Stadt.

Komplimente für gute Steaks, aber eine durchwachsene Bewertung für andere Gerichte bescherte ich dem *Grill Royal*, das inzwischen neben dem *Borchardt* zur absoluten In-Attraktion der Hauptstadt geworden ist. Zu seinem Publikum zählen, anders als bei Roland Mary am Gendarmenmarkt, keine Politiker, weniger Geschäftsleute, aber dafür unglaublich viele attraktivere Schönheiten aus Showbusiness und Modebranche sowie etliche Fernsehschaffende. Meine Erfahrungen beim zweiten Zugriff waren geradezu erstklassig, wobei ich meine Euphorie beim Aufschreiben noch dämpfen muss.

In der Stadt sonst unerreicht: das Waygu-Entrecote

Die Showküche ist seit meinem ersten Besuch nach der Eröffnung vor gut einem Jahr erkennbar besser geworden. Saibling mit Sternanis oder gegrillter Hummer sind einfach gut, doch vor allem das geliebte Waygu-Entrecote mit den Fettäderchen als Aromaträger ist in der Stadt unerreicht. Besitzer Boris Radczun, der sein Restaurant mehr als Club denn als Steak-Haus sieht und so auch sein Konzept fährt, strahlt angesichts der Entwicklung. Perfektion freilich bleibt ein immerwährendes Bemühen. Und so wäre es beim aromatischen und appetitlichen Kräutersalat noch gästefreundlicher, Kräuter wie Estragon oder Frühlingslauch kleiner zu hacken.

GRILL ROYAL

●●●○○

Küche
International

Adresse
Friedrichstraße 105
10117 Berlin-Mitte

Telefon
030/200 89 48 13

Internet
www.grillroyal.com

Öffnungszeiten
tägl. 18 Uhr

Verkehrsanbindung
U+S-Bhf. Friedrichstraße,
Tram M1, 12

Kartenzahlung
Bar, EC-Karte, Kreditkarten

Preise
À la carte: 7 – 58 €

Extras
Sitzplätze außen,
Raucherlounge

Auszeichnungen
11 Gault-Millau-Punkte

Klein-Korea am Ku'damm

Abseits der Touristen-Läden und Szenenkneipen geht es authentisch zu. Im Großbildfernseher an der Wand mit Satellitenprogramm aus der Heimat trällern sangesfrohe Hupfdohlen ihre Liedchen mit manchmal schmerzhaft hohen Tönen.

Wir sind zu Gast im Restaurant *Gung Jeon*, der kulinarischen Zentrale der Koreaner hier im Lande. Wir quetschen uns auf ein schmuckloses Wandbänkchen hinter Plastikblumen und Polyester-Mandarinenbäumchen und bestellen das extrascharfe Feuerfleisch, die Spezialität des Hauses. Dazu wird ein altmodischer Tischgrill vor mir aufgebaut, wie man ihn aus den 70er-Jahren kennt, und nach Wunsch Rinderrippe, -filet, Schweinebauch oder Geflügel gegart.

Spezialität des Hauses: das extrascharfe Feuerfleisch

Mein Filet, in kleine Fleischfetzen zerlegt und wenig appetitlich als Scheiterhaufen auf einem Teller drapiert, hatte einen derart deutlichen Fettanteil, dass ich infrage stelle, ob tatsächlich ausschließlich vom Filetstück geschnitten wurde. Geschmacklich ist das geröstete Fleischaroma durch Knoblauch total überlagert, dazu gibt es Gewürzgurkenscheiben, scharfe Soßen und Kimchi, das zu allen Gerichten serviert wird. Kimchi ist Sauerkraut auf Koreanisch. Der marinierte, scharfe

Chinakohl wird ganz ähnlich eingelegt. Manchmal wird er im Stück gereicht und muss dann mit den unhandlichen Stahlstäbchen (da lob ich mir die hölzernen japanischen) zerrupft werden. Auch hier dominiert der Knoblauchgeschmack, für noch mehr Schärfe sorgen Ingwer und Chilipulver. Die angeblich für Magen und Darm gesunde Würze erleben wir auch bei den Eintöpfen und Fischgerichten. Hier ist die Dorade mit Sojasoße noch das Beste. Sie kommt unzerlegt und auf den Punkt gebraten.

Vorspeisen werden nur zubereitet und serviert, wenn kein großer Andrang herrscht. Dann aber lohnt es sich, Tofuscheiben, paniert ausgebacken und mit Ingwersoße, oder Garnelen in einer Art Tempura-Verpackung zu ordern. Insgesamt bleiben die Aromazusammenstellungen durch die Wahl der Produkte und Gewürze für unsere Geschmacksnerven recht fremd. Im *Gung Jeon* macht sich keiner die Mühe, die Originalküche auf westeuropäische Gaumengefälligkeit zu verfremden. Angebracht ist es freilich, vor einigen Gerichten zu warnen: Der Meeresfrüchte-Eintopf schmeckte muffig, auch die Kombination einer Art Pfannkuchen mit Porree, Fisch und Garnelenstücken muss man nicht probieren.

Die Getränkekarte ist kaum erwähnenswert, der Service aber als angenehm herauszustellen.

GUNG JEON

●○○○○

Küche
Koreanisch

Adresse
Kurfürstendamm 134
10711 Berlin-Wilmersdorf

Telefon
030/89 54 18 92

Internet
www.gungjeon.de

Öffnungszeiten
Mo – Sa 12 bis 23 Uhr

Verkehrsanbindung
S-Bhf. Halensee,
Bus M19, M29, 104

Kartenzahlung
Bar, EC-Karte, Kreditkarten

Preise
Mittagsmenü: 5,90 – 7,30 €
À la carte: 2,80 – 50 €

Extras
Sitzplätze außen

Immer diese Jakobsmuscheln!

Ein so schönes Restaurant und dazu im Sommer mit einem geradezu überwältigenden Hof, von südlichem Flair geprägt, der Gastraum auf zwei Ebenen wie ein Romeo-und-Julia-Bühnenbild.

Der mutige Gastronom Hartmut Guy, ein gelernter Schauspieler, der mit dem Restaurant auf der Ecke zum Gendarmenmarkt einen Lebenstraum verwirklichte, schlägt sich in den Wintermonaten recht und schlecht durch. Hier eine Auswahl

seiner Speisen: Eine Variation von Aal, geschmacklich gut gemacht, ist zwar nicht jedermanns Sache, aber ein ungewöhnliches Amuse Bouche allemal. Recht ordentlich war der folgende Schwarzwurzelsalat mit Mandelvinaigrette und Rote-Bete-Brioche. Als Ansage auf der Speisekarte war er mit Haferwurz kombiniert, aber das Gericht wurde dann auf Schwarzwurzel reduziert. Die Jakobusmuscheln, inzwischen fast zum Überdruss in jedem Küchenangebot, waren, obwohl mit Kräutern kombiniert, von großer Geschmacksneutralität. Geschmacklich überzeugend dagegen war der Loup de Mer, auf der Haut gebraten mit Austern-Chili-Apfel-Ragout. Auf den ersten Blick gewiss ein Geschmacks-Durcheinander, dass die Fischqualität und damit den Gang aber kaum beeinflussen konnte. Mittelprächtig das leicht gebeizte Hohenloher Rinderfilet mit Kohl und Mandarinen. Auch zum gebratenen Lammkarree mit Grüntee-Risotto gab es Schwarzwurzeln als Beilage. Augenscheinlich das Lieblingsgemüse des Kochs.

Im Januar-Menü reihen sich die Standards aneinander: Tafelspitz vom Kalb, Jakobusmuscheln und dann als Höhepunkt Dreierlei vom Hirschkalb (unter anderem geschmort und kurzgebraten) sowie als Abschluss eine Kombination von

Passionsfrucht und Nougat. Wahlweise kann der geneigte Gast auch auf eine Käseauswahl zurückgreifen.

Auf jeden Fall ist es empfehlenswert, im *Guy* ein Menü zu ordern. Das vegetarische Menü, unter anderem mit gratinierter Polenta, mit Pinienkernen und Austernpilzen, ist in Zusammenstellung und Ausführung durchaus schmackhaft und gelungen.

Für Vegetarier lohnt sich das entsprechende Menü

Akzeptabel ist die Kalkulation der Weinkarte. Ungewöhnlich die große Auswahl an offenen Kreszenzen aus allen Anbaugebieten. Der Service ist routiniert und insgesamt professioneller geworden. Perfektion bleibt freilich ein immerwährendes Streben. Ein Beispiel für Fehlverhalten bei meinem Besuch: Engagiertes, gut geschultes Personal eskortiert den Gast, wenn er nach dem Weg zum WC fragt. Der Hinweis war leider sehr unpräzise. Prompt lande ich auf einem Schlachtfeld von unaufgeräumter Personaltoilette. Schade, alles zu tun, um dem *Guy* Erfolg zu bescheren, das wäre das Personal dem mutigen Restaurateur einfach schuldig.

GUY

●●○○○

Küche
International

Adresse
Jägerstraße 59
10117 Berlin-Mitte

Telefon
030/20 94 26 00

Internet
www.guy-restaurant.de

Öffnungszeiten
Mo – Fr 12 bis 15 Uhr und
18 bis 1 Uhr, Sa 18 bis 1 Uhr

Verkehrsanbindung
U-Bhf. Französische Straße,
Bus 147

Kartenzahlung
Bar, EC-Karte, Kreditkarten

Preise
Mittagsmenü: 17 – 22 €
Menü: 59,50 – 69,50 €
À la carte: 12 – 31 €

Extras
Sitzplätze außen

Auszeichnungen
15 Gault-Millau-Punkte

Fischgenuss in Hemingway-Ambiente

Wer eine zumindest weitgehend angenehme Adresse für frischen Fisch sucht, der muss einen Ausflug an den Schwielowsee machen, wo sich das gleichnamige Freizeitresort als Ganzjahresziel etabliert hat.

Während das große *Seapoint Restaurant* typische Hotelkost von gepflegter Mittelmäßigkeit serviert, ist das einem Key West Bistro nachempfundene *Ernest* sowohl vom Ambiente mit gelungener Hemingway-Dekoration als auch von der Küche ungewöhnlicher.

Wenn Salate die Visitenkarte eines Restaurants sind, so ist die vom *Ernest* ganz ohne Eselsohren. Die Produkte sind frisch, die Dressings aromatisch und die Portionen riesig. Die Suppen dagegen bleiben nur Standard. Beim Möhren-Ingwer-Süppchen hatte der Koch den Ingwer vergessen, zumindest schmeckte das, was auf den Teller kam, ausschließlich nach Möhrchen aus dem Milupa-Glas.

Ein überzeugendes Fischangebot

Alles nur Vorgeplänkel: Das Fischangebot war richtig überzeugend, der Seeteufel beispielsweise als Kotelett geschnitten und an der Gräte gebraten. Zu meiner Freude war er noch bissfest, auf den Punkt gegart, mit einem leicht glasigen Kern. Gut die frische Dorade vom Grill und das Steinbeißerfilet, das auf Wunsch mit einer herzhaften, aber nicht überzogen scharfen Pommery-Senf-Sauce kombiniert wird. Als Tagesangebot werden frische Felchen, diese forellenähnlichen Lachsfische, vom Grill oder nach Müllerin-Art zubereitet.

Hummer mag der beste Koch sein, doch die Küche zeigt, dass ein köstliches Angebot aus dem Meer auch ohne teure Krustentiere funktioniert. Ansonsten sind Meer- und Flussbewohner appetitlich auf Eis gepackt, ziemlich komplett präsentiert und von Sushi-Qualität.

Der Service war fix, fröhlich und jung. Als die Mitarbeiterin allerdings für die Weinpflege geradestehen musste, tat sie einem fast schon leid. Es ist wie so oft, beim Wein fehlt die Liebe und Sorgfalt ...

HAFENRESTAURANT ERNEST

●●◐○○

Küche
Fisch & Meeresfrüchte

Adresse
Am Schwielowsee 120
14542 Werder (Havel)
im Resort Schwielowsee

Telefon
03327/73 27 08

Internet
www.resort-schwielowsee.de

Öffnungszeiten
tägl. 12 bis 22 Uhr,
Mai – September bis 24 Uhr

Kartenzahlung
Bar, EC-Karte, Kreditkarten

Preise
À la carte: 3 – 22,50 €

Extras
Sitzplätze außen,
eigener Parkplat

Auszeichnungen
13 Gault-Millau-Punkte

HAMLET

Restaurant Hamlet

Sein oder nicht sein. Na klar, Shakespeares *Hamlet*. Kennt doch jeder. Anders das Restaurant gleichen Namens.

Das ist in keinem Gastroführer registriert, weder bei Gault Millau, Varta oder Michelin, obwohl es seit vierzehn Jahren einen festen Gästekreis behauptet und dadurch bekannt wurde, dass es sich scherzhaft als „Außenstelle Shakespeares" bezeichnete.

Ein wenig Montmartre-Atmosphäre unter der bürgersteiggroßen Markise genießen wir auf der Uhland-Ecke. Hier ist es wahrlich angenehm zu sitzen, der schönste Platz im Gästebereich des Lokals. Insgesamt galoppiert der Wohlfühlfaktor in diesem Restaurant auf und ab. Einiges ist prima, manches eher störend.

Da ist erst einmal der tadellose Service, den man in einem Restaurant dieser Kategorie wahrlich nicht zwangsläufig erwarten kann, der mich darum einfach begeistert hat. Die anmutige junge Dame erfüllt die Gästewünsche mit so viel Charme und oftmals noch bevor sie vom Gast ausgesprochen wurden. Sie schaffte in der Praxis, was sonst nur als Theorie in der Cornell-Fibel (Hospitality-Universität) steht. Sie deckt beispielsweise einen Tisch direkt an der Terrasse ein, wo der Zigarettenrauch nicht stört, bevor wir darum nachgesucht haben. Sie packt eine Extraportion Eis in den Kühler, um die Chablis-Temperatur auch bei heißem Wetter zu garantieren, weil sie im Vorübergehen mitbekommen hatte, dass ich einen leichten Burgunder lieber etwas zu kühl trinke.

Täglich saisonale Gerichte mit französischem und orientalischem Einschlag

Dagegen stößt die schmuddelige, fleckig, speckige Speisekarte unangenehm auf. Die Küche kriegt die Kurve zum Namensgeber *Hamlet*. Der Dänenprinz, der im anhaltinischen Wittenberg studierte, soll mit seinen Freunden Rosenkranz und Güldenstern am liebsten Entrecote mit Thymian-Kartoffeln, Kräuterbutter und Salat sowie in Olivenöl gebratene Scampis mit Knoblauch und Kräutern gegessen haben. Dazu, so steht es in der Chronik des Restaurants, muss damals der Rioja-Wein geflossen sein. Also rauf damit auf die Karte. Und da die exotischen Häfen des Orients das Traumziel des Prinzen gewesen seien, kommen ein paar orientalische Elemente, vor allem arabische Gewürze, auf den Küchenplan.

Wir blieben bei unserer Auswahl eher bodenständig. Der gebratene Ziegenkäse zum sehr gepflegten Salat ist keine Kochkunst, aber wegen der frischen Produkte erwähnenswert. Der extrem mild gebeizte Lachs mit leicht angeschwenkten

Pfifferlingen hat ebenfalls eine gute Note verdient, wenn da nur nicht die Rösti als Beilage wären. Klingt so gut, doch das waren kränklich blasse Fertigprodukte.

Untadelig war der Kalbstafelspitz mit Kräutersauce und frisch zubereitetem Gemüse. Der Schwertfisch, der häufig zu trocken und damit langweilig auf den Restauranttellern liegt, war im *Hamlet* kurz und gut gebraten und damit so saftig wie die dazu angerichteten knackigen Scampi auf Risotto.

Überhaupt wird Fisch mit besonderer Sorgfalt behandelt. Das Zanderfilet, kross gebraten, war richtig frisch. Das Fleisch zerfiel in Schuppen. Das ist das beste Zeichen, das der Zander noch kurz zuvor im Wasser schwamm.

Die gut gemischte Karte bietet täglich saisonale Gerichte mit (Hamlet kommt wieder ins Spiel) französischem und orientalischem Einschlag als Verbindung: scharf gewürzte Lammwürstchen mit Feldsalat, zum Beispiel, oder würzige Safrancreme zum Lachsfilet.

HAMLET

●●○○○

Küche
Französisch

Adresse
Uhlandstraße 47
10719 Berlin-Wilmersdorf

Telefon
030/882 13 61

Internet
www.restaurant-hamlet.de

Öffnungszeiten
tägl. 7.30 bis 2 Uhr

Verkehrsanbindung
U-Bhf. Spichernstraße,
Uhlandstraße,
Bus 249

Kartenzahlung
Bar, EC-Karte, Kreditkarten

Preise
Frühstück: 2,90 – 7,90 €
À la carte: 2,50 – 15,50 €

Extras
Sitzplätze außen,
Tageszeitungen/
Zeitschriften

Wenn die Sau zur Delikatesse wird

Kreuzberger Nächte sind lang, klare Sache, kennen wir doch. Neu ist für mich, dass Kreuzberger Abende auch köstlich und aromaintensiv sein können.

Wir reden trotz Stern nicht von Gourmettempeln der aufwendigen und damit auch teuren Art, sondern von ordentlichen Genussrestaurants mit gut gemachter Küche wie dem ansehnlich restaurierten, romantischen Kellerrestaurant *Hartmanns*.

Der von der Berlin-Partner-Jury als „Aufsteiger des Jahres" nominierte Koch und Inhaber Stefan Hartmann hat nach den Wanderjahren eine Zeit lang bei Kolja Kleeberg im *Vau* gearbeitet. Etwas von der Leichtigkeit des rheinischen

Sternekochs in Berlin hat er mitgenommen. Außerdem traut er sich an Gerichte heran, die eigentlich eher verpönt sind – wie Schweinebauch, den Hartmann aber herrlich eigenwillig verfremdet und angenehm leicht zubereitet. Auch wer Schweinfleisch sonst lieber meidet, sollte hier die zur Delikatesse mutierte Sau unbedingt probieren.

Das Amuse Bouche, anderswo häufig auf Gänseleberpraline und Schaumsüppchen im Miniröhrchen beschränkt, eröffnet den kulinarischen Reigen vielfältig: köstlicher Erbsenflan, gebratene Jakobsmuschel (gut) und Ravioli mit Eisbein, wobei die kleine, quadratische Pastatasche leider ein bisschen zu fest war.

Wunderbar: frische Salate mit Büffelmozarella und marinierten Tomaten

Salat, von Slim-Orientierten gerne als eher banale Notlösung bestellt, wird hier besonders gepflegt. Die frischen Sommersalate mit Büffelmozarella und marinierten (und sorgfältig geschälten) Tomaten sind eigentlich eine Portion für zwei und mit einem harmonisch milden Dressing wunderbar kombiniert (für 9 Euro). Aber es muss ja nicht immer gesund sein. Die gebratene Entenstopfleber mit Pfeffermirabellen verdient eine weitere gute Note. Die feine Gewürz-Säure-Verbindung macht die aromaintensive, aber fette Leber spürbar (auch schmeckbar) leichter.

Den frischen Saibling brät Hartmann nicht, sondern pochiert ihn und verbindet den zarten Geschmack mit kräftiger Räucherlachsmousseline. Marinierte Kohlrabi und Radieschen runden das Gericht ab. Kalbsbäckchen sind in bürgerlichen Küchen überall „in“, wie Zitronengras und exotische Gewürze bei allen Möchtegern-Crossover-Artisten. Hartmann hebt sich ab, nimmt die vom Geschmack her wesentlich kräftigeren Ochsenbacken und hat keine Angst davor, sie nicht zart zu bekommen, sondern lässt sie bei Niedrigtemperaturen butterweich schmoren. Sein Kartoffelstrudel dazu fordert Nachschlag.

Nun hat der junge Mann am Herd nicht nur Hits im Programm. Wie sollte das auch gehen? Sein Kalbshaxenfleisch auf grünem Erbspüree wurde von Gästen als zu „bürgerlich banal“ abgetan, und meine Calamaretti litten unter Geschmacksneutralität. Man sagt ja im Allgemeinen, dass verliebte Köche zu stark salzen und würzen. Wenn das so ist, muss ich bei Hartmann wohl auf akuten Liebesentzug schließen. Nur Kleinigkeiten gewiss, die den positiven Gesamttrend kaum tangieren. Der Service ist gekonnt, kompetent und erfreut den Gast mit einem freundlichen Lächeln. Auch beim Servieren der Desserts, wie hausgemachte Buchteln mit Waldbeerkompott und Vanilleschaum. Leicht und luftig und damit genau richtig nach kräftigem Mahl.

Die Weinkarte wurde klein gehalten, deutsche und österreichische Lagen dominieren. Wenn Sie, lieber Leser, aber Lust auf große Franzosen oder Italiener haben, fragen Sie einfach den Maître. Der hält ein Schatzkistchen im Verborgenen.

HARTMANNS

●●●◐○

Küche
International

Adresse
Fichtestraße 31
10967 Berlin-Kreuzberg

Telefon
030/61 20 10 03

Internet
www.hartmanns-restaurant.de

Öffnungszeiten
Mo – Fr 12 bis 14.30 und 18 bis 24 Uhr, Sa 18 bis 24 Uhr

Verkehrsanbindung
U-Bhf. Südstern,
Bus M41

Kartenzahlung
Bar, EC-Karte, Kreditkarten

Preise
Mittagsmenü: 21 – 59 €
Mittagstisch: 7 – 14 €
Menü: 45 – 74 €
À la carte: 11 – 28 €

Extras
Sitzplätze außen,
Private Dining

Auszeichnungen
14 Gault-Millau-Punkte

Diese Suppe löffele ich aus

Das *Horváth* in Kreuzberg befindet sich in der ausgewogenen Mittellage. In der Summe aller Dinge würde ich bei der Wertung in der *Kocharena* dem Koch eine Sechs (von zehn möglichen Punkten) geben, dem Service aber eine hervorragende Acht. Der neue Mann am Herd heißt Sebastian Frank.

Michelin-Sterne hat auch schon der Küchenchef Wolfgang Müller erkocht, auf der *Bühlerhöhe* im Schwarzwald und im Berliner *Adermann*. Im Horvath reichte es noch nicht ganz da hin, und ich erlebte, warum. Seine Vorspeisen waren absolut spitze. Der Salat beispielsweise von der Wachtel und der Gänseleber in einer

Kürbisvinaigrette, der hauchzarte Bachsaibling im Wirsingblatt. Ich bin kein großer Suppenkasper, aber das Schaumsüppchen von Kopfsalat mit gekochtem Pulpo hat mir hervorragend geschmeckt. Das wurde noch getoppt von der Lachsfilet-Schnitte, die als Rillette serviert wurde. Müller gart die Wildlachstranche in Orangenöl, das gibt dem Fisch einen äußerst interessanten Geschmack, den ich so auch noch nicht genossen hatte.

Hervorragende Auswahl an Vorspeisen

Von dieser guten Qualität sind auch viele andere Vorspeisen wie das von den Aromen her freche Mosaik vom Eisbein und Garnelen mit mariniertem Pak Choi und Nam Jim Sauce (von asiatischen Gewürzen dominiert). Wäre das schon der Abschluss gewesen, hätte ich in die Täfelchen mit den ganz hohen Wertungen gegriffen. Doch dann kam ja noch der Hauptgang. Die Erfahrung wiederholt sich immer wieder, ganz gleich ob im Dorfgasthaus oder im Gourmettempel. In der Menüfolge ist der zentrale Gang so häufig auch der schwächste. Ich hatte richtig Lust auf saftiges Kalbshaxenfleisch, hier werden die Scheiben mit frisch in der Pfanne gebratener Gänseleber kombiniert und auf Champagnerkraut angerichtet. Dazu spendiert die Küche Blutwurstravioli. Nun der Reihe nach: Die Gänseleber war auf den Punkt gegart und perfekt gewürzt, doch bei allem Bemühen habe ich mit den Kalbshaxenscheiben nichts anfangen können. Ich habe geschnitten, gesägt und gestochen, aber zerlegen lassen sie sich wohl nur mit dem Schneidbrenner. Derart knüppelhartes Fleisch ist natürlich ein dicker Minuspunkt. Ein zweiter kommt hinzu: die Blutwurst. Als gebürtiger Rheinländer liebe ich alle Variationen. Nur diese nicht, die schmeckte nach Persil oder Weichspüler.

Von der Ochsenbacke bietet Müller die in Rotwein geschmorte Version, und es ehrt ihn auch, dass er sich traut, den auf den ersten Blick ordinären Schweinebauch anzubieten, übrigens mit der gleichen Beilagen-Kombination wie bei der Kalbshaxe. Zwei Arten von Menü sind im Angebot, das sogenannte *Horváth*-Menü mit vier Gängen und Amuse Bouche für 45 Euro und das Amuse-Bouche-Menü, eine Querfeldein-Präsentation in kleinen Portionen (sieben Gänge für 57 und zehn Gänge für 73 Euro).

Das Beste im Restaurant ist fraglos der Service, der Wärme in den kalten Minimalismus der Einrichtung bringt. Schmucklos, ohne Tischdecken geht's zu, wohl aber mit Stoffservietten. Der Gast wird perfekt beraten, und wenn der Rotwein dekantiert wird, dann mit Kerzenlicht angewärmt wie im ganz großen Sternetempel. Sehr ordentlich und kundenfreundlich ist die Weinkarte sortiert. Deutschland und Österreich sind natürlich verstärkt vertreten, und zahlreiche offene Kreszenzen fallen ebenfalls direkt ins Auge. Zusätzlich gibt es ein paar mittlere Gewächse aus Italien und Bordeaux. Auf die absoluten Spitzenprodukte, ganz egal ob beim Wein oder in der Küche, verzichtet man im *Horváth* bewusst. Das ist Haus-Philosophie. Kaviar und Trüffel werden nicht verarbeitet und beim Fischangebot sind es vor allem deutsche Süßwasserfische. Warum das Restaurant in Kreuzberg *Horváth* heißt? Ich kannte nur den Mittelläufer der ungarischen 54er-Supermannschaft bei der Fußball-Weltmeisterschaft, doch der war freilich nicht der Namensgeber, sondern ein Dichter aus der K.u.K-Monarchie, und das ist auch die Kurve zu den österreichischen Inhabern dieses Restaurants mit dem liebenswerten Service.

HORVÁTH

●●◐○○

Küche
International

Adresse
Paul-Lincke-Ufer 44A
10999 Berlin-Kreuzberg

Telefon
030/61 28 99 92

Internet
www.restaurant-horvath.de

Öffnungszeiten
Di – So 18 bis 1 Uhr,
Küche bis 23 Uhr

Verkehrsanbindung
U-Bhf. Kottbusser Tor,
Schönleinstraße

Kartenzahlung
Bar, EC-Karte, Kreditkarten

Preise
Menü: 39 – 73 €
À la carte: 7 – 26 €

Extras
Sitzplätze außen,
Schirme

Auszeichnungen
15 Gault-Millau-Punkte

Mit der Balance eines Trapezkünstlers

Meine Begeisterung für Thomas Kammeiers Küche und den Superservice von Maître und Sommelier Olaf Rohde stimmten mich euphorisch. *Hugos'* Küchenchef gehört für mich zu den drei bis vier kreativsten deutschen Künstlern am Herd.

Mit einem Gläschen Meursault (Hospices de Beaune) zum kalt geräucherten Kabeljau mit Buchweizen-Kaffeecrepes war der Einstieg perfekt. Auch die

Königskrabbe mit grünem Spargel, einer Tandoori-Emulsion (indische Gewürzmischung) und Mispel ist im Küchen-Olymp angesiedelt. Das Vier-Gänge-Menü kostet 90 Euro, das große Degustationsmenü mit sechs Gängen und aufwendigen (unberechneten) Grüßen aus der Küche 112 Euro. Natürlich haben Sie recht, das ist nicht billig, aber die Grundprodukte haben nun mal ihren Preis. Das butterzarte Brandenburger Reh beispielsweise. Behutsam geschmorte Schulter und kurz gebratener Rücken werden kombiniert und mit frischen Pfifferlingen ergänzt. Alles, was Kammeier servieren lässt, ist erstklassig.

Gerichte zum Niederknien

Ausnahmsweise habe ich den Wein des Abends einmal vor den kulinarischen Köstlichkeiten genannt. Es ist der beste weiße Burgunder, den ich je genossen habe und – damit sind wir beim Küchengenuss – ein geradezu idealer Begleiter zu den herausragenden Delikatessen des Meeres und der Seen: Kanadischer Hummer mit Perigord-Trüffel und Blumenkohl, butterzarten Jakobsmuscheln mit Lauch, Zander mit Steinpilzen oder die gebratenen Calamaretti mit Risotto von griechischen Nudeln und Parmesansauce. Gerichte zum Niederknien.

Kammeier balanciert wie ein Trapezkünstler zwischen den Traditionalisten, die die klassische Grande Cuisine pflegen, und den zwanghaft Kreativen mit ihrer Chemie- Orgie. Auch der *Hugos*-Küchenchef tüftelt manchmal mit gewagten Aromen, aber so behutsam und gekonnt, dass der ursprüngliche Geschmack des Produktes nie überlagert, sondern nur verstärkt wird. Das entspricht dem Zeitgeist, ohne ins Modische abzugleiten.

Die Präsentation auf dem Teller scheint auf das sparsame Dekor des Restaurants abgestimmt, ohne viel Fremd-Zierrat und Spielerei. Das gilt für die gesamte Palette vom Amuse Bouche (drei kleine Gaumenfreuden auf einem edlen Porzellan angerichtet) bis zu den Dessertvarianten, die alle bewusst leicht und luftig zubereitet sind. Maître Rohde serviert die glasierte Perigord-Gänseleber mit

Pattaya-Mango, eine eigenwillige, aber köstliche Kreation, bei der die feine Säure das Gericht wesentlich leichter macht.

Der krosse Spanferkelbauch wird interessanter durch Kürbis und die arabischen Aromen, und selten zuvor habe ich eine bessere gebratene Mittelmeergarnele oder einen Kalbstafelspitz mit Kalbszunge gegessen. Den Kalbstafelspitz variiert Kammeier manchmal mit Roter und Gelber Bete, Meerrettich und Wildkräutern.

HUGOS

●●●●○

Küche
International

Adresse
Budapester Str. 2
10787 Berlin-Tiergarten
im InterContinental Hotel

Telefon
030/26 02 12 63

Internet
www.hugos-restaurant.de

Öffnungszeiten
Mo – Sa 18 bis 22.30 Uhr

Verkehrsanbindung
U+S-Bhf. Zoologischer Garten, Bus 200

Kartenzahlung
Bar, EC-Karte, Kreditkarten

Preise
Menü: 90 – 190 €

Extras
zwei überdachte Raucherterrassen, Heizpilze, Decken, Private-Dining-Rooms

Auszeichnungen
1 Michelin-Stern, 17 Gault-Millau-Punkte

Ein Tipp für den Sommer

Über die Qualität von Küche und Service sagen gekühlte Cocktails, Häppchen und im Stehen genossene Kartoffelpuffer aber nun wirklich nichts aus. Was den normalen, zahlenden Gast erwartet, wollte ich selber erleben.

Hier im Restaurant *Hundekehle* ist der Tisch im Freien schön gedeckt, mit Kerzen und angenehm großen Stoffservietten. „Regionale saisonale Trendküche“ wird plakativ als die Speise-Richtung des Restaurants verkündet und vorgegeben. Doch eine spezielle Form der geschmacklichen Ausrichtung war für mich nicht erkennbar. Fraglich, ob der Gast, der einfach nur zwei oder drei leckere Gänge aussucht und genießen will, darauf Wert legt. Man geht zum Italiener, zum Chinesen, auch gezielt zum Sushi-Meister oder ins Französische Bistro, aber regionale Trendküche?

Hier punktet der Service und die Weinpflege

Das sieht dann nach den Vorstellungen des Restaurateurs und des Kochs so aus: Sommerlauch und Orangen zu den Jakobsmuscheln oder erntefrische Pfifferlinge nicht nur als Schaumsüppchen und Beilagen, sondern auch als Pfifferlingsquiche mit Rucolacreme verarbeitet. Dem Lachs-Thunfisch-Carpaccio mit Limonenvinaigrette, optisch sehr appetitlich angerichtet, fehlte es eindeutig an feiner Säure

und das „Trio di carne“ – das sind drei kleine Portionen Tatar, Carpaccio und Vitello (dünn geschnittene und gerollte Kalbsbrustscheibe) – war von seltener Geschmacksneutralität. Da habe ich eine ausdrucksstarke Thunfischsauce vermisst.

Und so stellte sich schnell heraus, dass die Küche handwerklich ordentlich agiert, aber über gehobene Mittelmäßigkeit nicht hinauskommt. Dafür punktet der Service und die Weinpflege. Der Kellner, der mir stolz erzählte, dass er aus eigenen Stücken gerade einen Sommelier-Lehrgang absolviert hat, gehört zum Besten, was ich in der Hauptstadt erlebt habe. Kompliment.

Die Küchenleistung blieb auch in der Folge des Dinners, wie bisher, ohne wirklichen Flop, aber auch ohne Highlight auf der Durchschnittsspur. Das Geschmorte vom Reh in Spätburgunder war als Gulasch von einer Wildgewürzmischung total dominiert und beim auf den Punkt perfekt gegarten (erwähnenswert!) Kabeljau gab es nicht den angekündigten cremigen Spinat, sondern eine Portion zusammengepresster Spinatblätter. Die Pommes Allumettes zum Entrecote, diese frittierten, dünnen Streichholzstifte von der Kartoffel waren leider nicht kross, sondern labbrig.

Was wird sonst angeboten? Standards wie Lammrücken und Hüfte, Entenbrust mit Pinienkern-Polenta, Rinderfilet mit Ochsenbäckchen-Ravioli oder die Berliner Kalbsleber mit Portweinjus und Balsamicopfirsichen.

In Erinnerung bleibt, wie gesagt, der Service. Bei Herzlichkeit und Liebe zur Gästepflege verzeiht man handwerkliche Fehler.

HUNDEKEHLE

●●○○○

Küche
Deutsch/Regional

Adresse
Hundekehlestraße 33
14199 Berlin-Schmargendorf

Telefon
030/83 22 41 51

Internet
www.restaurant-hundekehle.de

Öffnungszeiten
Mo – Sa ab 17 Uhr

Verkehrsanbindung
Bus 186, 249

Kartenzahlung
Bar, EC-Karte, Kreditkarten

Preise
À la carte: 6,80 – 24 €

Extras
Sitzplätze außen

IL PUNTO

Ein kleiner Italiener

Erinnern Sie sich noch an das italienische Restaurant *Il Punto* – in deutscher Sprache „der Treffpunkt“ – am Brandenburger Tor, das einst die beliebte Abendadresse der Politiker aller Fraktionen war? Ich kenne die Gründe nicht, aber es wurde geschlossen.

Das neue *Il Punto* ist ein paar Ecken weiter in der Neustädtischen Kirchstraße, es wurde vor kurzem eröffnet, kombiniert mit einem Bistro, Verzeihung, Lasagneria, wo es für unter zehn Euro ein Dutzend Variationen des schmackhaften Teiggerichtes gibt. Beide Lokale laufen unter der Regie von Giuseppe Perna, den seine Gäste nur Peppe nennen. Während es in der Lasagneria mit der rustikalen Weindekoration eher relaxt und einfacher zugeht, ist das *Il Punto* weit aufwendiger gestaltet. Ein modernes, aber gemütliches Restaurant mit einem schönen Innenhof.

Hier fühlt man sich als besonders gern gesehener Gast, der ohne nachlassende Mühe bis zum Schluss von den Mitarbeitern gepflegt wird. Hinter der Servicequalität steht ein hoch angesehener Hotel- und Gastronomieexperte als Teilhaber, der aber ungenannt im Hintergrund bleiben will.

Hausgemachte Nudelspezialitäten, originell gewürzt

Die Grundlinie der Küche ist sizilianisch. Typisch dafür sind bereits die Vorspeisen, ich probierte die berühmten roten Garnelen, gegrillt und als Sashimi mit Sellerie-aroma, knackig, bissfest, mit dem Duft des Meeres. Sie wissen ja, lieber Feinschmecker, das zeigt auch die Frische. Wird's fischig, ist es mit dem Genuss vorbei. Natürlich gibt es im *Il Punto* auch die Italo-Klassiker wie das Vitello Tonnato, doch es wird individuell variiert. Das Kalbfleisch ist nicht gebraten, sondern pochiert, und die Thunfischsauce wird von Kapern dominiert. Die mediterrane Fischsuppe findet ebenso Beachtung wie die Komposition von Maiscreme, Ingwer und Perlhuhnfilet. Um nicht „genudelt" nach Hause zu gehen, habe ich nur probiert, die Süppchen waren stark gewürzt, echte Aromabomben.

Über die hausgemachten Nudelspezialitäten ist nur die originelle Gewürzlinie zu vermerken. Wildfenchelsamen beispielsweise, Minze und Artischockenherzen. Ungewöhnlich auch die grüne Tagliatelle, mit einem Ochsenschwanzragout kombiniert. Hatte ich vorher noch nie probiert. Mehr als die Abteilung Pasta und Risotto war ich allerdings an den Fischspezialitäten interessiert. Während ich das sanfte Rahmige der Mascarpone-Sauce zum Seeteufel (durchgebraten, ich mag lieber einen glasigen Kern) mit Safranfenchel genoss, zerlegte mein Begleiter die Dorade lustvoll, die, interessant, mit einer Ciabattakruste umhüllt und mit Basilikum-Knoblauch parfümiert zum Gast kommt. Natürlich gibt es überall noch Verbesserungspotenzial, aber insgesamt ist die Küche mit der gleichberechtigten Brigade ohne einen Küchenchef an der Spitze eine echte Bereicherung der Berliner Gastro-Szene. Die Fleischgänge sind da eingeschlossen. Wenn ich mal vom Lammrücken im Kräutermantel absehe – dieses Gericht ist längst in Rente –, gibt es prima Variationen. Zu den Kalbsmedaillons alla Parmigiana harmonieren Auberginen und Mozzarella und zum Saltimbocca vom Perlhuhn auf Zucchini-Risotto passt die Weißweinreduktion (mit wenig Süße) sehr gut. Ganz unabhängig von Beifall und Kritik herrscht bei den Köchen noch die heile Welt vor Ausbruch der Schäumchen-Saucen, Balsamico-Übertreibungen und Trüffel-Imitate. Das wird auch beim täglichen Business-Menü spürbar, das für 23,50 Euro in drei Gängen, unkompliziert und flink auf den Tisch kommt.

Italienische Restaurateure sind leicht beleidigt, wenn man auf die Desserts verzichtet. Nun sind Tiramisu oder Früchte mit Zabaglione Standards der eher unkomplizierten Art, aber beispielsweise Kaffeecreme mit karamellisierten Physalis mit Amaretto und Pistaziengebäck angereichert, ist ein ebenso köstlicher Abschluss wie die Crème brûlée vom Ziegenkäse. Da muss man erst mal drauf kommen.

IL PUNTO

●●●○○

Küche
Italienisch

Adresse
Neustädische Kirchstr. 6
10117 Berlin-Mitte

Telefon
030/20 60 55 40

Internet
www.ilpunto.net

Öffnungszeiten
Mo – Sa 12 bis 23 Uhr

Verkehrsanbindung
U+S-Bhf. Friedrichstraße

Kartenzahlung
Bar, EC-Karte, Kreditkarten

Preise
Mittagstisch: 7,50 – 21,50 €
À la carte: 7,50 – 24,50 €

Extras
Sitzplätze außen

Mit kulinarischem Kalender

Restaurants am Stadtrand, die von der Natur geküsst sind und zum Essen den schönen Blick auf Wasser und Wald gratis bieten, werden zu Unrecht stets ausschließlich mit Sommer, Sonne und Urlaubslaune in Verbindung gebracht. Das sorgt häufig für ein begrenztes Saisongeschäft.

Ich habe eines der schönsten Lokale, sowohl von der Lage, unmittelbar am Saum der Havel, als auch vom Ambiente (Landhausstil) mitten im brutal kalten Winter besucht und mich in diesem sogenannten Ausflugsrestaurant mit angeschlossenem Hotel ausgesprochen wohl gefühlt. Mit einer recht bunt gemischten Gästeschar von Omas Geburtstagsfeier bis hin zu Geschäftsleuten war die Kajüte gut besucht. Der Chef des Hauses Mathias Wolf sieht das auch als Erfolg seiner Strategie,

mit einem „kulinarischen Kalender“ für alle Jahreszeiten die Klientel zu binden. Das Restaurant bietet immerhin 100 Plätze innen und 150 draußen, wenn es wieder warm wird. Diesen Spagat zwischen anspruchsvoller Küche und der Nachfrage nach einem schnellen Salat oder Strammer Max à la Kajüte, mit Brot, Eiersalat, Krabben und Schnittlauch gelingt zumeist. Jochen Trus, Spree-Radio-Moderator, bekam ein Tatar am Tisch angerichtet. Zwar eine kleine Portion, aber klassisch mit allen Zutaten gewürzt, Für mich war Fisch der Einstieg. Der weiße Heilbutt mit knackigem Safran-Fenchel auf bunten Linsen war in Ordnung. Und er bekam seinen Kick durch den ausgebratenen herzhaften Chorizo-Chip. Davon hätte ich mir einen mehr gewünscht.

Auf den Punkt gegarte Hirschroulade

Die vom Preis-Leistungs-Verhältnis empfehlenswerte Vorspeise ist gewiss die gewaltige Portion von 6 ausgewachsenen Riesengarnelen in Knoblauch-Kräuterbutter für 15,90 Euro. Was ich dagegen überhaupt nicht verstehe, bleibt die Modeerscheinung, alle Gerichte irgendwie mit Süße und total verfremdenden Aromen zu entstellen. Selbst hier, wo die rustikale Linie doch klar vorgegeben ist, kombiniert der Küchenchef die Jakobsmuscheln mit Rotwein-Birnen-Kompott und setzt noch Mandelschaum dazu. Zufrieden waren wir mit der saftigen, gut gewürzten Hirschroulade (auf den Punkt gegart) mit dem Wintergemüse schlechthin, Rosenkohl, und deftigen Speck-Kartoffeln.

Am Nebentisch wurden Gänsekeulen (im eigenen Saft gegart) mit Rot- und Grünkohl serviert. Die Gäste zeigten sich zufrieden. Das war ich auch mit der Produktqualität meines Rinderfilets. Allerdings hatte der Koch das kostbare Fleisch in Scheiben geschnitten, was für mich schlechthin unmöglich ist. Während eine der beiden Scheiben wenigsten medium gebraten war, ich hatte medium rare (blutig) bestellt, war die andere „mausetot“, total durchgebraten. Schlichtweg ärgerlich. Da muss der liebenswerte Inhaber Mathias Wolf, der sein Handwerk einst beim legendären Karl Stiele im Gourmet-Restaurant *First Floor* im Hotel Palace erlernt hat, seine Erfahrung einbringen, denn auch die zur Krönung des Filets aufgelegte Entenleber war viel zu lange in der Pfanne und von der Konsistenz grau und unansehnlich. Auf den Punkt gegart waren dagegen die Bohnen, im Bündchen serviert und mit Speck umwickelt. Während die Nachspeisen Standards sind, so Bratapfel, Crème brûlée und Crèpe Suzette, finde ich es doch erwähnenswert, dass die kleinen Gäste eine eigene Kinderkarte haben, mit Gerichten, die nicht in das Bilderbuch der Gourmandise gehören, die aber die Kleinen als köstlich empfinden, Fischstäbchen beispielsweise, Nudeln mit viel Tomatensauce oder Hähnchen mit buntem Gemüse.

Der Service war liebenswert und persönlich und, was ich hier draußen in Gatow nicht unbedingt erwartet habe, handwerklich gut geschult. Dagegen kann ich die Weinkarte nur als Pflegefall bezeichnen. Zwar etliche offene Weine, aber nicht einen einzigen akzeptabeln Bordeaux oder Burgunder. Das Preis-Leistungs-Verhältnis ist insgesamt sehr ordentlich. Das Vier-Gänge-Menü steht mit 43 Euro auf der Karte. Beim Garnelenabend können die Gäste für 19,90 Euro so viel genießen wie sie wollen.

KAPITÄNS KAJÜTE

●●●○○

Küche
Regional mit deutsch-französischen Einflüssen

Adresse
Alt-Gatow 23
14089 Berlin

Telefon
030/36 99 16 48

Internet
www.kapitänskajuete.de

Öffnungszeiten
täglich ab 12 Uhr geöffnet, Sonntags ab 10.00 Uhr (nur April bis September)

Verkehrsanbindung
X34, 134, Eigene Parkplätze

Kartenzahlung
Bar, EC-Karte, Kreditkarten

Preise
4 Gänge Menü 40,00 €
À la Carte 5,50 – 32,00 €

Extras
Havelterrasse mit Bootsanleger
Raucherzimmer und Raucherlounge

Institution mit wechselhafter Küche

Einmal gut, einmal schlecht: Zu Besuch im „Grill" des Bristol Hotel Kempinski

Tradition ist ganz gewiss ehrenvoll, leider aber völlig aromafrei und überhaupt nicht geschmacksverstärkend. Das ist das Problem im *Bristol Hotel Kempinski* und seines schon historischen *Grills*. „An diesem Tisch", sagte der Kellner, „haben schon Albert Einstein und Alfred Hitchcock gegessen." Schön und gut. Leider hat sich seit den Tagen dieser bedeutenden Besucher bis heute in der Art der Küche und den offerierten Speisen recht wenig geändert. Es wird noch kräftig am Tisch flambiert, ein längst überholtes, weil geschmacksneutrales Theater. Auch die Berliner Klassiker sind allgegenwärtig, was nicht ein Nachteil sein muss. Die gegrillte Kalbsleber „Berliner Art" mit Calvados-Apfelspalten oder die geschmorten Ferkelbäckchen sind immer noch die Renner.

Klassiker: Gegrillte Kalbsleber „Berliner Art" mit Calvados-Apfelspalten

Nachdem das Restaurant *Kempinski Eck* und der Frühstücksservice im Hotel ausgelagert wurden und von der Restaurantkette *Reinhardts* sehr ordentlich durchgeführt werden, bleibt der neu gestaltete Grill das einzige hauseigene Aushängeschild im F&B-Bereich (Essen und Trinken). Der eine oder andere Gast wird sich noch erinnern, dass der *Grill* jahrelang, mit Michelin-Stern ausgezeichnet, eines der wenigen gastronomischen Aushängeschilder der Stadt darstellte. Zu Großereignissen wie dem Presseball war er Objekt der Begierde und monatelang im Voraus ausgebucht. Das ist heute nicht mehr zu schaffen, aber mitschwimmen im Kreis der Empfehlenswerten möchte man schon – gewiss auch eine Vorgabe des Gesamtverantwortlichen Uwe Klaus. Mit ihm zusammen habe ich hier im *Grill* vorzüglich gegessen. Die Gänseleber erinnerte an das Produkt des Drei-Sterne-Kochs Marc Haeberlin. Nur ein wenig Säure sollte die zugeordnete Süße von Feigen oder Mango ersetzen. Das nimmt die Wucht, macht die fette Köstlichkeit leichter. Bissfest und exzellent der frisch zubereitete Hummer. Das war echt beeindruckend. Doch wie so oft in der Berliner Gastronomie zeigte sich auch hier die Küchenqualität nicht stabil. Bei einem zweiten Besuch erwies sich die Variation vom Gänseklein als völlig geschmacksneutral und das dazu gereichte Apfel-Marzipan-Chutney als viel zu süß. Missraten war auch das Duett vom Seeteufel und Seezunge auf Riesengarnelenrisotto mit Safransauce, sowohl von den Aromen wie von der Präsentation.

Das gegrillte Lachssteak auf Paprika-Couscous mit Strauchtomaten-Schaum war wirklich gekonnt zubereitet, allerdings war der Fisch vor dem Grillen nicht nur angeräuchert (wie es auf der Karte ausdrücklich vermerkt war), der Geschmack wurde vom Rauch total dominiert. Sehr zufrieden war die Dame aus der Kaiserzeit, wie sie sich selber bezeichnete, mit der gebratenen Entenbrust und den Gemüsen in Mandel und Nuss. Die gebackenen Kartoffel-Maronen-Krapfen rundeten das Gericht ab, ohne dass kreative Klimmzüge nötig waren. Der junge Service arbeitete freundlich, aber wenig routiniert.

Doch bei Herzlichkeit und einem Lächeln sieht man über kleine Pannen, auch über unnötige Wartezeiten, hinweg. Berliner, die alte Tage aufleben lassen wollen, sind bei Pfeffersteak und am Tisch flambierten Crêpe Suzettes in angenehmer Atmosphäre gut aufgehoben.

KEMPINSKI GRILL

●●◐○○

Küche
International

Adresse
Kurfürstendamm 27
10719 Berlin-Charlottenburg
im Kempinski Hotel Bristol Berlin

Telefon
030/88 43 47 67

Internet
www.kempinskiberlin.de

Öffnungszeiten
tägl. 12 bis 24 Uhr

Verkehrsanbindung
U-Bhf. Uhlandstraße,
Bus X10, 109, 110

Kartenzahlung
Bar, EC-Karte, Kreditkarten

Preise
Menü 75 €
À la carte: 9,50 – 34 €

Extras
Sitzplätze außen

Pasta passt immer

Lass uns zum Italiener gehen. Ein geradezu geflügeltes Wort. Aber warum wollen wir zum „Italiener", ganz gleich, ob Sterneküche oder Pizzeria?

Ich glaube, es ist zum einen eine tiefe Sympathie für die Küchenrichtung, zum anderen müssen wir uns keine Namen merken. Ein Italiener ist eben ein Italiener.

Berlin ist gut dran. Hier findet man alle Küchen dieser Welt – und sie werden häufig nicht allein nach dem Essen beurteilt. Vielmehr sind oft Sehnsucht, Urlaubsrückblick oder Kindheitserinnerungen mit diesen Restaurants verbunden. So findet man an jeder Ecke ein italienisch ausgerichtetes Restaurant.

Damit sind wir im *La Forchetta*, das in angenehmer Atmosphäre gehobene norditalienische Küche bietet und damit unter neuer Führung schnell eine stattliche

Riege von Stammgästen „erkocht“ hat. Natürlich gibt es eine Menge üblicher Standards, wenn man kritisch hinsieht. Aber erwartet man das nicht? Den Rucola-Salat mit Pinienkernen, das hauchdünn geschnittene Kalbsfleisch mit Thunfisch-Kapern-Sauce (Vitello Tonnato) oder die Calamari in Olivenöl sautiert oder vom Grill. Und dann natürlich die ganze Pasta-Palette rauf und runter. Wir probierten die Spaghetti mit Scampi, keine große Kochkunst, aber handwerklich sauber gemacht und durch die scharfe Kirschtomaten-Knoblauch-Sauce der Langeweile entrückt.

Die Seezunge (wahlweise) vom Grill oder in Butter goldbraun gebraten, so wie ich sie bevorzuge, hatte zwar echtes Slim-Format, geschmacklich war sie durch zurückhaltende Gewürzmischung nahezu perfekt. Dagegen passt die Aromakombination von gebratenen Gambas in der nussig-süßen Sherrysauce überhaupt nicht. Meeresfrüchte fordern feine Säure. Klassisch kommt das Lammkarree aus dem Ofen, nachdrücklich mit Knoblauch präpariert mit frischen Kräutern und mediterranem Gemüse sowie Rosmarinkartoffeln.

Im Sommer mit großzügiger Strandbar

Eindeutig auf die Plusseite der Bewertungen gehören die Beilagen. Oft genug habe ich erlebt, dass Spinat oder Tomatenkonfitüre eine ganze Speisekarte begleitet haben, im *La Forchetta* wechseln Risotto (noch bissfest, klebt am Löffel), Bratkartoffeln, Püree, Bohnen, Spinat und Paprikaragout, alles natürlich belassen. Es wäre ungerecht, einige kulinarische Alleingänge beim Zusammenspiel der Aromen zu unterschlagen. Die mit Kürbis gefüllten Ravioli zum Beispiel, die in einer Taleggio-Creme mit Walnüssen serviert werden. Der Taleggio-Käse aus Bergamo hat einen leicht süßlichen Geschmack mit einem Anflug von Trüffelaroma. Mir persönlich hat das Kalbscarpaccio mit gebratenen Steinpilzen und reifem Pecorinokäse (sehr würziger Hartkäse aus Schafsmilch) besonders gut geschmeckt. Die Karte wechselt häufig und manchmal wird Loup de Mer in der viel gepriesenen

Salzkruste, die saftiges Fleisch garantiert, oder auch Filet vom Wolfsbarsch zu weißem Tomatenschaum offeriert.

Dagegen stürzen die Desserts in den Bereich der Belanglosigkeit, Tiramisu, Crème brûllée, was denn sonst, und ein bisschen Zimtparfait, das war's dann schon. Allerdings zeigte sich die Küche so flexibel, dass sie auf unseren Wunsch einen Riesenkelch mit Zabaione aufschlug. Leider war der Schaum total übersüßt. Ein Ärgernis, das man leider häufig in italienischen Restaurants erlebt.

Beim Service geht's einfach zu, aber unbekümmert fröhlich. Steife Gourmettempel-Atmosphäre kommt allein dadurch schon nicht auf.

Von Mai bis September bietet das Restaurant eine besondere Attraktion. An einer großzügigen Strandbar, direkt am Halensee, stehen rund 100 Liegestühle für die Gäste bereit. Zum wunderschönen Blick gibt es draußen Einfaches vom Grill und Cocktails.

LA FORCHETTA

●●◐○○

Küche
Italienisch

Adresse
Koenigsallee 5B
14193 Berlin-Grunewald

Telefon
030/892 85 97

Internet
www.la-forchetta-berlin

Öffnungszeiten
April bis September: tägl. 12 bis 24 Uhr, Oktober bis März: Mo – Fr 12 bis 24 Uhr und Sa 16 bis 24 Uhr

Verkehrsanbindung
S-Bhf. Halensee, Bus M19, M29

Kartenzahlung
Bar, EC-Karte, Kreditkarten

Preise
Mittagsmenü: 10 €
Menü: 46 – 55 €
À la carte: 18 – 26 €

Extras
Sitzplätze außen, Strandbar

Weit mehr als nur Drinks

Andreas Lanninger war von verschiedenen Magazinen und Interessenverbänden mehrmals zu Deutschlands Barkeeper des Jahres gekürt worden. Jetzt ist er im eigenen Reich angekommen und da darf er zu den Getränken mehr servieren als nur Mandeln und Salzstangen.

„Lanni", wie ihn alle nennen, ist endlich „zu Hause" und lässt seinen Gästen auch Lunch und Dinner auftischen. Neben der Bar mit Innen- und Außenbereich, in dominantem Violett gehalten, offeriert er ein Restaurant unmittelbar an der Spree mit herrlichem Blick und großzügiger Terrasse. Für Raucher ganz wichtig, zusätzlich wurde eine separate Raucherlounge eingerichtet.

Vor allem leicht und schnell verdaulich soll das Lunch in der Mitte von zwei arbeitsreichen Tageshälften sein, und so bietet die Wochenkarte „*Lannninger* am Mittag" gezielt leichte Küche, in der die Salate dominieren. Da werden Kopfsalatherzen, Artischocken oder Rucola mit Poulardenfilets, Fjordlachs, Pfifferlingen oder Thunfisch kombiniert. Der Einheitspreis beträgt 8,50 Euro. Die Speisen sind mit frischen Produkten handwerklich sauber gemacht, freilich ohne Ausflüge in den Kreativbereich mit (Michelin-)Sternenglanz. Aber Höhenflüge von Aromakombinationen der ungewöhnlichen Art erwartet hier auch keiner.

Am Abend ist das etwas anderes. Da zaubert die Küche schon mal eine besondere Grapefruit-Chili-Koriander-Sauce zum gegrillten Thunfisch. Der Edelfisch wird erfreulicherweise außen gut gebräunt mit Röstaromen gesegnet und innen noch sashimiroh und saftig belassen serviert. Das gilt natürlich auch für den St. Peters-Fisch, der mediterran mit Oliven, Artischocken und Tomaten angerichtet

wird. Der St. Peters-Fisch hat frisch verarbeitet ein sehr aromatisches weißes Fleisch. Um in der positiven Abteilung zu verweilen: Das Filet vom Angusrind, gut abgehangen, behutsam gebraten und mit einer frisch aufgeschlagenen Sauce béarnaise mit viel gezupftem Estragon serviert, ist zwar auch kein überraschendes Geschmackserlebnis, aber ein sauber ausgeführtes Gericht.

Nicht mehr sehen kann ich dagegen die mit dem sogenannten Zauberstab montierten Schaumsüppchen, diese hier wird von der Brunnenkresse angeboten und mit Eismeergarnelen ergänzt.

Beschwingte Fischgerichte

Neben den Vorspeisen, Hauptgängen und Desserts springt ein Asia Bar Spezial ins Auge. Darauf stehen die üblichen Verdächtigen wie Dim Sum, Frühlingsröllchen, scharf gewürzte Hähnchenflügel oder Riesengarnelen. Die Weinkarte ist, wie so häufig in Bar-Restaurants, klein gehalten, da lässt sich der Gast eher von Cocktails, die *Lanninger* mit offensiver Fröhlichkeit mixt und schüttelt, verführen. Da ist er außergewöhnlich. 120 verschiedene Möglichkeiten bietet die Cocktailkarte.

LANNINGER

●●○○○

Küche
Mediterran

Adresse
Alt-Moabit 99
10559 Berlin-Tiergarten
im Abion Hotel

Telefon
030/39 92 07 98

Internet
www.lanninger.de

Öffnungszeiten
tägl. ab 12 Uhr

Verkehrsanbindung
U-Bhf. Turmstraße, S-Bhf. Bellevue, Bus 123, 245, TXL

Kartenzahlung
Bar, EC-Karte, Kreditkarten

Preise
Mittagstisch: 6,50 – 12,50 €
À la carte: 4,50 – 25,50 €

Extras
Sitzplätze außen, Parkmöglichkeiten in der Tiefgarage des Abion Hotels, Smokers Lounge

Essen wie Gott in Kreuzberg

Harte Stühle, studentisches Ambiente, aber sehr feine Küche: ein Besuch im *Le Cochon Bourgeois*. Das heißt übersetzt „das bürgerliche Schwein" und steht für schweinisch gute Küche.

Es gehört zu den Vorzügen Berlins, abseits der Sterne-Küchen etliche Zentren der guten, höchst unterschiedlichen, aber nicht überkandidelten Restaurants für jeden Geschmack anbieten zu können – und es formieren sich immer wieder neue. Nach dem Hackeschen Markt oder der legeren Lokal-Kultur am Prenzlauer Berg kommt immer stärker Kreuzberg ins Blickfeld. In der Fichtestraße besuchte ich *Le Cochon Bourgeois*, zu Deutsch: *Das bürgerliche Schwein. Le Cochon d'Or* (*Das goldene Schwein*) war einst in Paris ein renommiertes Drei-Sterne-Restaurant, extrem luxuriös und irreal teuer. *Le Cochon Bourgeois* in Berlin, das bürgerliche Schwein, ist im Gegensatz zum goldenen spartanisch, schmucklos eingerichtet, aber durch Live-Musik und einen guten Maître angenehm, sowie mit gutem Preis-Leistungs-Verhältnis gesegnet. So kommt es, dass man das etwas abseits gelegene Restaurant – es befindet sich in der Hasenheide – nicht so schnell vergessen wird. Der Rücken tut einem weh vom langen Sitzen auf den brettharten Stühlen, und das Ambienteerlebnis ist eher studentenkneipenähnlich. Keine Tischdecken, kein Blumenschmuck – aber die gutbürgerliche französische Küche beschert Gaumenfreuden auf beachtlichem Niveau.

An den schmalen Zimmern und der Gestaltung kann man unschwer erkennen, dass das Restaurant eine umgebaute Wohnung ist. Der Pianist, der nach Pariser Brasserie-Vorbild Chansons spielt, klebt mit seinem Klavier gegenüber der

Le Coch
B

Theke förmlich an der Wand. Die Bedienung serviert ein ungewöhnliches Amuse Bouche: erst ein Tatar vom Schinken mit warmen, herzhaften Blätterteigöhrchen, dann ein hausgebeizter Wildlachs mit einer rosa Crevette. Am Nebentisch werden Austern (Fine de Claire) auf Eis angerichtet, meerfrisch, aber leider ohne Schwarzbrothäppchen.

Unsere Vorspeisen waren eine gute Wahl: Mousse vom Ziegenfrischkäse mit Kürbisvinaigrette überrascht durch sehr milden Geschmack und die Entenmastleber, wirklich auf den Punkt gebraten, mit würziger Radichiomarmelade und Pastinakenpüree, hatte Sterneniveau. Ganz nach Pariser Vorbild werden etliche Zwischengerichte offeriert, auch Küchenkreationen, die man nicht alle Tage bekommt, ein geschmortes Kalbsherz in Balsamico, beispielsweise, mit einer kleinen Variation von Sellerie oder das Filet von der Rotbarbe (säuberlich ausgelöst, wer Innereien anschneidet, erzeugt einen Bittergeschmack).

Einfache französische Landküche

Häufig gilt die Erfahrung, dass auch in guten Restaurants die Hauptgerichte deutlich schwächer sind als die Vorspeisen. Diese Abstufung erlebte ich nicht im *Bürgerlichen Schwein*. Da ich die Nase voll habe vom Iberico-Schwein, das zurzeit in Berlin Hochkonjunktur hat, aber zumeist extrem fest in der Konsistenz ist, wählte ich das Kalbskarree, das wunderbar rosig belassen, aber leider nicht am Stück serviert wurde, sondern in dünnen Scheiben geschnitten war.

Außergewöhnlich dazu das Kartoffel-Steinpilzpüree, das den vollen Pilzgeschmack vermittelte, begleitet von einem kräftigen Apfel-Calvados-Jus (von dem ich Nachschlag wünschte). Die Ochsenbacken, normalerweise deutlich fester als Kalbsbäckchen, waren so lange und so sanft im Burgunderrotwein und Champagner geschmort, dass sie butterzart waren. Ein ordentliches Gericht, das nicht auf der Karte stand und vom Maître mündlich offeriert wurde, war das Lammkarree mit Borlottibohnen, Knoblauchpüree und gegrillten Schalotten. Die Fleischqualität, davon konnte ich mich überzeugen, war erstklassig und die handwerkliche Fertigung auf dem Punkt.

Bei den Desserts setzt die Küche ihren Anspruch erkennbar unter dem der Hauptgerichte an. Ein wenig Waldfrucht-Sorbet, die allgegenwärtige Apfeltarte im Wechsel mit warmen Pfefferkuchen und Marzipanmousse, begleitet vom Baumkucheneis, das ist schon alles. Da greift man gern zum Käse. Die Auswahl von vier oder sieben Sorten ab neun Euro ist günstig.

Die Weinkarte mit französischen Kreszenzen präsentiert sich für ein Bistro dieser Art sehr ordentlich, aber forsch kalkuliert. Leider war der georderte Château Mangot, ein ordentlicher St. Emilion Cabernet-Sauvignon, deutlich zu kalt – er kam erst nach dem Dekantieren an der nahen Heizung auf ordentliche Temperatur. Insgesamt gilt der Spruch: „Schwein gehabt" für alle, die ein Sitzkissen mitbringen.

LE COCHON BOURGEOIS

●●○○○

Küche
Französisch

Adresse
Fichtestraße 24
10967 Berlin-Kreuzberg

Telefon
030/693 01 01

Internet
www.lecochon.de

Öffnungszeiten
Di – Sa ab 18 Uhr

Verkehrsanbindung
U-Bhf. Südstern, Bus M41

Kartenzahlung
Bar, EC-Karte

Preise
Menü: 35 – 53 €

Extras
Sitzplätze außen,
Markise,
Heizstrahler

Auszeichnungen
15 Gault-Millau-Punkte

LEIBNIZ-KLAUSE

So schmeckt die deutsche Küche

Wo in der Weltstadt Berlin bekomme ich noch unverfälschte, gut gemachte Deutsche Küche? Das war die fast verzweifelte Frage eines Genießers in der Metropole. So weit hergeholt ist die Überlegung bei der Fragestellung gewiss nicht.

An jeder Ecke finden wir einen mehr oder weniger ordentlichen Italiener, die verschiedenen asiatischen Küchen sind auf dem Vormarsch, von Thai bis vietnamesisch, und französische Restaurants gibt es von preiswert in Bistros bis exklusiv im Sterne-Lokal. Jetzt habe ich endlich auch den geeigneten Tipp für deutsche Gerichte, aber ohne Mehlpampe und Toast Hawaii. Seitenweise deutsche Speisen aus Großmutters Kochbuch von der Kartoffelsuppe nach Kaiser Wilhelm bis zum Berliner Rieseneisbein offeriert die *Leibniz-Klause* und das im exakt passenden konservativen, angenehmen Ambiente, ohne einen Hauch von Gourmettempel-Atmosphäre (Preise von fünf bis 21,50 Euro).

Deutsche Speisen aus Großmutters Kochbuch

Die Kategorie „Bürgerliches aus der *Klause*" nimmt in der Speisekarte den größten Raum ein. Die von der Wirtin Helga Knoche dirigierte Küche versucht erst gar nicht, auf die Sterne-Schiene zu geraten, sondern bietet Kalbsleber „Berliner Art" (butterzart und auf den Punkt gegart) wie vor ewigen Zeiten mit gedünsteten Zwiebeln, Apfelringen und Püree, das besagte voluminöse Eisbein auf Sauerkraut mit einem sehr aromatischem Erbsenpüree plus Meerrettich. Die hausgemachte Rinderroulade mit Speck und Gurkenscheiben eingerollt und Klößen als Beilage oder die Königsberger Klopse mit Kapernsauce: Das sind zwar alles Standards ohne kreative Bocksprünge, aber mit guten Frischprodukten ordentlich zubereitet. Der hausgebeizte Lachs schmeckte bei meinem Besuch milder und dennoch schmackhafter als in Delikatesshandlungen. Wahlweise bietet die *Klause* Toast und Reibekuchen dazu an. Ansonsten ist die Abteilung Fisch recht dünn besetzt. Lachsschnitte oder Zanderfilet aus der Pfanne, Schollenröllchen auf Blattspinat oder eine Portion Dorsch in Senfsauce – das reißt mich nicht vom Stuhl. Mein Cordon Bleu, Original aus der Oberschale vom Kalb geschnitten, ist dagegen ausgezeichnet. Die Küche wählt die flachere Variante (Schmetterlingsschnitt), füllt aber ordentlich mit appetitlich zerlaufenem Käse und Schinken. Ich hatte das Gericht gewählt, weil Spreeradio-Chefmoderator Jochen Trus von der Zubereitung durch Ehefrau Sabine so geschwärmt hatte, dass mir das Wasser im Mund zusammenlief.

Am Nebentisch stärken sich englische Gäste für die lange Berliner Nacht. Sie jubeln begeistert über den Filettopf und die Lendchen mit Pfifferlingen. Der Filettopf besteht aus drei verschiedenen Medaillons (Rind, Kalb und Schwein) und wird mit frischem Gemüse und Kräuterbutter serviert. Hier wie zu meinem Cordon Bleu trägt der freundliche Kellner Bratkartoffeln auf. Und wieder stellt sich mir die Frage: Warum können sonst durchaus ordentliche Köche zumeist keine perfekten Bratkartoffeln machen? Hier waren sie zu blass und zu fett. Alfons Schubeck wird nicht müde, immer wieder zu erklären, dass man mit ganz wenig Fett und mittlerer Hitze erst eine Seite der Kartoffelscheiben bräunen und sie dann wenden muss.

Interessant in Zeiten allgemeinen Slim-Denkens ist das Engagement des gutbürgerlichen Restaurants beim Dessert. Auf einer gesonderten Speisekarte sind finale Süßgänge wie Marillenknödel mit einer Vanille-Mohn-Sauce, warmer Apfelstrudel mit Vanillesauce und Sahne sowie die üblichen Verdächtigen von Sorbet (mit Cointreau) bis hausgemachter Roter Grütze aufgeführt. Korrespondierend dazu stehen die passenden Digestifs, um eine gute Mahlzeit abzuschließen.

LEIBNIZ-KLAUSE

Küche
Deutsch/Regional

Adresse
Mommsenstr. 57
10629 Berlin-Charlottenburg

Telefon
030/323 70 68

Internet
www.leibniz-klause.de

Öffnungszeiten
tägl. ab 12 Uhr

Verkehrsanbindung
S-Bhf. Savignyplatz,
U-Bhf. Adenauerplatz,
Uhlandstraße, Bus 109,
110, 119, 129, 219

Kartenzahlung
Bar, EC-Karte, Kreditkarten

Preise
Mittagstisch: 2,50 – 10,50 €
À la carte: 5 – 21,50 €

Blutwurst und Gänseleber

Die Variationen vom zarten Stubenküken waren ein Gang in der „*Vox*"-*Kocharena*, den Fernsehkoch Tim Mälzer unter Zeitdruck recht ordentlich hinbekommen hat. Dem Gericht mit drei Zubereitungsarten habe ich als Juror sieben (von zehn) Punkte gegeben.

Was ich Tage später im gut situierten, aber von der Sterneklasse doch weit entfernten Restaurant *Lochner* unter der gleichen Ansage serviert bekommen habe, war mindestens einen Punkt besser. Das macht wieder einmal deutlich, wie gut mittlerweile in vielen ganz normalen Küchen gearbeitet wird und nicht nur in den sogenannten Gourmettempeln. Im *Lochner*, seit drei Jahren in der ehemaligen *Mensa* am kulinarisch dünn besiedelten Lützowplatz, spürt man die Liebe des Kochs zum Beruf, die eben durch den Magen geht.

Erkennbar ist aber ebenso, dass sich der Küchenchef und Inhaber dem Diktat des Wareneinsatzes unterworfen hat. Die geschmacklich ungewöhnliche, aber durchaus gelungene Kombination von Bretonischem Hummer und confiertem Schweinebauch (mit krosser Kruste durch Oberhitze) hatte leider nur Amuse-Bouche-Größe. *Lochner* legt den kleinen köstlichen Stückchen von Krustentier und Schwein zweierlei von Chutney und Zitronenmelisse dazu, was freilich zu viel an Süßsaurem ist. Ohne Fehl und Tadel kommen zwei Jakobsmuscheln auf gedünstetem Kopfsalat mit Spargel und Radieschen auf den Tisch. Das Produkt, die Coquille St. Jacques, zwei Finger dick und ohne Corail (Rogenkamm), ist fest, nussig, gut.

Hausmannskost der feinen Art

Bei den übrigen Gängen gab es wenig Kritikpunkte. Vieles war handwerklich sauber ausgeführt, wenn auch ohne atemberaubende Kreativdribblings: der internationale Langeweiler Kaninchenrücken, der übliche Seeteufel und der Island-Kabeljau auf Schmorgurken sind allerdings nur die eine Seite, die „Blutwurst Rossini", gebratene Blutwurst und Gänseleber auf Rotwein-Schalotten die andere. Hier wird eine besondere Qualität des Küchenmeisters erkennbar. Er kombiniert gern deftige Grundprodukte der einfachen Art mit erlesenen Genusselementen aus der Teuer-Kategorie. Vorzüglich und mit rotem Kern (wer das mag) serviert *Lochner* den Rehrücken vom Brandenburger Maibock, den er mit Pfifferlingen und Kohlrabi-Nudeln anrichtet.

Die Tageskarte und das Menü (sechs Gänge für 65 Euro und mit begleitenden Weinen 80 Euro) wechseln. Die Mischung ist immer vergleichbar: mal Spanferkel, frischer Zander und Lammrücken mit Knoblauchspinat. Hausmannskost der feinen Art, aromastark interpretiert. Das gilt ebenso für die Bresse-Taubenbrust, die wundervoll sanft behandelt, butterzart in konservativer Partnerschaft mit Rahmwirsing aus der Küche kommt. Bei allen Geschmacks-Symphonien belässt es Lochner, der lange im *Paris-Moskau* am Herd stand, bei den vertrauten Melodien.

Stammgäste können mittlerweile mitsummen. In diesem Restaurant, in dem einst Markus Semmler mit immer neuen Überraschungen werkeln ließ, weiß der Gast heute ganz genau, was ihn erwartet. Und dann sprengte das Stubenkükenkotelett in der Kräuterkruste mit butterzartem Frikassee und geradezu himmlischen Gänseleberravioli dennoch jeden Rahmen. Das war absolute Klasse. In der Zeit des Slim-Denkens sind die Desserts im *Lochner* eher einfach: Topfenknödel, Gratin von Himbeeren, auch mal Nougatmousse, und ich wählte geeisten Cappuccino. Der Geschmack? Sagen wir: okay.

Der Service ist aufmerksam und immer am Gast orientiert. Schulung wäre freilich nicht fehl am Platz. Der Champagner als Aperitif wird völlig unverständlich nicht am Tisch des Gastes aus der Flasche eingeschenkt, sondern im Glas angeschleppt und serviert. Eine Kleinigkeit nur, aber ein typisches Beispiel.

Die Weinkarte ist, unabhängig von den empfohlenen Kreszenzen, zum Menü kundenfreundlich kalkuliert. Erfreulich dabei das ordentliche Angebot an halben Flaschen.

LOCHNER

●●●○○

Küche
Deutsch

Adresse
Lützowplatz 5
10785 Berlin-Tiergarten

Telefon
030/23 00 52 20

Internet
www.lochner-restaurant.de

Öffnungszeiten
Di – So ab 18 Uhr,
Küche bis 23 Uhr

Verkehrsanbindung
U-Bhf. Nollendorfplatz,
Bus M29, 100, 106, 187

Kartenzahlung
Bar, EC-Karte, Kreditkarten

Preise
Menü: 45 – 99
À la carte: 11 – 28 €

Extras
Sitzplätze außen

Auszeichnungen
15 Gault-Millau-Punkte

Für ganz besondere Anlässe

Es war ein ganz besonderer Genuss-Abend im *Lorenz Adlon*, dem elegantesten (vom Ambiente her) Restaurant der Stadt, gesegnet mit einer der besten Sterne-Küchen, gewiss auch eine der beiden teuersten kulinarischen Adressen in Berlin, also kurz und gut, die Adresse für den besonderen Anlass.

Tradition kann inspirieren und Genusswege durch die Zeiten aufzeigen. Ich glaube nicht, dass es noch in Ehren ergraute Gäste gibt, die im ersten *Lorenz-Adlon*-Restaurant zu Beginn des 20. Jahrhunderts die beiden Branchengrößten Cäsar Ritz und Auguste Escoffier (König der Köche) beim gemeinsamen Gastspiel erlebt haben. Die Küchenqualität unter der Regie von Escoffier, so wurde unzählige Male überliefert, soll einzig gewesen sein. Im Jahr des 10-jährigen Jubiläums der Wiedergeburt wird im heutigen, aktuellen *Lorenz Adlon* eine ähnlich herausragende Qualität erreicht. In der Küche führt seit kurzem Hendrik Otto Regie. Ich kenne seinen Kochstil aus dem Designhotel Wasserturm in Köln und aus dem Vitrum im Berliner Ritz Carlton. Ein richtig guter Mann, der perfekte Aromakombinationen schafft. Zurück zum Genuss, denn der dominiert bei Otto. Er serviert zwei Menüs, von denen der Gast vier bis sechs Gänge (130 bis 160 Euro) ordern kann, ebenso die Klassiker für zwei Personen und zusätzlich eine kleine, aber feine Karte mit Einzelgerichten.

Edel und ungewöhnlich

Für mich sind sowohl der Petersfisch mit Kalbsfußextrakt, kombiniert mit einer aromaintensiven Creme von Auberginen und Tomate, angereichert durch Ratatouille-Ravioli und Artischocken mit feiner Säure, als auch die Variationen von der Gänseleber (Tarte, Praline und Parfait) köstliche Einstiege in die Küchenpräsentation. Exzellent der Wolfsbarsch, sehr herzhaft zubereitet mit Speckschaum, Anis und Zimt ähnlich wie der Seeteufel mit Brokkolicreme und Beurre noire, dazu richtet die Küchencrew eine Palette mit konfiertem Pulpo, karamellisierten Perlzwiebeln und führt als zusätzliche Aromen Chili, Orange und Limette zu. Geschmackskombinationen der ungewöhnlichen Art sind Ottos Handschrift. Er bleibt dabei mit gutem Gespür aber auf klassischer Basis.

Hummer mit Lakritze, Jakobsmuscheln mit Mokkaeis und Rosenkohlblätter in bitterer Kakaosauce sind mir ein Gräuel. Dagegen sind Ottos Geniestreiche zwar gewagt, aber absolut gekonnt. So die roh marinierten Dorade und Sardine mit Passionsfrucht und geliertem Schinkensaft. Sehr gut gefiel mir das zarte Reh (Rücken und geschmorte Schulter, süßsauer) mit Rotwein-Pfeffer-Sauce. Vom Geschmack überzeugend auch der Kalbsschwanz im Schmorfond, eine Köstlichkeit mit Rettich, Petersilie und Aubergine. Allerdings war ich nicht glücklich darüber, dass vom Kalbsschwanz selber nur eine unbedeutende Hülle, die darin eingebrachte Füllung aber total dominant war.

Insgesamt ist die Palette edel und ungewöhnlich, das gilt allerdings auch für die Preisgestaltung. Ein Salat „Hedda Adlon“ mit mariniertem Gemüse wird mit 32 Euro berechnet. Eine Seezunge für zwei Personen mit 124 Euro.

Kein Rezept bringt die Küche ins Wanken. Ich empfinde die Gerichte gleichermaßen kreativ wie sorgfältig, wodurch die Feinheit der Geschmacksnuancen, die luftig-leichten Saucen und die Genauigkeit der Ausführung gut zur Geltung kommen. In dieser Verfassung zählt das Restaurant zu den besten im Land.

Dazu trägt auch der Service bei. Das Personal, weder affektiert noch familiär, ist von wohltuender Aufmerksamkeit und erspart sich die Beschreibung dessen, was jeder selbst auf dem Teller sieht. Nur wenn er sicher ist, die Gäste im Gespräch nicht zu stören, erklärt der umsichtige Maître Boris Häbel Details der Zubereitung. Die Weinkarte mit 750 Positionen ist komplett und klassisch zusammengestellt.

LORENZ ADLON

●●●●◐

Küche
International

Adresse
Unter den Linden 77
10117 Berlin-Mitte
im Hotel Adlon
Kempinski Berlin

Telefon
030/22 61 19 60

Internet
www.hotel-adlon.de

Öffnungszeiten
Di – Sa 18 bis 22.30 Uhr

Verkehrsanbindung
U+S-Bhf. Brandenburger Tor, Friedrichstraße,
Bus 100, 200, M85

Kartenzahlung
Bar, EC-Karte, Kreditkarten

Preise
Menü: 110 – 160 €
À la carte: 8,50 – 95 €

Extras
Raucherlounge im Hotel Adlon, Parkmöglichkeiten in der Tiefgarage des Hotels

Auszeichnungen
1 Michelin-Stern,
17 Gault-Millau-Punkte

Ode an den Schnitzelklopfer

Zwei-Sterne-Koch Rolf Schmidt hat im *Lutter & Wegner* gleich losgelegt wie die Feuerwehr. Warum schmeckt es dort so viel besser?

Noch im Schein eines Glühwürmchens findet Josef Laggner, der Wahlberliner aus Österreich, zielgenau die richtigen Restaurants für die Erweiterung seines Mega-Gastronomie-Imperiums. Wie viele Lokale er inzwischen zusammengebracht hat, weiß er nicht so genau: 15 bis 16 Restaurants, glaubt er, sind es, vielleicht ein oder zwei mehr und ein halbes Dutzend Kaffeeshops dazu. Die meisten Restaurants heißen *Lutter & Wegner*, der gute Name also, der seit 1811 existiert und damals allein für Sektproduktion stand.

Nun ist es mit den auf Expansion ausgerichteten Restaurateuren nicht anders als mit genialen Köchen: Wirklich alles, was den Erfolg krönt, bekommen sie im Alleingang nicht auf die Reihe. Bei den Köchen fehlt es häufig an kaufmännischen Kenntnissen und wirtschaftlichem Gespür, wenn sie sich selbstständig machen, bei Restaurateuren ist ebenso oft ein Fehlbetrag auszumachen, hier im Produktbereich, beim Einordnen der Qualität.

So kam es, unabhängig von Bewunderung für das unternehmerische Element, zu kritischen Bewertungen der Speisen im *Lutter & Wegner*. Beispiel von einem früheren Testessen: Das Stubenküken kam unzerteilt, mit der zarten Blässe japanischer Schönheiten auf den Teller. „Knusprig“ war es nur auf der Speisekarte. Zerlegt werden konnte das winzige Hähnchen nicht. Es wehrte sich mit der Kraft

EAST

der zwei Herzen. Das wenige Fleisch am Knochen war bissfest wie Dekomaterial. Soweit die Vergangenheit.

Der Unterschied zum Normalfall: Laggner ist klüger als viele andere. Er hat die kleinen Defizite erkannt und das Richtige zum Gegensteuern getan. Um in all seinen Betrieben die Qualität zu verbessern und Aroma zu perfektionieren, verpflichtete er einen der langjährigsten deutschen Zwei-Sterne-Köche, Rolf Schmidt. Der legte gleich los wie die Feuerwehr, organisierte nach der Bestandsaufnahme Schulungen, schrieb Speisekarten neu und ist ständig dabei, als Perfektionist noch kleinste Details zu verbessern.

Tagsüber typische Gasthaus-Küche auf hohem Niveau, abends besondere Spezialitäten

Ich habe es im Stammhaus am Gendarmenmarkt erlebt, wo zur Mittagszeit kein freier Platz mehr zu bekommen war und beim Abendprogramm mit einem Andrang, wie ihn sonst nur das *Borchardt* kennt. Selbstverständlich hat er die Klassiker wie Tafelspitz und Wiener Schnitzel auf der Karte gelassen, doch beim Schnitzel überzeugte mich jetzt die gute Bindung von Panade und zart geklopfter Oberschale vom Kalb. Übrigens: Um die 250 und mehr Wiener Schnitzel, die täglich verzehrt werden, zu präparieren, hat Schmidt eigens einen Klopfer verpflichtet, der nichts anderes tut, als auf das Fleisch zu hämmern.

Die hausgemachte Gänseleberterrine mit Trockenfrüchte-Ragout und Brioche hat jetzt Edelgastronomie-Format, obwohl Schmidt in der Ausrichtung eigentlich bei der typischen Gasthaus-Küche bleibt und keinerlei Sterne-Ambitionen pflegt. Die Kalbshaxensülze mit Zweierlei vom Sellerie, dazu Feldsalat in Kürbiskernöl ist leicht, wenig sättigend und lässt Appetit für mehr. Beim Heilbutt (von vorzüglicher, frischer Qualität) hatte der Koch auf dem Fischposten wohl gerade eine neue Liebe entdeckt und dabei zu kräftig in den Salztopf gelangt. Die Brandenburger Landente wird zwei Mal am Tag frisch im Rohr zubereitet und bei der Bestellung dann noch mal unter den Salamander (Oberhitze) geschoben. Dadurch wird die Haut richtig kross. Wenig überraschend kommt das schmackhafte Federvieh mit Apfelrotkohl und Kartoffelkloß in gängiger Verbindung auf den Teller. Wie erlebt, ist die Zubereitung absolut in Ordnung. Was ebenso für den rosa gebratenen Kalbsrücken in Kombination mit bei Niedrigtemperatur langsam geschmorten Kalbsbäckchen in einem kräftigen Fleischjus gilt.

Am Abend ist die Karte ein wenig mehr auf Spezialitäten denn auf Standards ausgerichtet. Der Steinbeißer beispielsweise mit Kerbelknollenpüree und sautierten Herbsttrompetenpilzen, ein sehr herzhaftes, ja maskulines Gericht. Der Sauerbraten, ebenfalls mit kräftigen Aromen (im Gegensatz zum süßlichen rheinischen Sauerbraten mit Rosinen), wird von glasiertem Spitzkohl begleitet und bekommt seine zarte Konsistenz durch eine von Schmidt entwickelte Marinade. Das Dessert, der süße Nachschlag, ist von Österreichs Küche geprägt: Kaiserschmarrn, Safranmousse mit Rumfeigen und Sachertorte. Die Weinkarte ist mit einer Auswahl von nahezu 1000 Positionen beeindruckend, der Service flink und ordentlich geschult.

Bei den Desserts treten die österreichischen Elemente noch mehr in den Vordergrund. Weder der Kaiserschmarrn mit Zitronensorbet noch das Blaubeerparfait kann als Mount Everest der Originalität gewertet werden, sind aber für kleines Geld ein gut gemachter süßer Abschluss. Der Knuspermantel und die marinierten Erdbeeren mit Zitronenmelisse stemmen sich mit Erfolg gegen die Langeweile solcher Standards. So weit im Großen und Ganzen die Abteilung „gekonnt".

Ganz stabil ist freilich die Qualität nicht. Bei meinem vorherigen Besuch habe ich mich über die Bratkartoffeln geärgert, die nicht frisch gemacht, sondern blass und aufgewärmt auf dem Teller lagen, mit viel zu viel Fett zubereitet. Den simplen Trick, sie vor dem Servieren kurz auf Löschpapier zu legen, sollten die Profis kennen. Richtig gemacht, sind Bratkartoffeln auch für Feinschmecker eine Delikatesse.

Der Service ist angenehm, unaufdringlich und immer zur Stelle, wenn man ihn braucht. Was mir am meisten imponiert hat, war die Weinpflege. Der junge Kellner praktizierte mustergültig, was ich in so vielen anderen Berliner Restaurants kritisiert habe: das saubere Abtrennen der Kappe, das Verabreichen des Probeschlucks, mit dem ersten probierte er selber, ob der Wein korkig ist. Den zweiten Schluck schenkte er mir ein, um dann sofort anzubieten, meinen 96er Lucente Marchesi de Frescobaldi (samtroter Italiener) zu dekantieren. Da freut man sich doch. Auch darüber: Als die Rechnung bezahlt war, wurde das Bemühen um den Gast nicht eingestellt, blieb die Service-Aufmerksamkeit hoch.

LUTTER & WEGNER

●●○○○

Küche
Österreichisch/Regional

Adresse
Charlottenstraße 56
10117 Berlin-Mitte,
am Gendarmenmarkt

Telefon
030/202 95 40

Internet
www.l-w-berlin.de

Öffnungszeiten
tägl. 11 bis 3 Uhr,
Küche bis 1 Uhr

Verkehrsanbindung
U-Bhf. Französische Straße,
Stadtmitte, Bus 147

Kartenzahlung
Bar, Kreditkarten

Extras
Sitzplätze außen,
beheizte Terrasse

Jetzt wird es gemütlich

Bodenständiges von *Lutter & Wegner* in der Schlüterstraße

Gemütlich ist es im holzgetäfelten Gasthaus, obwohl es weder Blumen noch Kerzen gibt, aber man kann sich in der dunklen Weinkeller-Atmosphäre an weiß gedeckten Tischen noch ohne störende Musik unterhalten. Zum Ambiente passt exakt die rustikale, alpenländisch ausgerichtete Küche. Wir sind zu Gast bei *Lutter & Wegner*, nicht im Restaurant am Gendarmenmarkt, das automatisch ins Spiel kommt, wenn dieser Name fällt, sondern sozusagen in der Urzelle, im ersten Restaurant, das den Namen bekannt gemacht hat, in der Schlüterstraße. Der Sekt „*Lutter & Wegner*" ist zwar ständige Werbung für das gleichnamige Restaurant, hat aber nichts mit dem urigen Lokal zu tun. Als die Sektkellerei die Namenslizenz verkaufte, hatte das Berliner Weinhaus schon Tradition. Die Außenwand ziert das Baujahr „seit 1811".

Die Pfifferlinge sind köstlich gewürzt und mit frisch in der Pfanne zubereiteten Rösti sowie Crème Fraîche kombiniert. Doch Sandkörner knirschen zwischen den Zähnen. Das ist höchst unangenehm. Da müsste die Küche sorgfältiger säubern. Das Wiener Schnitzel, nicht so riesig wie im *Borchardt*, aber gut gemacht, in geklärter Butter gebräunt, überzeugt mich durch die perfekte Bindung von Panade und Fleisch. Am Nebentisch wird gleichzeitig eine recht große Rinderroulade serviert, wie bei Muttern mit eingewickelter Gurke und Speck und dazu die intensive braune Fleischsauce. Der Gast zeigte sich wirklich begeistert von der butterzarten Qualität und der Aroma-Intensität.

Vom Kostenaufwand für den Gast ist das *L&W* augenscheinlich in sozialer Mission unterwegs. Geschmelzte Maultaschen in der Rinderbrühe mit Röstbrot stehen mit 6,50 Euro auf der Karte, kein einziger Hauptgang klettert über die 20-Euro-Grenze. Das aufwendige 4-Gänge-Menü kostet 34,50 Euro.

Mein Lieblingsgericht: Entenbraten aus dem Ofen

Gut gemacht sind die saftigen Kalbskoteletts, in würziger Salbeibutter gebraten, und die behutsam gegrillten Seeteufel. Wenn die Hochsommerhitze vorüber ist, steht wieder der Entenbraten auf der Karte, kross und frisch aus dem Ofen mit Wirsing oder Rotkraut, mein Lieblingsgericht in diesem Restaurant. Zu den Vorzügen der Küche zählt ebenfalls der Rindertafelspitz mit Gemüse in der Brühe gegart, gekochten Kartoffelwürfeln und Krensauce (Meerrettich). Das war so gut, dass ich noch vom Nebenteller genascht habe.

LUTTER & WEGNER

●●○○○

Küche
Deutsch/Österreichisch

Adresse
Schlüterstr. 55
10629 Berlin-Charlottenburg

Telefon
030/881 34 40

Internet
www.restaurantlutterundwegner.de

Öffnungszeiten
Di – So 18 bis 2 Uhr,
Küche bis 24 Uhr

Verkehrsanbindung
S-Bhf. Savignyplatz,
Bus M19, M29, M49,
X10, X34, 101

Kartenzahlung
Bar, EC-Karte, Kreditkarten

Preise
Menü: 34 – 85 €
À la carte: 4,50 – 19,50 €

Extras
Sitzplätze außen,
Decken, Markise,
Heizpilz

Köstliche grüne Küche, aber …

Ich kenne keinen Koch der Sternenklasse, der mit seinen Kreationen und der Art, seine Gerichte zuzubereiten, so polarisiert, wie Michael Hoffmann im *Margaux*.

Nicht nur die Meinungen und Bewertungen der professionellen Tester, auch die der ganz alltäglichen Genießer driften extrem auseinander. Völlig unstrittig ist Hoffmanns außergewöhnliche Kreativität, die für ständig wechselnde Küchenrichtungen in seinem Restaurant sorgt. Nur sollte dieses Talent stets zur Genussmehrung des geneigten Gastes eingebracht werden, Kreativität, die in erster Linie aber der Selbstdarstellung und der Präsentation, wie ungewöhnlich die eigene Küche doch ist, ganz oben angestellt wird, ist in meinen Augen falsch platziert. Nach einer klassischen Phase und der folgenden Hinwendung zum langsamen Schmoren (bei Niedrigtemperatur) hat Hoffmann jetzt die Welle des gesunden Kräuter-Reigens erwischt und entlässt seine Gäste gleichermaßen mit einem ungewöhnlichen Essenserlebnis wie mit einer hohen Rechnung und, ehrlich gesagt, leider auch hungrig. Jochen Trus (Spree Radio), gerade als bester deutscher Rundfunkmoderator mit dem Grimme-Preis ausgezeichnet, wollte mich gleich nach unserem gemeinsamen *Margaux*-Besuch zur Currywurst einladen, so knurrte ihm der Magen. Da hilft dann auch nicht die Reputation des Cuisiniers, der Kräuter- und Gemüsespezialist im Lande zu sein, und nicht, dass seine Gemüsekreationen inzwischen Legende sind. Für ein in Hamburg in kleiner Auflage erscheinendes

Fisch
Olive
=Öl
+Meersalz
=Barbue
Cuisine

Genießer-Magazin war diese Gartenorientierung allerdings Grund genug, dem sensiblen Grüne-Küche-Spezialisten den Titel „Koch des Jahres" zu verleihen.

Wir begannen unsere kulinarische Reise mit Kürbis, Schwarzwurzel und Meerrettich, in der Tat eine kleine Köstlichkeit, die Appetit auf mehr macht, aromastark durch Petersiliencreme, Jodaromen und Meerretticheierstich, gefolgt von Lachsforelle (leider nur eine Winzigkeit davon) mit einer fein abgestimmten Kombination von Trompetenpilzen, Schwarzwurzeln, Brunnenkresse und ein wenig Bouillon von reifen Herbstfrüchten.

Wer Taube mag, bekommt gleich mehrere interessante Varianten

Ich liebe Hummer, habe das edle Krustentier bei Hoffmann auch schon gut gegessen. Diesmal war der Gang „Bretonischer Hummer und Erdaromen" eine Enttäuschung. Nicht weil das Gericht, das der Witzigmann-Schüler „Bar de Ligne" nennt, geschmacklich danebenlag, im Gegenteil. Nur dominierte das gebratene Erdgemüse und ein Streifen von gedünstetem Wolfsbarsch, ein begleitendes Miniportiönchen Hummerschwanz war da leider nur eine geschmackliche Ergänzung. Das schien mir nun aber eindeutig zu wenig. Wer Taube mag, bekommt hier gleich mehrere interessante Varianten: die Taubenbrust confiert und in Meersalzkruste gegart, parfümiert mit einem Jus von Sherry- Aromen und dazu das geschmorte Kraut von Teltower Rübchen und Petersiliencreme, eine weitere Variation ist der Sauerbraten von der Keule. An anderen Tagen als bei unserem Besuch soll es auch Fleischgerichte wie Müritz-Lamm oder Blutwurst zur Makrele geben. Bei uns stand das „Terroir Gemüse" in aller Breite im Mittelpunkt.

Gemüse, Kräuter und Gewürze vitalisieren auch die Patisserie. Auch hier zeigt sich Hoffmann als detailbesessener Tüftler, verlangt für die Winzigkeiten als süßen Abschluss allerdings stattliche 24 bis 30 Euro.

Ebenso unterschiedlich wie die Beurteilung des großen Einsamen am Herd fielen die Ergebnisse meiner vorausgegangenen Besuche aus. Bei einem früheren Essen war ich mit der Ausführung der Gerichte höchst unzufrieden und bekam Rückendeckung von vielen enttäuschten Gästen vor allem zur Lunch-Zeit. Beim nächsten Mal bewunderte ich ein paar Aromakombinationen, lehnte aber andere als Hokuspokus ab. Eines ist unbesehen allerdings stabil geworden: Seit Gesumino Pireddus, bereits zum Berliner „Maître des Jahres" gekürt, die Serviceleitung übernommen hat, gibt es keine Abstriche. Für mich ist seine Gästepflege mit das Beste, was die Hauptstadt zu bieten hat. Er stabilisiert mit seriöser Kompetenz die *Margaux*-Abläufe und gibt als Sommelier in Personalunion umsetzbare Weinempfehlungen.

MARGAUX

●●●◐○

Küche
Französisch

Adresse
Unter den Linden 78
(Eingang Wilhelmstraße)
10117 Berlin-Mitte

Telefon
030/22 65 26 11

Internet
www.margaux-berlin.de

Öffnungszeiten
Mo – Sa 19 bis 22.30 Uhr

Verkehrsanbindung
U+S-Bhf. Brandenburger Tor,
Bus TXL, 100, 200

Kartenzahlung
Bar, EC-Karte, Kreditkarten

Preise
Menü: 80 – 180 €

Extras
Schirm mit Bank und Tisch,
Private Dining,
Parkmöglichkeiten
in der Tiefgarage des
Hotel Adlon

Extras
1 Michelin-Stern,
17 Gault-Millau-Punkte

Kurzurlaub im *mar y sol*

Die Hälfte des Jahres ist Jerome Jula, Touristikmanager von Beruf, geschäftlich unterwegs. Mindestens. Am liebsten speist der gebürtige Spanier in mediterranen Restaurants, in Berlin im *mar y sol.*

Auf der Gartenterrasse, glasüberdacht, von Kletterpflanzen überwuchert, geht der Blick auf den Savignyplatz. An massiven Holz- und Steintischen mit spanischen Fliesen, eng nebeneinander um einen arabischen Brunnen gruppiert, wird den Gästen ein Essen lang das tolle Gefühl eines Kurzurlaubs in Spanien vermittelt. Die richtige Stimmung mit Musik und lauter Fröhlichkeit kommt freilich erst abends auf,

wie in den Mittelmeerländern üblich. Da überzeugt die Tapaskarte mit 50 und mehr kleinen spanischen Genusshäppchen. Dagegen ist das Mittagsangebot eher dünn. Die drei offerierten Lunch-Tapas Fischwürfel in undefinierbarer Tunke, kalte Auberginen und Hühnchenstücke in Currysauce sind weder von der Konsistenz noch vom Aroma akzeptabel. Vollkommen entschädigt wurde ich dann aber durch den Hauptgang. Der Salat von grünem und weißem Spargel mit (4) Jakobsmuscheln von der heißen Platte war ein Gedicht. Die frischen, nussigen Coquille St. Jacques waren sorgfältig präpariert und vom roten Corail getrennt, auf den Punkt gegart, butterzart und nicht durch zusätzliche Gewürzorgien im Geschmack verfremdet. Qualität dieser Güte wird am Abend fast durchgehend produziert. Zufriedene Gesichter sind selbstverständlich, wenn die pikanten Ölsardinen oder die Datteln im Speckmantel à la Minute angerichtet sind und der Bellato-Serrano-Schinken vom schwarzen Iberischen Schwein, lebenslang nur mit Eicheln gefüttert, bei Bestellung portionsweise vom Bein heruntergeschnitten wird.

Wie ein Kurzurlaub in Spanien

So gut die Tapas, die kleinen spanischen Köstlichkeiten, auch sind – der Geschäftsführer betont, daß es diese Art in Berlin ausschließlich in diesem Restaurant gibt –, hakt es dann manchmal an den übrigen Gerichten. Das Lamm nach Teufelsart mit Bohnen ist weder teuflisch scharf noch himmlisch aromatisch, und mein Freund Niko trauert um die gebratene Blutwurst mit Linsen, die er in jeder Beziehung langweilig findet und die eher zu Tränen rührt.

Damit kein falscher Trend entsteht: Die zahlreichen Stammgäste wissen, was hier gut ist und was sie bestellen müssen, sie sind mit der Küche ebenso zufrieden wie über Stimmung, Atmosphäre und Flair erfreut. Kenner ordern die Dorade auf Linsen (bissfest) und gedünsteten Blattsalat oder einfach das spanische

Kartoffelomlett mit Paprikawurst und Spinat. Der Service des Hauses ist schnell und ungekünstelt.

Den Wein (natürlich aus spanischen Anbaugebieten) wählen die meisten glasweise (darum gibt es nie Reste, sondern nur frisch geöffnete Flaschen). Ein paar erlesene „Rotwein-Raritäten“ bis hin zum Vega Sicilia werden auf Wunsch der Gäste präsentiert. Auch das Rubinrot im Glas garantiert Sonnenschein an den grauen Tagen, die uns gnadenlos bevorstehen.

MAR Y SOL

Küche
Spanisch

Adresse
Savignyplatz 5
10623 Berlin-Charlottenburg

Telefon
030/313 25 93

Internet
www.marysol-berlin.de

Öffnungszeiten
tägl. 11 bis 1 Uhr

Verkehrsanbindung
S-Bhf. Savignyplatz,
Bus M49, X34

Kartenzahlung
Bar, EC-Karte, Kreditkarten

Preise
À la carte: 1,90 – 19,50 €

Extras
Sitzplätze außen

Köstliche Häppchen

Tapas, zu Deutsch Deckel, sind wundervolle kleine Gerichte, die ihren Ursprung in Andalusien haben, genauer: in Jerez. Die erste Tapa war eine Scheibe roher Schinken.

Die Miniportionen haben längst auch deutsche Restaurants erreicht. So auch das *mesa* im „Grand Hyatt"-Hotel am Potsdamer Platz. Da passt der Name, denn Mesa ist der Tisch, an dem man zum Essen und Trinken zusammenkommt. Hier werden keine kulinarischen Purzelbäume geschlagen, sondern eine Vielzahl kleiner Köstlichkeiten, kalt und warm, in lockerer Atmosphäre genossen.

Koch Josef Eder bietet dort Tapas zu kundenfreundlichen Preisen zwischen drei und sieben Euro pro Minigang. Der Tapas-Ursprung, der Serranoschinken, hauchdünn geschnitten, macht auch hier den Anfang, gefolgt von einem Ochsenmaulsalat mit Essig und Petersilie, Spargelsalat mit Garnelen und einer etwas größeren Portion Frühlingssalat mit Wildkräutern und einem Sesam-Limonen-Dressing. Alles kommt auf kleinen Tellern zum Gast, und ebenso klein ist die Platte zum Selberanrichten. Während die eingelegten Sardinen mit Dill zu viel aggressive Säure hatten, war der kurz gebratene Thunfisch mit einem Rand von Zitronenpfeffer butterzart und von einer vorzüglichen Qualität. Nach der selbst gewählten Variation von Vorspeisen überzeugt in der Folge noch mehr die Abteilung „warme Speisen".

Mein Favorit: Pork Belly in Soja mit Sprossen

Mein Favorit dabei: Pork Belly in Soja mit Sprossen. Das ist ein Stück mariniertes und geschmortes Schweinefleisch, das so weich war, dass man es geradezu lutschen konnte. Für ganze sieben Euro kommt eine Tasse Kalbsbackencappuccino mit Trüffelschaum auf den Tisch. Die geschmorten Kalbsbäckchen sind in Würfel geschnitten und gehen eine wundervolle Verbindung mit dem Trüffelschaum ein. Ich hätte mir noch ein paar Scheiben Périgord-Trüffel darüber gewünscht, aber das gibt es nun wahrlich nicht für sieben Euro.

Wer ein solches Restaurant wählt, isst zwischendurch auch gern mal ein paar Rostbratwürstchen, kross gegrillt und auf Specksauerkraut angerichtet. Unkompliziert, ohne Gourmetgeklimper, aber handwerklich gut gemacht, sind die winzigen Dessertportionen, das Champagnersüppchen mit Himbeeren, Crème brûlée (mit der Lötlampe frisch karamellisiert) sowie die Kombination von Schokoladenmousse weiß – zartbitter.

Das alles wird in einem wunderschönen Ambiente genossen, das der New Yorker Architekt und Designer Tony Chi (von Geburt Chinese) entworfen hat. Tische und Stühle haben unterschiedliche Höhen, einmal Ess-Bar und dann wieder rustikale Möbel in Normalhöhe und Stühle wie in einem spanischen Restaurant vor einer riesigen Wand mit offenen Weinregalen. Natürlich reizt bei diesem Wetter die geräumige Terrasse. Das Leben spielt sich im Freien ab.

Die Weinkarte ist bewusst klein gehalten, gewollt einfach, aber die unkomplizierten Lagen sind zumeist auch glasweise zu ordern. Wer danach fragt, dem wird allerdings auch sein Lieblingswein aus dem hauseigenen Restaurant *Vox* geholt. Ein Wort zum Service: Da spürt man die „Hyatt"-Schulung, die der Direktor des Hauses und Deutschlandchef Fred Hürst selber initiiert. Vom Restaurantleiter bis zur jungen Hilfe agiert das Team geschliffen, es wird aufmerksam nachgeschenkt und die Wärmetasche mit Krustenbrot gewechselt.

Fazit: Wer Lust auf kleine Köstlichkeiten hat, ist hier richtig. Und meistens wird es mehr, denn der Appetit kommt häufig beim Essen.

MESA

●●◐○○

Küche
Internationale Küche
im Tapas-Stil

Adresse
Marlene-Dietrich-Platz 2
10785 Berlin-Tiergarten
im Grand Hyatt

Telefon
030/25 53 15 72

Internet
www.mesa-restaurant.de

Öffnungszeiten
So – Do 12 bis 24 Uhr,
Fr+Sa 12 bis 1 Uhr

Verkehrsanbindung
U+S-Bhf. Potsdamer Platz,
U-Bhf. Mendelssohn-Bartholdy-Park,
Bus M48, 200

Kartenzahlung
Bar, EC-Karte, Kreditkarten

Preise
Mittagsmenü: 12,50 – 16,50 €
À la carte: 4,50 – 14 €

Extras
Sitzplätze außen,
Tageszeitungen/Zeitschriften,
WLAN,
Parkmöglichkeiten im Parkhaus des Grand Hyatt

Midtown Grill

Immer wieder erlebe ich in Restaurants und Hotels die Bestätigung, dass jede Service-Philosophie, jedes Credo und alle Richtlinien nur so gut sind, wie sie vom Mitarbeiter an der Basis umgesetzt werden.

Doch manchmal ist man schon überrascht, wie krass die Unterschiede ausfallen können. Bei meinem ersten Besuch im *Midtown Grill* gleich nach der Eröffnung des Marriott Hotels im Beisheim-Center am Potsdamer Platz erlebte ich ein beispielloses Service-Chaos. Hier stand der Gast nicht im Mittelpunkt, sondern nur im Weg. Der Weinkorken wurde zerbröselt, das letzte Stück Kork mit dem Finger in die Flasche gedrückt und dann eingeschenkt. Die Teller landeten olympisch auf dem Tisch, einfach wie ein Diskus hingeschleudert. Jetzt, Jahre später,

staunte ich, wie gründlich eine Oase in der mittlerweile leider typischen Marriott-Service-Wüste geschaffen wurde. Unser Kellner arbeitete gut geschult, geschliffen, persönlich liebenswert, die Wünsche der Gäste wurden aufmerksam erfüllt. Die Weinpflege (bei einer immer noch zu dünnen Weinkarte) war erstklassig. Erfreulich ebenso die Qualität der Vorspeisen (auf der Speisekarte unter dem Titel „Die Reise beginnt" zusammengestellt). Die Soft-Shell-Krebse im Tempurateig, eine Florida-Spezialität, waren vorzüglich zubereitet, innen zart und außen kross, erstklassig gewürzt und mit Chili-Mayonnaise, Avocados und in Sojasauce marinierten Tomaten abgerundet. Eine Gaumenfreude für günstige 10 Euro. Auch die knackig frischen Salate und das Carpaccio vom Rinderfilet überzeugten mich. Als interessante Variante wurden beim Tomaten-Mozzarella-Salat die aromatischen Käsekugeln und die Kirschtomaten aufgespießt und mit gegrillten Zwiebelringen, Feigen und Basilikum kombiniert. Das mit dem Am-Spieß-Servieren setzte sich bei einer Berliner Spezialität fort, der Kalbsleber mit krossen Zwiebelringen, Apfel-Kartoffelpüree und Rotweinjus. Die sautierte (kurz gebratene) Leber kam mundgerecht geschnitten auf den Tisch, war ordentlich gegart und wie die zweite Spezialität des Küchenchefs, die vegetarische Kombination unter dem Namen „Berkley" (Gnocchi, Kräutersalat und Gemüseauswahl), appetitlich präsentiert.

Zu kritisieren gilt ausgerechnet, was in der Werbung plakativ ins Schaufenster gehängt wird, die Zubereitung der Steaks. Da heißt es vielversprechend „Die beste Adresse für Steaks in Berlin". Richtig, es wird amerikanisches Prime Beef angeboten, fein marmoriertes Fleisch, von dem gerade mal 1,5 Prozent der amerikanischen Gesamtproduktion in den Handel kommt. Doch mein Rib Eye Steak, das ich medium rare, also sehr rosa, im Kern noch blutig bestellt hatte, war komplett durchgebraten. Und zwei Tische weiter fluchte ein Hotelgast darüber, dass aus seiner Bestellung „ein mausetotes Stück Fleisch, grau wie Brot" geworden sei. Wenn ich aber 54 Euro für ein edles Steak verlange, muss es schon perfekt sein. Da wird aber in der offenen Küche, in der die Köche anstelle der hohen weißen Kochmützen schwarze Baseballkäppis tragen, noch nicht gut genug agiert. Anzumerken ist außerdem, dass meine Bratkartoffeln und der kleine Gartensalat als Beilage extra berechnet wurden.

Das *Midtown Grill* ist eine der wenigen Adressen in Berlin, wo es auch Wagyu-Fleisch gibt. Diese etwas erschwinglichere Variante (aber immer noch 79 Euro für ein kleines Filet) des berühmten Kobe-Beef wird als absolutes Spitzenprodukt offeriert. Um den Bogen zu spannen: Das günstigste Steak wird vom Strauß serviert und kostet 20 Euro.

Was ich mustergültig finde, ist die Salzkarte, aus der der Gast wählen darf. Ob nun Meersalz mit Rosenblüten, Ingwer, Lavendel oder Sternanis, er bekommt aus 24 Aroma-Angeboten ein Schälchen nach seiner Wahl zum Würzen.

Positiv vermerkt werden muss, was zur Begrüßung und zum Abschluss des Menüs zelebriert wird. Als Einstieg gibt es drei gut gemachte Brotaufstriche, von der Olivenpastete bis zur Salzbutter. Das Brot dazu ist warm Zum Abschluss wird es richtig amerikanisch, nach Vorspeisen, Steaks und Ketchup werden (kostenlos) Marshmallows (Schaumkissen aus geschlagenem Eiweiß, Geliermittel und viel, viel Zucker) auf Holzspießchen angeboten, die über ein kleines Tischfeuer gegrillt und in einer Schale mit Schokoraspeln gewälzt werden. Wem dass nicht zu süß ist, findet so noch einen glücklichen Abschluss.

MIDTOWN GRILL MARRIOT

●●◐○○

Küche
International

Adresse
Inge-Beisheim-Platz 1
10785 Berlin
Hotel Marriott

Telefon
030/220 00 60 03

Internet
www.midtown-grill.de

Öffnungszeiten
Mo – Fr 6 bis 11 Uhr und ab 12 bis 23 Uhr, Sa, So und an Feiertagen 7 bis 23 Uhr

Verkehrsanbindung
S+U-Bhf. Potsdamer Platz
Tiefgarage in der Ebertstraße

Kartenzahlung
Bar, EC-Karte, Kreditkarten
VISA, Mastercard

Preise
Brunch: 28,00 €
Mittagstisch: 11,50 €
Mittagsmenü: 15,50 €
Menü: 30 – 90 €

Extras
Die hauseigene Tiefgarage erleichtert die Endlossuche nach einem Parkplatz

Überrascht mit Vitello Tonnato

Ungeschönte italienische Küche: Dieses Restaurant will nicht mehr scheinen als sein

Es ist ein allzu häufig, wenn auch leise vorgetragener Wunsch: Ich hab Lust, einfach Lust auf einen kross gegrillten Fisch und einen saftigen Salat, zumindest heute mag ich keine große Kochkunst-Gala. Wer immer sich das wünscht, dem kann geholfen werden, im *Mondo Pazzo,* einem ungeschönten, original italienischen Ristorante an der Schlüterstraße. Einfach geht's zu und die Kellner stürmen im Eilschritt durch das Lokal, es sind keine vergrantelten Exemplare, sondern unbekümmerte, fröhliche Männer mit aufgekrempelten Hemdsärmeln. Die Küche will nicht mehr scheinen als sein, vielleicht ist das der Grund, warum das Restaurant nicht in einem einzigen Führer auftaucht.

Die Speisekarte ist handgeschrieben und um das „Aktuelle" zu betonen, steht „heute" über den Gerichten wie der Fischsuppe, die mit tagesfrischen Fischen zubereitet ist. Natürlich sind etliche Standards zusammengefügt. Wie könnte es anders sein. Aber das Vitello Tonnato, die hauchdünnen Kalbfleischscheiben mit Thunfischsauce, habe ich bisher nirgendwo vergleichbar gut serviert bekommen. Auch die Nudelqualität ist sehr ordentlich, die Spaghetti (mit Biss) in Kombination mit knackigen Scampi sind keine Weltsensation der Kochkunst, aber eben gut gemacht. Kommen wir zu den Wünschen der Gäste, dem frischen Fisch. Während die Seezunge in geklärter Butter gebraten wird, würzt die Küchencrew die Dorade oder den Loup de Mer lediglich herzhaft und legt sie auf den Grill. Dazu bekamen wir den gewünschten knackigen Salat, der ohne Schickimicki angemacht, nur mit einer Balsamico-Vinaigrette überzeugt.

Unkomplizierte, italienische Landküche

Das ist die Empfehlung, dabei sollte man bleiben. Am Nebentisch mühten sich Gäste mit der Festigkeit eines Entrecote, das auf dem glühenden Lavastein gegart war. Auch bei den Desserts hat die Küche auf Sparflamme geschaltet. Es gibt nur das dreiblättrige Kleeblatt der Italienstandards: Tiramisu, Erdbeeren, Cassata. Wer im *Mondo Pazzo* unkomplizierte italienische Landküche genießen möchte, schaut beim Wein selten auf große Lagen. Bei aller Hektik fand der Service stets Gelegenheit zum Nachschenken und zu einer Verabschiedung wie unter Freunden, obwohl es erst unser erster Besuch in diesem Restaurant war.

MONDO PAZZO

●●○○○

Küche
Italienisch

Adresse
Schlüterstraße 52
10629 Berlin-Charlottenburg

Telefon
030/885 11 21

Internet
www.mondo-pazzo.de

Öffnungszeiten
Mo – Fr ab 12 Uhr,
Sa+So ab 17 Uhr

Verkehrsanbindung
S-Bhf. Savignyplatz,
Bus M49, X34

Kartenzahlung
Bar, EC-Karte, Kreditkarten

Preise
À la carte: 10 – 27 €

Extras
Sitzplätze außen,
Heizstrahler, WLAN

Der perfekte Braten

Das *NQ 14* in Kreuzberg trägt fraglos dazu bei, dass diese Ecke von Berlin sich nach und nach zu einem Genuss-Quartier mausert.

Das *NQ 14*, aus dem *Noi Quattro* hervorgegangen, aber mit separater Küche, zaubert aus der bisherigen, mit Verlaub, simplen Trattoria ein Restaurant, das für Freunde des minimalistischen Dekors durchaus empfehlenswert und interessant ist. Der Name, der eher wie ein Muskelaufbaupräparat klingt, sagt nichts über die Küchenrichtung. Auf einen Nenner gebracht, kann man von mediterranen Kreationen reden, die frühere rein italienische Ausrichtung ist freilich nicht mehr gegeben. Der Küchenchef Andreas Staack gehört zur Gruppe der geläuterten Chemiebaukasten-Akrobaten, die erkannt haben, dass Experimentieren durchaus sinnvoll sein

kann, aber eine weiße Schokoladensauce zur Rotbarbe oder Austern zu einer Krokanthülle so wenig passen wie die Smokingfliege zum Bergsteigerdress.

Was mir allerdings von Anfang an im neuen Lokal fehlte, war Wärme und Herzlichkeit. Der Kellner macht gewiss sehr ordentlich seinen Job, aber auch nicht anders als einen Ölwechsel an der Tankstelle. Wir bestellten eine Flasche trockenen sizilianischen Weißwein (Angimbé), einen Wein, den man ruhig einige Grade zu kühl trinken darf, der aber leider erst nach dem Servieren im Eiskübel auf die richtige Temperatur kam. Ärgerlich ist, dass das erste Gläschen verschenkt wird. Von den folgenden Speisen sind die gegrillten Jakobsmuscheln durchaus erwähnenswert, sie waren von butterzarter Konsistenz und so behutsam gewürzt, dass der Eigengeschmack im Vordergrund blieb. Die Wachtel, ein an sich todlangweiliger Vogel, der nur durch Röstaromen und kräftige Sauce gewinnt, kam hier naturbelassen nur zu einer durchschnittlichen Wertung. Hauptgänge fallen selbst bei großen Köchen häufig gegenüber Amuse Bouche und Vorspeisen ab. Im *NQ 14* hatte das einen zusätzlichen Grund. Auf eiskaltem Teller kühlte der an sich gut gemachte Kalbstafelspitz viel zu schnell herunter und auch der rosé gebratene Lammrücken mit Mangold und Couscous, wie am Nebentisch serviert, führte nicht zu Standing Ovations, sondern zu gelassenem Schulterzucken – nicht aufregend, aber auch nicht fehlerhaft.

Braten sind die Paradedisziplin der Küche

Ganz anders wird es, wenn der „Goldene Schnitt" ansteht, Scheiben vom großen Braten. Die Tranchen von der Rehkeule beispielsweise, in Kombination mit Spitzkohl, Pfifferlingsravioli und Holunderjus zum Abrunden sind ein rundweg gutes Gericht. Ordentlich auch die rosa gebratene Wildtaubenbrust mit Steckrübenpüree. Lediglich die Serviettenknödel sollte die Küche durch getrüffeltes Püree oder Kartoffelgratin ersetzen. Ansonsten geraten die großen Bratenstücke, langsam geschmort, zur Paradedisziplin der Küche.

Im Preis-Leistungs-Verhältnis sind die herbstlichen und winterlichen Menüs erwähnenswert, Drei-Gang für 35, vier für 41 Euro. Da ist die Folge von gegrillten Jakobsmuscheln, hausgemachten Pennette mit Thunfisch-Carpaccio, geschmorter Kalbshaxe und Kokos-Crème brûlée durchaus harmonisch abgestimmt.

Wenig auffallend der Dessertbereich: Schokoladen-Gewürzmousse, ein paar Parfaits und eine Fruchttarte, das alles reißt keinen vom Stuhl, allerdings wird auch ein allgemeiner Rückgang beim süßen Abschluss registriert. Warum, denken da die Küchenchefs, soll man sich da noch zu Leckereien mit kreativem Seiltanz aufraffen. Durch den Eingang des Restaurants erreicht man übrigens die erwähnte und nach wie vor existierende Trattoria *Noi Quattro*, wo eine separate Küche preisgünstig klassische italienische Gerichte zubereitet.

NQ 14

●●○○○

Küche
Mediterran

Adresse
Südstern 14
10965 Berlin-Kreuzberg

Telefon
030/32 53 45 83

Internet
www.noiquattro.de

Öffnungszeiten
Mo – Fr 12 bis 24 Uhr

Verkehrsanbindung
U-Bhf. Südstern

Kartenzahlung
Bar, EC-Karte, Kreditkarten

Preise
Mittagsmenü: 17,50 €
Mittagstisch: 5 – 14,50 €
Menü: 44 – 99 €
À la carte: 6,50 – 26 €

Extras
Sitzplätze außen

Auszeichnungen
14 Gault-Millau-Punkte

Das Beste aus Österreichs Küche

Restaurants, in denen erfolgreiche Küchenchefs anderer Lokale an ihren freien Tagen zu essen pflegen, kann man in der Regel sorgenfrei weiterempfehlen.

So das *Ottenthal* in der Kantstraße, in dem ich nach Karlheinz Hauser bei meinem letzten Besuch Tim Raue, den Berliner Meisterkoch der Berlin-Partner-Aktion, beim pfannengroßen Wiener Schnitzel traf. Das *Ottenthal* ist ganz auf Österreich eingestellt, von den Gerichten her, von der Zubereitung und den Weinen im Restaurant und ebenso beim Handel mit den Kreszenzen aus der Alpenrepublik. Ganz besonders gilt das aber für den freundlichen Service, durchaus mit etwas Wiener Schmäh bei der Gäste-Ansprache gewürzt, aber immer aufmerksam und kompetent.

Österreichische Küche liegt in Berlin im Trend. Mit Fug und Recht darf man das *Ottenthal* wohl als das beste dieser speziellen Restaurants bezeichnen. Bis auf ein paar Kleinigkeiten zeigt alles, was auf den Tisch kommt, eine gelungene Balance zwischen Bodenständigkeit und Raffinesse. Natürlich stehen die klassischen Österreich-Vorspeisen im Vordergrund, die Hirsch- oder Fasanenpasteten mit Sellerie-Apfel-Salat und Preiselbeer-Orangen-Kombination beispielsweise oder Holundermus-Palatschinken mit Entenleber, auch die Steirische Kürbisrahmsuppe mit Kürbiskernöl. Doch warum soll man in Österreich nicht auch mediterrane Jakobsmuscheln von der Grillplatte mögen? Es waren recht kleine Coquilles Saint-Jacques, die wir im *Ottenthal* serviert bekamen, die aber butterzart. Der Vorspeisensalat, gern als Visitenkarte eines Restaurants bezeichnet, wurde durch frische Kräuter und Kürbiskernöl eigenständig und aromatisch.

Gelungene Balance zwischen Bodenständigkeit und Raffinesse

In Restaurants ist der Koch, sind vor allem die Gäste nach der tausendsten Ausführung der Wiederholung des Wiener Schnitzels überdrüssig, auch wenn es vom Biokalb geschnitten ist. Auch mit weißroter Handschrift, aber in der Aromakombination höchst interessant, ist dagegen der Frischlingsrücken mit Quittensauce oder die Kalbsleber, zur Abwechslung auf Wildkräutersauce angerichtet. Die Entenbrust, ein beliebtes, aber für die Zubereitung auch heikles Stück Fleisch, kam leider nicht mit krosser Haut auf den Tisch (wie versprochen) und war in der Konsistenz auch mehr als nur bissfest.

Desserts gehören zu Österreich wie die Löcher zum Schweizer Käse. Da die Portionen groß sind, empfehlen wir, gleich zwei Löffel zu bestellen. Slim hin und Gewichtskontrolle her, probieren muss man beispielsweise die *Ottenthaler* Marillenknödel in Butter-Nuss-Brösel mit diversem Früchtemark oder den hauchzarten Erdbeerschaum mit Vanillesabayon und gehobelter Schokolade.

Ganz vorzüglich, das muss ich herausstellen, weil man es in Berlin so selten erlebt, ist die Weinpflege. Genussmenschen, die ausschließlich Bordeaux und Burgund akzeptieren, müssen darben oder Kompromisse eingehen. Es werden ausschließlich Weine aus Österreich ausgeschenkt, aber da auch die allerbesten, wohltemperiert und sorgfältig geöffnet. Unser Chardonnay Gaisberg von Eichinger hatte nichts von dem oft so parfümierten Eichenaroma, sondern war sauber und glasklar. Eine gute Wahl für 29 Euro.

OTTENTHAL

●●●○○

Küche
Österreichisch

Adresse
Kantstraße 153
10623 Berlin-Charlottenburg

Telefon
030/313 31 62

Internet
www.ottenthal.com

Öffnungszeiten
tägl. 18 bis 1 Uhr

Verkehrsanbindung
U+S-Bhf. Zoologischer Garten,
U-Bhf. Uhlandstraße,
S-Bhf. Savignyplatz,
Bus M49, X34

Kartenzahlung
Bar, Kreditkarten

Preise
À la carte: 5 – 22,50 €

Extras
Sitzplätze außen,
rauchen draußen
unter dem Vordach

Auszeichnungen
13 Gault-Millau-Punkte

Hier sitzt man gern und gemütlich

Die Frage ist erlaubt: Darf man die Küche in besonders preiswerten Restaurants kritisieren oder ist mit deren günstiger Kalkulation allein schon jede Qualitätswertung ausgeschlossen? Der Restaurant-Tester darf, so urteilten die weitaus meisten unserer Leser.

Mehr noch, man erwarte geradezu ein kritische Beurteilung, ob die Bratkartoffeln gekonnt gemacht sind, der Fisch richtig gebraten ist und der Service gut geschult.

Dieses Thema ist durchaus aktuell beim Besuch im *Pan Asia*. Seitenweise bietet nämlich hier die Karte Sushi, Frühlingsrollen, Dim Sum, Salate und Tempura-Gerichte für unter oder um zehn Euro. Das ist ausgesprochen günstig. Dennoch ist auch hier Kritik neben Lob und Zuspruch angebracht.

Als Erstes wärmte ich mich durch eine heiße, scharfe Suppe mit Kokos und Chili auf. Das minimalistisch eingerichtete Restaurant im Bereich der Hackeschen Höfe macht das ganz vorzüglich. Auch das Miso-Süppchen, das auf fettfreiem Geflügelfond basiert und mit Algen-Bonito-Flocken, Koriander, Tofu, Inaka und Buchweizennudeln stets frisch angesetzt wird, war ein optimaler Einstieg. Ordentlich ebenso die von Sushi-Meister (aus den Philippinnen) angerichteten Maki Sushi sowie Sashimi, die Variationen vom rohen Fisch. Richtig gut gelangen die Tempura-Variationen. Im *Pan Asia* wird der hauchdünne Teig mit japanischem Mehl angesetzt und dann in Erdnussöl knusprig ausgebacken. Sowohl die vegetarischen als auch die mit Streifen von der Maispoularde bekommen bei mir die Höchstpunktzahl. Wie so häufig in Restaurants der unterschiedlichen Preis- und Leistungsklassen, halten die Hauptgerichte nicht, was die Vorspeisen versprechen.

Empfehlenswert: Vorspeisen, Sushi und Nudelgerichte aus dem Wok

Pblaa Thu-naa wird auf der Karte wie folgt beschrieben: Thunfischsteak, leicht gegrillt, innen roh, mit Limette, Mohn und Koriandersamen, mariniert auf grünem Thai-Spargel. Das hört sich doch wahrhaft köstlich an. Heraus kam ein bis auf die letzte Faser durchgegartes Stück Fisch, auch noch lauwarm und ohne Aromen. Schade. Der Koch hatte wohl einen rabenschwarzen Tag. Denn ebenso daneben war die lustvoll erwartete „krosse Entenbrust", tatsächlich lag sie labberig wie ein Fensterleder und wiederum durchgegart auf dem Teller.

Gelungen waren die Salate, sowohl der Chili-Poularden-Salat als auch die Algen, die mit geröstetem Sesam und gebackenem Ingwer aromatisiert sind. Auch die thailändisch inspirierten Gerichte, wie Jakobsmuscheln im Bananenblatt mit Ingwer und Koriander und die große Auswahl an asiatischen Nudelsorten im Wok gebraten, sind empfehlenswert. Die Dessertkarte ist klein, aber ebenso besonders günstig kalkuliert. In Restaurants dieser Preiskategorie scheint die Krise draußen vor der Tür zu bleiben. Zum Glück.

PAN ASIA

●●◐○○

Küche
Asiatisch

Adresse
Rosenthaler Straße 38
10178 Berlin-Mitte

Telefon
030/27 90 88 11

Internet
www.panasia.de

Öffnungszeiten
So – Do 12 bis 24 uhr,
Fr+Sa 12 bis 1 Uhr

Verkehrsanbindung
U-Bhf. Weinmeisterstraße,
S-Bhf. Hackescher Markt,
Tram M1, M4, M5, M6

Kartenzahlung
Bar, EC-Karte, Kreditkarten

Preise
Mittagsmenü: 7,90 – 9,50 €
Mittagstisch: 4 – 17,80 €
Menü: 24 – 42 €

Extras
Sitzplätze außen,
Tageszeitungen/Zeitschriften,
WLAN

Gemischte Gefühle im einstigen Straßenbahndepot

Das heutige Restaurant mit seinem technischen Umfeld im „Meilenwerk" ist zunächst eine Empfehlung für Oldtimer-Fans. Vom Fenster aus wecken ausgestellte Automobile die Sehnsucht nach klassischen Formen, Handwerker tüfteln in Spezialwerkstätten.

Die Küche des *Parc Fermé* wird von den zwei Köchen Dennis Ucak und Björn Swanson geprägt, die sich ihr Rüstzeug in zwei Berliner Top-Adressen geholt haben: bei Christian Lohse im *Fischers Fritz* und im *Facil* bei Michael Kempf. Warum sollen ästhetisch wohlgestaltete Automobile und genussvolles Essen nicht

zusammenpassen? Vor der geschilderten Kulisse in den Backsteinhallen, einem ehemaligen Straßenbahndepot, bietet das *Parc Fermé* ordentliche Küche und beachtlichen Service – allerdings mit einer extrem bescheidenen Auswahl.

Besonders gelungen: Lasagne von Jakobsmuscheln

Ich habe stets gegen zu umfangreiche Speisekarten argumentiert, weil manches aufgeblasene Programm in der Küche einfach nicht zu bewältigen ist. Im *Parc Fermé* ist mir das Angebot allerdings erheblich zu klein, man muss schon sagen, zu dürftig. Bei unserem Besuch gab es nur ein Menü, das man auch in Einzelgerichten bestellen konnte, aber keine weitere Karte, lediglich noch eine vegetarische Speisefolge. Das war alles. Wir hatten das Glück, dass für einen alternativen Hauptgang zufällig ein Hirschrücken in der Küche verfügbar war. Der war dann ganz vorzüglich. Die Garzeiten stimmten und die Aromen, von feiner Fruchtsäure begleitet, waren erstklassig. Das zeigt, wie gut die Köche am Herd sind und wie sorgfältig sie beim Einkauf agieren. Insgesamt werden in dem Restaurant mit 26 Plätzen nicht so viele Grand-Cuisine-Klassiker angerichtet wie in den erwähnten Sternetempeln. Man versucht, auch futuristische Elemente mit dem Herkömmlichen zu verbinden. Mandarinen-Gazpacho oder Rote-Bete-Marshmallows sind derartige Ausflüge, die natürlich nicht bei allen Gästen ankommen. Gelungen fand ich dagegen Kreationen wie eine gut gewürzte Lasagne von Jakobsmuscheln oder die Gänseleber mit Feigenkompott. Das passt, weil das köstliche, fette Produkt geradezu nach Frucht schreit. Immer mehr Genießer treffen vor dem Restaurantbesuch eine Vorauswahl nach der im Internet veröffentlichten Speisekarte. Das wäre für mich und meine Begleitung beinahe ein Total-Flop geworden, denn in der Internet-Speisekarte des Restaurants gibt es wie bei einem nicht eingelösten Versprechen eine Auswahl an Vorspeisen und Hauptgerichten à la carte. Etwa lauwarmen Atlantikhummer, Brust und Keule von der Taube, gerösteten Steinbutt, Rinderfilet mit Parmesanrisotto oder Tranchen vom Kalbsfilet mit Trüffel. Zudem ein paar Desserts, Standards wie

Tiramisu mit Pfirsich oder Beeren zur Crème brûlée. Besser als nichts. Ich blicke nicht ganz durch, warum es dieses verheißungsvolle Internet-Angebot gibt. Eine Ungereimtheit, die man ändern sollte.

Ein weiterer Haken ist für das Restaurant die Lage, weitab von den Genusszentren wie dem Gendarmenmarkt oder dem Savignyplatz. Wer das „Meilenwerk" im tiefsten Moabit gefunden hat, der hat damit wahrlich das Recht erworben, sich verwöhnen zu lassen. Bei unserem Besuch waren – nicht überraschend – nur zwei weitere Tische besetzt. Und auch in den zu den schönsten Automobilmuseen zählenden Hallen verklingen die Schritte eines einsamen Gastes. Das Wagnis des erfolgreichen Gastronomen Aris Papageorgiou, der einst als Partner von Roland Mary im *Borchardt* begann, dann *Die Möwe* erstklassig führte, ausgerechnet hier einen Gourmettempel zu platzieren, wird zum echten Gastro-Abenteuer. Doch der Mann ist so erfahren und dabei ein derart geschliffener Gastgeber, dass er die Kurve schon bekommen wird. Ich wünsche es ihm. Umsichtig dirigiert er den Service, ohne den Mitarbeitern direkt ins Handwerk zu pfuschen. Die Weinkarte ist recht kundenfreundlich kalkuliert und offeriert einige günstige Zweitweine großer Chateaus in Bordeaux. Für allein speisende Gäste sollten noch ein paar halbe Flaschen in das sonst umfassende, ordentliche Angebot aufgenommen werden.

PARC FERMÉ

●●○○○

Küche
Urban Cousine

Adresse
im Meilenwerk
Wiebestr. 36 – 37
10553 Berlin

Telefon
030/20 61 30 50 bzw.
030/20 61 30 30 (Trofeo Bistro – gehört dazu)

Internet
www.restaurant-parcferme.de

Öffnungszeiten
Di – Sa 18.00 bis 23.00 Uhr

Verkehrsanbindung
U7 bis Mierendorffplatz,
Bus 27 Richtung Pankow
S-Bahnhof Beusselstraße

Kartenzahlung
Bar, EC-Karte, Kreditkarten

Preise
3-Gänge-Menü 58,00 € bis
6-Gänge-Menü 86,00 €

Extras
Besondere Location Meilenwerk mit Möglichkeit von Führungen

Keine Sonderwünsche

Es ist schon spektakulär, wie viele deutsche Köche zu den anerkannten Spezialisten der italienischen Küche gehören. Heinz Beck beispielsweise, der lange Zeit in Berlin kochte, ist im Augenblick die absolute Nummer eins in Rom und gehört zum kleinen Kreis von nur vier Drei-Sterne-Köchen in Italien.

Und hier in der Hauptstadt gehört Jörg Behrend zu den besten seiner Zunft und wurde bei Berlin-Partner „Aufsteiger des Jahres".

Das Degustationsmenü, das Behrend präsentiert, macht deutlich, wie die mediterranen Elemente der Gaumenfreuden auf den deutschen Geschmack getrimmt sind. Der Einstieg mit sautierten Jakobsmuscheln und Mortadella, Fenchel und Limonen-Kapern-Jus, eher mild als feurig abgeschmeckt, ist wie das Ochsenkotelett mit gebackener Zucchiniblüte oder marinierte Langostinos mit Olivenölsorbet für ein internationales Publikum gedacht. Die Preisgestaltung dabei ist durchaus vertretbar, für vier Gänge zahlt der Gast 76 Euro, für fünf 89.

Die Karte mit den Einzelgerichten ist ganz bewusst klein gehalten, und wer Sonderwünsche anmeldet, hat im Parioli wenig Chancen. Der Wareneinsatz muss niedrig bleiben. Ich hätte zum angebotenen Wildkräutersalat gerne gebratene Wachtelbrüstchen oder zum Sommergemüse eine Scheibe Gänseleber geordert, aber jedes Mal musste Behrend passen.

Die Abteilung Fisch ist wechselweise mit Steinbutt, Loup de Mer und auf der Haut gebratenem Wolfsbarsch gut, wenn auch nicht übertrieben originell bestückt. Wir

wählten den empfohlenen Steinbutt, einmal mit Artischocken und einmal mit frischen Pfifferlingen. Das erwies sich als Behrends gute Visitenkarte. Ich mag überhaupt nicht, wenn der schon tote Fisch noch einmal totgebraten wird. Obwohl die Portionen so klein wie zur Startzeit der Nouvelle Cuisine waren, hatte der Butt einen noch leicht glasigen Kern, also für mich optimal gebraten und dazu wunderbar abgeschmeckt, wobei Behrend grundsätzlich Salz äußerst behutsam einsetzt.

Mein Tipp:
Gönnen Sie sich hier ein Dessert!

Zu loben sind darüber hinaus zwei Bereiche: die geschickt kombinierten Pastagerichte wie Fettucelle, die schmalen Fettucini, mit confierter Taubenbrust oder Steinpilzen und Ravioli vom Bretonischen Hummer, und dann die Desserts. Der süße Abschluss ist hierzulande durch Gesundheitskost und Slim-Denken an den Rand gedrängt worden. In vielen italienischen Restaurants beschränkt sich die Nachspeise inzwischen auf Klischees wie Tiramisu oder Panna Cotta. Im *Parioli* bekamen wir nach (angekündigten) 20 Minuten Wartezeit einen wunderbar präparierten Bergpfirsich in der Kombination mit einem aromastarken Espressosorbet. Exzellent ebenfalls Aprikosen und Himbeeren im Mandelschaum mit einem gewiss nicht kalorienarmen Kondensmilcheis.

Für das Genießen zu zweit richtet die Küche eine Milchlammkeule aus Mecklenburg-Vorpommern mit Grillgemüse, Basilikumschaum und Kartoffel-Olivenöl-Püree an. Wer das mag, sollte am besten vorbestellen, denn auch bei guter Vorbereitung geht das nicht ruckzuck. Was ich für besonders erwähnenswert halte, ist die Auswahl von erstklassigem Brot, feinem Olivenöl und in Ehren gealtertem Balsamico. Eine derart gut abgestimmte kulinarische Ouvertüre ist heute längst nicht mehr selbstverständlich. Darüber hinaus erfreut der gut geschulte Service. Er ist besonders aufmerksam, aber nie aufdringlich.

Die Weinkarte im Restaurant, das im Gegensatz zu den meisten anderen der gehobenen Gastronomie in Berlin keine Sommerpause macht, bietet einen internationalen Querschnitt, ist weitgehend fair kalkuliert. Nur bei älteren Jahrgängen wird kräftiger hingelangt. Berliner wie Besucher der Stadt sollten nach dem Dinner den traumhaft schönen Blick von der voll bewirtschafteten Dachterrasse genießen. Ein wahrlich prächtiger Abschluss.

PARIOLI

●●●○○

Küche
Mediterran

Adresse
Behrenstraße 37
10117 Berlin-Mitte
im Hotel de Rome

Telefon
030/46 06 09 12 01

Internet
www.pariolirestaurant.de

Öffnungszeiten
tägl. 6.30 bis 10.30,
12 bis 14.30 und 18 bis 23 Uhr

Verkehrsanbindung
U+S-Bhf. Brandenburger Tor,
U-Bhf. Französische Straße,
Stadtmitte

Kartenzahlung
Bar, EC-Karte, Kreditkarten

Preise
Frühstück: 30 €
Mittagsmenü: 19 – 22 €
Mittagstisch: 14 €
Menü: 72 – 89 €
À la carte: 13 – 36 €

Extras
Sitzplätze außen,
Tiefgarage, Private Dining

Auszeichnungen
14 Gault-Millau-Punkte

PARIS BAR

Wechselhafte Geschichte

Wenn für eine Berliner Bar mit Restaurantbetrieb der Serientitel „Gute Zeiten, schlechte Zeiten" für ein ständiges Auf und Ab passt, dann für die *Paris Bar.*

Im Magazin und bunten Blättern wird nie über Berliner Treffpunkte berichtet, ohne dass die *Paris Bar* ein Platz auf dem Medaillentreppchen einnimmt, vor allem zur Berlinale, zur Echo-Verleihung und ITB ist Hochzeit angesagt. Ein Künstler- und Prominenten-Magnet schlechthin. Wohl kein Lokal in der Hauptstadt ist atmosphärisch so stark, eine Mischung aus Pariser Hemingway-Bar und pfiffigem Brasserie-Charme.

Bei meinem Besuch war jeder Tisch besetzt und der Service funktionierte erstklassig. Wenn auch ein bisschen zu viel „Monsieur, Monsieur" geflötet wird und mit „Merci" ein wenig Pariser Atmosphäre verdeutlicht werden soll. Aufmerksam geht's zu, aber nicht aufdringlich. Der Service, den ich erlebte, war richtig gut. So gut die Getränke, so ordentlich die Weinpflege, mit dem Essen war ich nie so richtig glücklich. Mag ja sein, dass es stimmt, dass die Küche in einem so außergewöhnlichen Lokal zweitrangig ist. Eine stabilere Küchenleistung wäre aber wahrlich nicht störend.

Der Klassiker ist die Blutwurst

Diesmal wollte ich es wie die Stammgäste machen und nur die sogenannten *Paris Bar*-Klassiker bestellen. Doch bis auf den knackigen grünen Salat mit weichem Ei und warmem Speck war alles andere durchaus verbesserungswürdig. Nehmen wir beispielsweise die Bouillabaisse: eine kräftige Fischbrühe mit Kräutern, fein abgeschmeckt und herzhaft im Finish. Aber wie um alles in der Welt soll man in einer Suppentasse ein unzerkleinertes Scampi mit Krustenschwanz zerlegen und ebenso recht fest gekochte Fischbrocken wie zu groß geratene Gemüseeinheiten zerkleinern? Vielleicht ein neuer Sport. Wer das ohne Kleckern und Spritzer schafft, hat gewonnen. In der *Paris Bar* isst man vor allem Steak mit streichholzdünnen Pommes Frites, wurde mir schon mehrfach kundgetan. Gesagt, bestellt. Doch dann zeigte sich erneut, dass das Entrecote so fest war, dass es zum ultimativen Gebiss-Test wurde. Und die hier in früheren Zeiten wirklich guten „Allumettes"-Kartoffeln waren nur fingerdicke Pommes Frites, die nicht einmal knusprig serviert wurden. Das Filetsteak, das mein Begleiter bestellt hatte, war deutlich besser, aber auch kein zartes Stück Fleisch, durch das das Messer nur so durchgleitet. Die Stammgäste stört das wenig. Man freut sich, in der *Paris Bar* zu sein, Spaß zu haben, Netzwerk zu pflegen und neue Kontakte zu knüpfen. Da ist die Küchenleistung zweitrangig. Nicht nur das Ambiente und die Präsentation auf dem Teller schaffen Atmosphäre, auch die Gäste selber. Da sie aber vor einer langen Nacht auch essen wollen, drängt sich automatisch die Frage auf: Was ist nun in jedem Fall in der *Paris Bar* empfehlenswert? Stets frisch und köstlich sind die Austern, die Blutwurst als Klassiker und, wenn vorhanden, die Seezunge, die habe ich bei einem früheren Besuch perfekt gebraten gegessen, auf den Punkt gegart und mit feinen Rostaromen. Ansonsten ist vor allem Unterhaltung angesagt. Die Stimmung ist wirklich gut im Lokal mit engem Bistro-Gestühl, Leder-Wandbänken und den Bildern an den Wänden, die von den Gästen so widersprüchlich bewertet werden. Der ganz besonderen *Paris Bar*-Atmosphäre kann sich keiner entziehen. Das ist gewiss die besondere Stärke des Traditionslokals. Vielleicht bringt ein überliefertes und häufig wiederholtes Zitat eines Stammgastes alles auf den Punkt: Wer in der *Paris Bar* eintrete, lasse alle Hoffnung fahren, dass er herauskomme, ehe es Morgen wird. Und dass er noch der Gleiche sei, der durch die Tür eingetreten ist. Bis Mitternacht entspreche die *Paris Bar* nach der Weltordnung Dantes der oberen Hölle, die der Maßlosigkeit gewandt ist. Im Morgengrauen beginne dann die untere Hölle, in der für die letzten Übriggebliebenen die Bilder an den Wänden zu sprechen beginnen. Konnte ich nicht erleben, so lange blieb ich nun doch nicht.

PARIS BAR

●●○○○

Küche
Französisch

Adresse
Kantstraße 152
10623 Berlin-Charlottenburg

Telefon
030/313 80 52

Internet
www.parisbar.net

Öffnungszeiten
tägl. 12 bis 1 Uhr

Verkehrsanbindung
U+S-Bhf. Zoologischer Garten,
S-Bhf. Savignyplatz,
Bus M49, X34

Kartenzahlung
Bar, EC-Karte, Kreditkarten

Preise
À la carte: 6,50 – 25 €

Extras
Sitzplätze außen

Gelungene Aromakombinationen

Der Zug kommt erst kurz nach Mitternacht. Dann donnert die tägliche Verbindung Paris-Moskau über den Alt-Moabiter Bahndamm. Das kleine Fachwerkhaus am Rande der Strecke erzittert im Rhythmus.

1898 war das schmucke Häuschen als Schenke im Einzugsbereich des ehemaligen Lehrter Fernbahnhofs gebaut worden. Zwei Jahre vor der Wende bekam das Lokal seinen heutigen Anstrich und den passenden Namen: *Paris-Moskau*.

Die Inneneinrichtung ist kühl: Wartesaal-Atmosphäre mit guter Küche. Zwei schweigsame Herren machen den Service, alles läuft reibungslos, bis die neun Tische besetzt sind. Dann gibt es Wartezeiten, wird das Nachschenken seltener. Die Gerichte sind sehr maßvoll kalkuliert. Das Menü mit vier Gängen kostet 58 Euro, mit einem Glas korrespondierendem Wein pro Gang dazu 80 Euro.

Die Karte wechselt nach dem Angebot des Marktes. Der Wachtel-Zitronengras-Spieß auf Mango-Chutney wird aufgetragen. Gut gemacht, feine Säure, weckt die Lust auf mehr. Leider ist das folgende Gericht, die Gänsemastleber-Terrine im Baumkuchenmantel mit Madeiragelee, dann eine herbe Enttäuschung: wenig Geschmack und von der Konsistenz mörtelfest. Es blieb der einzige Flop. Das Störfilet mit Spargel und Kürbispüree ist ein kleiner Genuß, noch bissfest der Fisch und gut abgeschmeckt. Am Bisonrücken mit Hummer und Kohlrabinudeln, ein Gericht, das dem amerikanischen „Surf und Turf" nachempfunden ist, stört nur das verkümmerte Hummerschwänzchen. Das Fleisch, medium gebraten, ist äußerst herzhaft und benötigt kaum ein weiteres Geschmackselement. Ohne sich in Küchenkreativität um jeden Preis versteigen zu wollen, gibt es einige gewagte wie gelungene Aromakombinationen. Zum gebratenen Thunfischsteak beispielsweise bekommt der *Paris-Moskau*-Gast Portweinschaum und ein Steinpilzrisotto serviert. Passt das denn zusammen? Ja, überraschenderweise. Beim Hirschbraten runden geschmorter Spitzkohl und Bärlauch-Semmelknödel das Gericht ab.

Kühle Inneneinrichtung, aber gute Küche

Das Suchen nach neuen Aromen gilt auch für die Desserts. Ein Beispiel, das von den üblichen Standards abweicht, ist das Passionsfruchttörtchen, kombiniert mit zuckersüßer Pattaya-Mango.

Getrunken wird im Restaurant fast ausschließlich Wein. Das mag an der Karte liegen, die wie kaum eine andere in der Stadt preisgünstig kalkuliert ist. Mittlere Bordeaux-Lagen zu kleinen Preisen.

PARIS-MOSKAU

●●◐○○

Küche
International

Adresse
Alt-Moabit 141
10555 Berlin-Tiergarten

Telefon
030/394 20 81

Internet
www.paris-moskau.de

Öffnungszeiten
Mo – Fr 12 bis 15 Uhr und ab 18 Uhr, Sa+So ab 18 Uhr

Verkehrsanbindung
U+S-Bhf. Hauptbahnhof, Bus M41, M85

Kartenzahlung
Bar, EC-Karte, Kreditkarten

Preise
Mittagsmenü: 29 – 36 €
Mittagstisch: 6,50 – 13,50 €
Menü: 36 – 81 €
À la carte: 10 – 26 €

Extras
Sitzplätze außen

Auszeichnungen
14 Gault-Millau-Punkte

Von der Madonna erhört

Ich glaube, es ist zum einen eine tiefe Sympathie für die Küchenrichtung, zum anderen aber auch, dass wir uns keine Namen merken können. „Gehen wir ins Ristorante *Pascarella*" wäre mir in der Tat zu kompliziert.

In diesem farbig eingerichteten Ecklokal an der Schlüterstraße mit dem Vorspeisen-Buffet als Visitenkarte am Eingang geht es, von den Gästen gewünscht, locker zu. Schnörkellose Küche, hemdsärmeliger Service, Nachbarschaftsatmosphäre. Die Tische vor dem Restaurant sind alle besetzt, die frühe Sommersonne sortiert die Lieblingsrestaurants der Berliner neu und bewertet sie anders. Da muss es nicht unbedingt große Kochkunst sein. Das gilt auch für die Weinwahl. Ein simpler Gavi oder Pino Grigio schlägt dann den großen Montrachet und eisgekühlt fallen die Schwächen nicht mehr auf.

Das Brot mit krosser Kruste gehört im *Pascarella* unbedingt auf die Habenseite der Bewertung. Das gilt auch für das Thunfischcarpaccio, das auf Rucolasalat angerichtet ist. Ein paar Tropfen Olivenöl, Zitronensaft und kleine Ringe von gebratenem Tintenfisch komplettieren die Vorspeise. Hier, wie anderswo auch, fragt man sich allerdings, was die oft albernen Tellerdekorationen sollen? Im *Pascarella* ist der Tellerrand mit Gurkenscheiben belegt, was weder geschmacklich noch optisch einen Sinn macht. Am Nebentisch wird eine Seezunge serviert. Schön und gut, Seezungen sind mächtig teuer geworden, doch als der Kellner das gebratene Fischlein filetiert hat, liegen nur noch zwei winzige Andeutungen von Seezunge verloren auf der großen Platte. Mein Gavi steht im Weinkühler, aber keiner kommt auf die Idee, nachzuschenken. Also mache ich das fortan selber und es fällt nicht mal auf. Die Salate, die aus der Küche kommen, sind von ordentlicher Qualität, aber auch dabei muss hier anscheinend der Wareneinsatz sehr niedrig gehalten werden, so klein sind die Teller.

Italiener mit Bodenhaftung

Währenddessen warte ich, vom Hunger geplagt, auf den Hauptgang. Die Madonna, die zart geschnitzt mit blauem Umhang und gefalteten Händen nahe dem Pass (Ausgabe der Gerichte) postiert ist, scheint schließlich meine Bitte erhört zu haben. Nach einer Stunde wird endlich die Dorade vom Grill serviert: Der Fisch war auf der Unterseite verbrannt. Schade. Von den Beilagen mochte ich nur die Brokkoliröschen genießen. Die ockerfarbenen, gefetteten Kartoffeln und den aufgewärmten Spinat ließ ich zurückgehen.

Wer ins *Pascarella* geht, erwartet keinen Edelitaliener mit Chrom und Silber. Die handgeschriebene Speisekarte in Folie gepackt, wie Ende der fünfziger Jahre bei den ersten Italienern, unterstreicht die Ausrichtung. Die Wirtsfamilie achtet aber auch darauf, dass bei den Preisen die Bodenhaftung stimmt.

PASCARELLA

●○○○○

Küche
Italienisch

Adresse
Schlüterstraße 69
10625 Berlin-Charlottenburg

Telefon
030/32 76 46 41

Internet
www.pascarella.de

Öffnungszeiten
tägl. 12 bis 24 Uhr

Verkehrsanbindung
S-Bhf. Savignyplatz,
Bus M49, X34

Kartenzahlung
Bar, EC-Karte, Kreditkarten

Extras
Sitzplätze außen

QUADRIGA

Hungrig in der Hauptstadt

Finnland steht nun wirklich nicht für eine neue, gnadenlos gute Kreativküche unserer Zeit, eher für Rentierbraten, der mit viel Wodka heruntergespült wird. Darum machte sich in der Berliner Edelgastronomie Verwunderung breit, als der *Brandenburger Hof* für sein Gourmetrestaurant *Quadriga* den Skandinavien-Export Sauli Kemppainen aus Helsinki verpflichtete und einfliegen ließ.

Der Vorgänger Sternekoch Bobby Bräuer war, wie man hörte, im Unfrieden geschieden. Um komplett neu zu beginnen, wurde der Maître Vedad Hadziabdic an die Spitze des Serviceteams gestellt. Der gute Mann kommt aus dem

Drei-Sterne-Tempel *Aqua* im Wolfsburger Ritz-Carlton, ein Garant für Servicequalität also. Das Positive der neuen Küchenrichtung vorweg: das Zusammenspiel der Aromen stimmt, sorgt für Gaumenfreude. Der Finne ist kein Anhänger der Molekular- und Stickstoff-Zauberei mit Chemiebaukasten anstelle herkömmlicher Feuerstellen, sondern hat sich auf eine klassisch geprägte, leichte Küche konzentriert. Damit ist gemeint: Erstklassige frische Ingredienzien werden mit den natürlichen Aromen unverfremdet zubereitet.

Aber dann sind wir zwangsläufig schon beim Ärgernis: Es kommt kein Gericht aus der Küche, das mit allen Elementen, einschließlich Saucentupfer, insgesamt nicht auf einen größeren Suppenlöffel passte. Ganz ohne Frage, es sind die winzigsten Portionen in der Hauptstadt.

In der *Quadriga* stimmt dann natürlich auch das Preis-Leistungs-Verhältnis mit vier Gängen für 125 Euro nicht und schon gar nicht die Einzelgerichte. Die Aroma-Orientierung ist, wie gesagt, gut, wenn auch zu deutlich im Zuckerbäcker-Stil ausgerichtet, nahezu alles ist süß. So das Gewürzbrot wie Weihnachtsgebäck, beim Stückchen Gänseleber ist statt der feinen Säure, die die Wucht nimmt, wieder Süße kombiniert.

Sehr harmonisch dagegen die Rote Bete mit Ziegenkäse. Allerdings hatte ich mich auf die dazu angekündigten Steinpilze gefreut, doch ich bekam vier kleine Tupfer wie Kragenknöpfe. Schade, geschmacklich waren sie köstlich. Das gilt auch für die Flusskrebse und Spargel, mit Basilikum aromatisiert. Bei Wachteln mit Kirschen ist es Sternanis, beim Rentier mit Himbeeren Estragon. Man kann Sauli Kemppainen nicht absprechen, Gewürze und Kräuter lustvoll einzusetzen. Dann kam der Hauptgang. Die gebratene Wildente, die ich persönlich sehr liebe. Serviert wurde ein Stückchen Brust, die Haut nicht einmal kross und so groß wie ein platt geschlagenes Gummibärchen.

Ich vermisste Geschmortes, im Zusammenspiel mit Kurzgebratenem. Zwei meiner Lieblingsgerichte in der *Quadriga* gelangen früher immer perfekt: butterzart geschmorter Ochsenschwanz mit kurz gebratener Gänseleber, ein wenig Kakao dazu, gelber Escarol und Kaschmircurry. Und die gepflegte Seezunge, das

„Meisterstück", wie es die Brigade selbst nannte, in drei Gängen serviert. Richtig appetitlich und plötzlich auch in Normalgröße lässt die aktuelle Küche die Desserts servieren. Zum Beispiel die Erdbeervariation mit Holunderblüten, Pistazien und einem wunderbar sahnigen Eis.

Die Ausrichtung des Restaurants, nur deutsche Weine anzubieten und die Freunde von samtigen Italienern, Bordeaux oder Burgund auszusperren, wurde beibehalten. Eine Ausnahme freilich gibt es, Champagner ist im Ausschank, es muss also nicht Rotkäppchen oder Fürst Metternich sein.

Den gekonnten Service des Maître Hadziabdic habe ich bereits angesprochen, während seine Mitarbeiterin zu sehr um Aufmerksamkeit buhlte. Es wird für mich in der nächsten Zeit sowieso ein persönliches Anliegen sein, diese nachdrücklichen Erklärungen der auswendig gelernten Präsentation, was nun auf dem Teller liegt, herunterzufahren.

DIE QUADRIGA

●●●○○

Küche
International

Adresse
Eislebener Straße 14
10789 Berlin-Wilmersdorf
im Brandenburger Hof

Telefon
030/21 40 50

Internet
www.brandenburgerhof.com

Öffnungszeiten
Di – Sa ab 19 Uhr

Verkehrsanbindung
U-Bhf. Augsburger Straße

Kartenzahlung
Bar, EC-Karte, Kreditkarten

Preise
Menü: 125 – 160 €
À la carte: 19 – 48 €

Extras
Sitzplätze außen,
überdachte Lounge,
Tiefgarage

Auszeichnungen
1 Michelin-Stern,
15 Gault-Millau-Punkte

Currywurst mediterran

Auch für die überzeugten Genussmenschen unter Berlins Restaurantgängern gibt es Situationen, in denen selbst eine göttliche Sterneküche chancenlos gegen unkomplizierte Gerichte ist, die unter freiem Himmel serviert werden.

In den Sommerwochen sticht die Lust am Frischluft-Vergnügen alle anderen Kriterien aus. Wenn über der Hauptstadt die Sonne lacht, ist die am häufigsten gestellte Frage, wo man ganz nach persönlicher Vorliebe total locker oder im schönen Ambiente auf der Terrasse genießen kann. Wer von solchen Sommerzeit-Empfehlungen mehr erwartet als ein bisschen Rucola auf Papptellern am See, ist auf der großzügigen Terrasse des *Adlon Quarrés* (120 Freiplätze) mit herrlichem Blick auf das Brandenburger Tor gerade richtig. Wird es kühl oder ist sehr private Gesprächsatmosphäre angebracht, erscheint mir die mediterrane Gestaltung des Restaurants mit vielen verschwiegenen Sitzecken ideal.

Initiator dafür, dass die Küchenkultur nicht nur im Sternerestaurant *Lorenz Adlon* (im ersten Stock) hochgehalten wird, sondern auch im legeren *Quarré* plus Terrasse am Pariser Platz, war der Küchenchef Christian Müller, ein begehrter Kandidat etlicher Top-Restaurants im Lande. Hier wird nicht nur gute Küche, sondern auch der Afternoon Iced Tea mit gefrorenen Beeren offeriert. Viele Geschmacksvarianten stehen auf einer Extra-Karte. Für drinnen und draußen gibt es eine breite Palette interessanter Gerichte, von ganz einfach bis köstlich, aber ohne gastronomischen Ehrenzeichen nachzujagen. Klingt gewiss unwahrscheinlich, ist aber wahr, hier wird auch, wenn gewünscht, Currywurst serviert. Zwar vermutet man diese Berliner Spezialität nicht in einem Luxushotel, aber Christian Müller

beschied, aufgrund der „erstaunlich hohen Nachfrage kommt die Currywurst auf die Terrassenkarte". Dazu gibt es eine veredelte Variation der scharfen Soße mit Goa-Curry, Mango, Tomatenmark und einem Hauch Vanille. Natürlich werden auch knusprige Pommes dazu gereicht.

Breites Angebot für alle Geschmäcker und Preisklassen

Im verträglichen 20-Euro-Bereich sind die krossen Jakobsmuscheln mit Zitronengras, der (gebeizte) Saibling mit einer großen Portion Blattsalaten oder das klassische Tatar mit Schalotten und Kapern angesiedelt, während die Spitze des Küchenangebots das Gericht „Das Beste der Welt" mit Wagyu Beef (preiswerteres Kobe-Fleisch), Kalbsfilet mit Trüffel-Ei und 10 Gramm Kaviar bildet. Dazwischen liegt eine breite Palette. Die mit dem Zauberstab aufgeschlagenen Spargel- oder Hummer-Süppchen, die auf den Punkt gebratene Seezunge mit Blattspinat oder den Steinbutt, der hier nicht gebraten wird, sondern behutsam konfiert und mit Parmesan-Olivenöl-Schaum parfümiert wird. Es darf aber auch mal ein einfacher (preisgünstiger) Fisch sein. Das Tagesgericht war bei meinem Besuch eine Scholle aus der Pfanne mit Speckwürfel – einfach, aber lecker, nur eine Spur überwürzt. Bei der Scholle kommt der erstklassig geschulte Service ins Spiel, der die Fische perfekt filetiert.

Es muss halt nicht immer die große Gourmetküche sein. Wer gute Grundprodukte pfiffig zubereitet genießen möchte, sollte das *Quarré* probieren. Dabei wird der Gast auch hier umsorgt, wie es dereinst Lorenz Adlon konzipierte. Drei frisch gebackene Brote (noch warm) werden mit Olivenöl und gesalzener Butter aufgetischt. Wer sich zum besonderen Anlass das Entenmenü gönnen mag (85 Euro für sechs Gänge), bekommt nach Vorspeise und Enten-Tee (klare Brühe mit Spargel) eine ganze Brandenburger Ente am Tisch flambiert und in zwei Gängen serviert.

Vorzüglich passen dazu die Morcheln und Spargel in einer frisch aufgeschlagenen Sauce Hollandaise.

Das Ambiente in den hohen Wänden aus Jura-Naturstein und Marmorsäulen ist mit Rundbögen, Korbmöbeln und Glastischen italienisch beschwingt. Viel Blumenschmuck sorgt für Wärme und unterstreicht die südliche Lebensfreude. Eine besondere Attraktion sind die Plätze am Fenster mit dem Blick aufs Brandenburger Tor. Hier kann man nicht nur das Wahrzeichen der Stadt bewundern, sondern auch ganz einfach und ganz entspannt Leute gucken.

Ein Gedanke noch zum Namen des Restaurants. Die kulinarische Kultur des Landes, in dem die Zitronen blühen, haben wohl die meisten Küchenbrigaden stets im Blick. Weil aber bei der Namensfindung alles, was mit dem Begriff „mediterran" verbunden war, sich als total abgenudelt zeigte, bekam das Restaurant mit der großen eleganten Straßenterrasse den Namen aus kaiserlicher Historie, *Quarré*.

QUARRÉ

●●●○○

Küche
International

Adresse
Unter den Linden 77
10117 Berlin-Mitte

Telefon
030/22 61 15 55

Internet
www.hotel-adlon.de

Öffnungszeiten
tägl. 6.30 bis 23 Uhr

Verkehrsanbindung
U+S-Bhf. Brandenburger Tor,
Bus 100, 200

Kartenzahlung
Bar, EC-Karte, Kreditkarten

Preise
Mittagstisch: 13 – 33 €
Menü: 45 €
À la carte: 16 – 149 €

Extras
Sitzplätze außen, Raucherlounge im Hotel Adlon, Parkmöglichkeiten in der Tiefgarage des Hotel Adlon

Jetzt kocht Tim Raue auf eigene Rechnung

Ein Koch im eigenen Restaurant ohne die Rückendeckung eines Hotels oder Geldgebers ist ein einsamer Krieger. Er muss seine Klasse täglich unter Beweis stellen und darf dabei den Wareneinsatz nicht aus den Augen verlieren.

Tim Raue hat den Spagat mit seinem eigenen Restaurant schnell geschafft. Ganz am Anfang, als seine Küche noch nicht voll funktionierte, war ich einmal unzufrieden, doch nach dem Prinzip der zweiten Chance habe ich zusammen mit Moderator Jochen Trus eine neue Momentaufnahme in seinem Restaurant gesucht. Gut so, wir erlebten diesmal eine Aroma-Explosion, ein grandioses Zusammenspiel

der Geschmackselemente. Besser haben wir seit Ewigkeiten nicht mehr gegessen. Einfach köstlich. Früher war das simpel, da gingen wir zum Italiener, zum Chinesen, zum Japaner. Dann erkannte der Koch des Jahrhunderts, Eckart Witzigmann als erster, dass auch die Grande Cuisine eine Belebung durch asiatische Elemente benötigt. Tim Raue hat die Anregung zum Prinzip erhoben und diese Einflüsse eingebracht. Die Artischocke aromatisiert er beispielsweise mit Seegras und adelt sie mit Spänen vom schwarzen Trüffel. Die rohen Eisgarnelen werden mit Sternanis parfümiert, die japanische Pizza ist eine Kombination von Thunfisch und Wasabi.

Über den „Chinesischen Winter"
habe ich gejubelt.

Erstklassiges Diamond Label Beef wurde ganz langsam gegart und so zart geschmort, dass es zart wie Butter war. Ein Mosaik der kleinen (von der Portionsgröße) Köstlichkeiten von Hirsch, Taube mit Meerrettich und Spinat war ein wahrer Genuss.

Auch bei den Desserts werden asiatische Gewürze eingebracht, Thai-Pfeffer, beispielsweise, Jasmin, auch Koriander und Limette zur Blaubeere. Klasse waren die Meeresfische mit einer Sake Beurre Blanc, drei Spargelspitzen und ein wenig Wasabi. Alles auf den Punkt gegart und die Beurre Blanc-(Sauce) war vom Sake-Geschmack nicht überlagert, sondern behutsam parfümiert und verfeinert. Sehr gut. Auch der Hummer mit Tomate, Sternanis und Estragon war ein köstlich gewürztes Gericht. Als Fan köstlicher Entengerichte war ich glücklich, die „Interpretation der Peking Ente" gewählt zu haben. Hier gab es keine üblichen Pfannkuchen, Lauch und Pflaumenmus, sondern etliche Variationen, unter anderem ein krosses Entenbein (damals mein berechtigter Kritikpunkt). Jetzt konfiert (in Fett garziehen) Raue das Bein, um zum Schluss mit Oberhitze die Haut splitterkross zu braten. Perfekt.

Gastro-Tests sind stets Momentaufnahmen wie sie auch der Gast erlebt. Bei meinem zweiten Besuch war auch der Service mustergültig. Was ebenfalls stimmt, ist die Preiskalkulation. Mittags kosten drei Gänge 38, vier 48 Euro. Das große Abendmenü (6 Gänge) ist mit 148 Euro kalkuliert. Der Wein-Service ist schon in der Anfangsphase des Restaurants beachtlich, interessant dabei, die kleinen Lagen sind sehr kundenfreundlich, die großen etwas forscher berechnet. Wie ist das Restaurant gestaltet? Eher minimalistisch. Ich räume aber ein, dass selbsternannte Stil-Experten das Interieur durchaus gelobt haben. Mittags war das Restaurant schon recht gut besucht. Und schön, dass der Sternekoch seine Gäste begrüßt.

TIM RAUE

●●●●○

Küche
Asiatisch

Adresse
Rudi-Dutschke-Straße 26
10969 Berlin

Telefon
030/25 93 79 30

Internet
www.tim-raue.com

Öffnungszeiten
Di – Samstag
12.00 bis 14.00 Uhr
19.00 bis 22.00 Uhr

Verkehrsanbindung
U-Bahnhof Kochstraße

Kartenzahlung
Bar, EC-Karte, Kreditkarten

Preise
Lunch 3-Gänge-Menü 38 ▯,
4 – 48 ▯, 5 – 58 ▯
Dinner-Menü 98 –148 ▯

REINHARD'S IM KEMPINSKI

Küche ausgegliedert

Es kommt nicht häufig vor, dass Hotels den Gesamtbereich Essen & Trinken an Fremdunternehmen abgeben.

Seit meinem letzten Besuch erlebte ich im *Kempinski* Hotel Bristol am Kurfürstendamm eine deutliche Verbesserung. Damals konnte ich nicht glauben, dass ein luxuriöses Traditionshotel Frühstück, Lunch und Dinner einfach ausgliedert und an eine Restaurantkette verpachtet. Im *Kempinski* fand ich auch die Qualität anfangs nicht angemessen. Nach einer Zeit des Sich-Findens war ich nun sowohl vom Frühstück wie vom schnellen Business-Lunch oder einem ordentlichen, aber nicht überkandidelten Dinner durchaus angetan. Der sehr aufmerksame Service servierte ein Kalbsragout mit Waldpilzen, das absolut aromatisch gelang. Exzellent auch der im Haus gebeizte milde Lachs, der mit Rösti serviert wird.

Gutes und schnelles Business-Lunch

Die stets wechselnden Tagesgerichte sind kundenfreundlich kalkuliert. Insgesamt muss man dem Verantwortlichen für das Kempinski Hotel, Uwe Klaus, im Nachhinein eine glückliche Hand bescheinigen.

REINHARD'S IM KEMPINSKI

●●○○○

Küche
Deutsch

Adresse
Kurfürstendamm 27
10719 Berlin-Charlottenburg

Telefon
030/20 45 45 45

Internet
www.restaurant-reinhards.de

Öffnungszeiten
tägl. 6.30 bis 1 Uhr

Verkehrsanbindung
U-Bhf. Uhlandstraße,
Bus M19, M29, X10, 109, 110

Kartenzahlung
Bar, EC-Karte, Kreditkarten

Preise
Menü: 28 – 48 €
À la carte: 7,50 – 28 €

Extras
Sitzplätze außen,
Markise, Heizpilz

Kleine Happen, große Aromen

Reinstoff ist der Name des aktuellsten Berliner Restaurants der Extraklasse. Heißt so der Restaurateur oder was soll uns dieser Begriff sagen? Die Erklärung klingt simpel: „rein" sei der „Stoff", aus dem die Gerichte und die Weine sind.

Wenn die Gaumenfreuden groß sind, darf man getrost auf das normale Bewertungsschema mit Ambiente, Service und Produkten verzichten. Bei der Lage in den Edison-Höfen in Mitte, neben einem Jazz-Club im Keller und der restauranteigenen Terrasse, die noch nicht mit Bäumen und Strauchwerk „abgedichtet" ist, kann man nicht von einem optimalen Umfeld sprechen. Auch das Ambiente im Restaurant, in Schwarz gehalten mit Lichtdesign an der Decke, vermittelt den Charme einer Friedhofskapelle. Da kann noch an Freudvollem gearbeitet werden. So weit die kritischen Anmerkungen.

Das Konzept, die Küche und der Service gehören zum Besten, was ich in der Stadt in letzter Zeit erlebt habe. Zwei Menüs empfiehlt der Küchenchef Daniel Achilles, und dabei nutzt er die ganze Breite des Spielfeldes. Unter dem Begriff „ganz nah" bindet er den Strauß für Konservative und Freunde der klassischen Küche. „Weiter draußen", das ist in gemäßigter Form, was er beim Drei-Sterne-Koch Amador an Molekular-Gerichten erlernt hat. Weil mir die Speisen aus dem „Chemiebaukasten" grundsätzlich fremd bleiben, ließ ich die dreistufige Rakete klassischer Elemente starten. Alles beginnt mit „Die Sinne erwecken", kleine

Amuse Bouches mit großen Aromen: Mango-Gazpacho (herzhaft-süß), Caprese Bobalis (geprägt von Mozzarella und frischem Basilikum), knuspriges Curry und einem exzellenten Brotkorb.

Unter dem Begriff „Die Sinne verwöhnen“ (so steht es auf der Karte) folgen sechs kleine Gänge, wie märkischer Hirschschinken, dünn geschnitten mit Pfifferlingen und Wiesenkräutern, einer bei dem Wetter köstlichen Vichyssoise mit Kartoffelwürfeln, Ei und Kaviar. Nach einem Williams-Birne-Sorbet (parfümiert mit Wacholder und Gin) folgten das Büffel-Entrecote, Strindbergs Aromen und zwei einzelne gepfefferte Pommes Frites. Alles köstlich abgeschmeckt, nur das Entrecote war mir zu weit durchgebraten, ich mag es lieber blutiger. Ich hätte das bei der Bestellung sagen müssen, als mich die Bedienung nicht danach fragte. Die im Menü vorgesehene Goldforelle mit Kopfsalat wechselte ich gegen die Gänseleber mit Essigkirschen und Malzbrioche. Eine gute Wahl. Der Gang war einfach sensationell.

Nach dem eingelegten Pfirsich mit einem winzigen Stückchen Käsekuchen und einem Vanillestreusel Eis im Papiertütchen servierte die Küche zum Abschluss noch etwas, um die „Sinne zu streicheln“. Mit Eiskaffee, Karotte und Kokos, Frucht-Macaron.

Hier werden die Sinne wahrlich geweckt, verwöhnt und gestreichelt

Am Nebentisch war man mutiger, wählte das bei Juan Amador Erarbeitete. Man muss schon sagen, hier verlässt der Koch allerdings nie die unverzichtbare Basis der klassischen Küche. Er präsentiert sie nur moderner, frecher. Zum Olivenöl-Nudelsalat passen nun einmal Artischocken und Venusmuscheln, auch die Langostinos in Verbindung mit Melone und Tomaten, aufgepeppt mit krossen Pistazien, haben wenig zu tun mit den überdrehten Zauberern, die ihre Gäste in gallertartige

Kugeln beißen lassen, damit ein Stück Salzhering auf der Zunge schwimmt. Ich bin sicher, die Entwicklung ist hier noch nicht abgeschlossen. Ich sehe einen Stern in der Ferne. Wenn sich das Team eingespielt hat, wird die Küche nochmals perfekter. Ganz am Rande, was mir schon jetzt imponierte, waren die Damen im Service, die wissen und sorgfältig genau darlegen, was serviert wird. Sie agieren unaufdringlich, sind aber immer da, wenn man sie braucht. Der Sommelier Ivo Ebert hat eine Menge Ahnung von Wein. Nicht von allen, er setzt konsequent auf deutsche und spanische Lagen. Er versprach aber, sein Angebot um einige Kreszenzen aus Burgund und Bordeaux zu erweitern.

REINSTOFF

●●●◐○

Küche
International

Adresse
Schlegelstraße 26
10115 Berlin-Mitte

Telefon
030/30 88 12 14

Internet
www.reinstoff.eu

Öffnungszeiten
Di – Sa ab 19 Uhr

Verkehrsanbindung
U-Bhf. Zinnowitzer Straße,
S-Bhf. Nordbahnhof,
Bus N6,
Tram M6, M8, 12

Kartenzahlung
Bar, EC-Karte, Kreditkarten

Preise
Menü: 55 – 119 €

Extras
Sitzplätze außen

Auszeichnungen
1 Michelin-Stern,
16 Gault-Millau-Punkte

Klassische Küche mit Pep

Ein Besuch im *Remake:* Angenehmer Service und frische Produkte aus Brandenburg

Es geht ein Riss durch unsere Küchenkultur. Ein Teil der Künstler am Herd folgt dem Leitfaden der amerikanischen Cornell-Universität, der Top-Adresse für Hoteliers und Restaurateure der feinen Art, die da lautet: Der Gast soll immer bekommen, was der Gast sich wünscht, und nicht, was der Hotelier oder Restaurateur glaubt, ihm aufzwingen zu müssen. Andere Aromajongleure fühlen sich dagegen berufen, die zahlende Kundschaft in ihre Kochexperimente einzubinden zu dürfen, weil die Küchenkultur ja vorangetrieben werden muss. Zu dieser Spezies, die Lakritz, Schokolade und Speiseeis zum Hummer und zur Auster packen, gehört Cristiano Rienzner, der das *Remake* in die Diskussion brachte und ins Restaurant *Rotgold* am Kurfürstendamm gewechselt ist. Jetzt wird im *Remake* klassisch gekocht, nicht langweilig, sondern mit Pep, und ich gehe wieder mit Genuss hin.

Die frischen Produkte bezieht die Küche aus dem Brandenburger Umland. Die Enten beispielsweise, die kross gebraten mit Portweintrauben serviert werden, oder das Rinderfilet, das pochiert auf Safranrisotto und Quittenchutney angerichtet wird. Gewiss, wer's mag, bekommt im Restaurant *Remake* auch sein Senfeis (zum Carpaccio) oder ein Sorbet aus Aloe Vera, was sonst gemeinhin nur der Haut guttut.

Vieles gelingt, wie der gut gelesene Feldsalat mit Sharon-Frucht und Walnusscroutons oder die lauwarme Garnelensülze, auch einfache Süppchen wie Macchiato vom Kürbis mit gebratener Jakobsmuschel. Manchmal spielen aber

die Produkte einen Streich. Auf der Karte steht das Entrecote vom Bison. Das ist einerseits exotisch genug, um interessant zu wirken, andererseits aber nah genug an der herkömmlichen Ochsenlende. Dieses Gericht ging freilich in die Hose. Der einzige Ausrutscher an diesem Abend.

Schmucklos ist das *Remake*, ein länglicher Raum, viel Backstein, indirekte Beleuchtung. Keine Atmosphäre mit Herzsprung. Doch die Küche, die heiß und kalt, mild und scharf, süß und herzhaft mutig zusammenführt, ist den Besuch wert. Auch wegen des angenehmen Service im Restaurant.

Diese Küche ist einen Besuch wert

Das Schöne an diesem Restaurant bleibt, dass keiner die Bestellung eines großen Menüs erwartet, sondern ebenfalls ein lauwarmer Pulpo-Salat akzeptiert wird oder drei kleine Gänge aus dem Degustationsangebot für 39 Euro. Die Weinkarte mit etlichen offenen Angeboten hat eine große Spannweite und

reicht von Mouton Rothschild bis zum Deidesheimer Kieselberg. Der Wein wurde fachgerecht dekantiert, das Nachschenken erfolgte mit großer Aufmerksamkeit. Auch das macht einen Abend angenehm.

REMAKE

●●○○○

Küche
International

Adresse
Große Hamburger Str. 32
10115 Berlin-Mitte

Telefon
030/20 05 41 02

Internet
www. restaurant-remake.de

Öffnungszeiten
Do – Di ab 17 Uhr

Verkehrsanbindung
U-Bhf. Weinmeisterstraße,
S-Bhf. Hackescher Markt,
Bus 240, N8, Tram M1, M6

Kartenzahlung
Bar, EC-Karte, Kreditkarten

Preise
Menü: 54 – 64 €
À la carte: 11,50 – 28 €

Extras
Sitzplätze außen,
Decken

Rinderfilet im Postfuhramt

Die Gäste-Abwehr arbeitet mit wechselndem Erfolg. Das Team im widersprüchlichsten Restaurant der Hauptstadt bemüht sich seit fünf Jahren nach Kräften, sich von Gästen abzuschotten. Ein lustiges Versteckspielen am Abend?

Schön und gut, aber wie ärgerlich, wenn Gäste dann tatsächlich doch die Schnitzeljagd gewonnen haben. Obwohl in der Auguststraße 5 die Tore verschlossen sind und nicht der geringste Hinweis auf ein Restaurant namens „Rodeo-Club" zu finden ist, kamen wir schließlich doch ans Ziel. Eine kleine Seitentür führt in den sehr geräumigen Innenhof, der wohl von der Schuhmacher-Innung gesponsert wird. Ein steiniges Holperfeld und ein garantiertes Grab für alle High-Heels-Absätze.

Abschreckend wirkt zudem der Hinweis der Hausverwaltung, dass das Betreten für Fremde unter Strafandrohung verboten ist. Wie einladend. Das Restaurant sei im ersten Stock des Hinterhauses, hatte man mir mit Verschwörermiene verraten. Und so kletterten wir die Holzstiegen hoch, vorbei an Matratzenlagern und zellenartigen Verschlägen. Beklemmung machte sich breit. Irgendwie erreichten wir einen dunklen Flur mit der Reservierungskontrolle.

Szenenwechsel: Da stehen wir nun in diesem Restaurant mit einem Ambiente, das einem den Atem raubt. Die traumhaft schöne, kathedralenhohe Kassettenkuppel des ehemaligen Postfuhramtes. Ein gigantischer Anblick. Dazu das triste Gegenteil: abgewetzte Bänke und knochenharte Holzstühle. Widersprüchlich geht's weiter: Konservatives Publikum, zumeist Wiederholungstäter, die den Weg kennen,

und keine alternative Hausbesetzerszene. Dann die positive Wendung. Der Service ist geradezu liebenswert, aufmerksam und gekonnt. Hier funktioniert, was ich häufig kritisiere. Der Chablis Premier Cru kommt wunderbar gekühlt an den Tisch und wird sofort wieder in Eis gepackt.

Das Rinderfilet vom Grill ist absolute Klasse

Das Auf und Ab der Gefühle pflegt dann auch die Küche. Völlig anders als in vielen Restaurants, wo die Hauptgänge nie die Qualität der Vorspeisen erreichen, sind hier die ersten Gänge dünn, die Hauptgerichte aber absolute Klasse. Bei der pochierten Fine-de-Claire-Auster im Gurkengelee war die Auster wohl desertiert, hatte nicht mal den Hauch von Geschmack hinterlassen. Als Aromaträger blieben allein die marinierten Sardinen auf Erbsenpüree. Beim knackig frischen Salat mit eingewecktem Kürbis erreichte das Dressing die Höchstnote für Geschmacksneutralität. Durchaus akzeptabel dagegen war die Miniportion der gebratenen Jakobsmuschel, in Verbindung mit confiertem Wammerl vom Saalower Kräuterschwein an Steckrüben und Weißkrautrohkost.

Vielen mag das Schwein zu fett sein, für mich ist das reiner Aromaträger. Die Hauptgänge in dieser prächtigen Schalterhalle aus Kaisers Zeiten dirigierte Küchenchef Tilo Roth knapp unter dem Sternebereich. Der Brandenburger Hirschkalbsrücken war im Schnitt zart wie irische Landbutter und wurde vorzüglich flankiert von geschmortem Spitzkohl, Nusskartoffelnnudeln und parfümiert mit intensiver Quittenmarmelade und Schattenmorellenjus. Gleichermaßen handwerklich exzellent zubereitet das Rinderfilet vom Grill, aber durch Nachgaren mit wenig Röstaromen. Dazu gab es Speckbohnen und Schalottenjus und ein Kartoffelgratin, das auf der Karte als „getrüffelt" bezeichnet wird, wobei leider dieses unsägliche synthetische Trüffelöl verwandt wurde. Das insgesamt prima Gericht steht dann allerdings auch mit deftigen 28,50 Euro auf der Rechnung. Nudelfans kommen deutlich günstiger weg. Auch der

Steinpilzkartoffelstrudel auf Rahmwirsing und Maronen ist mit 15 Euro fair ausgepreist.

Die Abteilung Dessert erweist sich auf der an sich schon kleinen Karte auch nur als Winzigkeit zum Abschluss. Karamellisierte Limonentarte und eine Variation vom Bratapfel, dazu eine sogenannte Nougatlasagne an glasierten Mandarinen. Letzteres Dessert schmeckt ordentlich, obwohl sich mir der (geschichtete) Lasagne-Charakter nicht unbedingt erschloss. Insgesamt würde ich die Küche als moderne deutsche bezeichnen, hier und da mit mediterranem Einschlag.

Überraschenderweise war der große Kuppelraum zum Schluss von etlichen „Ortskundigen" gut gefüllt, und die Bedienung leistete, bedingt durch längere Servicewege, Schwerstarbeit. Dennoch verflog das freundliche Lächeln nicht. Was mir klammheimlich, geradezu mit Verschwörermiene zugeraunt wurde, war das Besondere des versteckten Lokals: An den Wochenenden werden gegen 23 Uhr Einzeltische und lange Tafeln an die Wände mit den wunderschönen Rundbögen geschoben, und das Speiserestaurant verwandelt sich in einen Tanzclub. Gewiss eine Empfehlung, für den, der es mag.

RODEO

●●◐○○

Küche
International

Adresse
Auguststraße 5
10117 Berlin-Mitte

Telefon
0163/162 01 68

Internet
www.rodeo-berlin.de

Öffnungszeiten
Di – Sa ab 19 Uhr

Verkehrsanbindung
U-Bhf. Oranienburger Tor,
S-Bhf. Oranienburger Straße,
Bus 5, 6, 65,
Tram M1, M6

Kartenzahlung
Bar, EC-Karte, Kreditkarten

Preise
Menü: 26,50 – 38 €
À la carte: 8,50 – 29,50 €

Extras
Raucherlounge,
Fr+Sa ab 23 Uhr
verwandelt sich das
Restaurant in einen Club

Wo man junges Gartengemüse trifft

Es gibt sie in jeder Stadt, die Restaurants, deren Namen eigentlich unbedeutend sind. Die merkt sich kaum ein Gast, wenn der Restaurateur oder Spitzenkoch dahinter der eigentliche Magnet ist. International hieß es stets, wir gehen zum Witzigmann, zu Dieter Müller oder zu den Haeberlins.

Ein klassisches Beispiel in Berlin ist seit Jahren Herbert Beltle, der gebürtige Schwabe. Und alle Welt sagte nur, treffen wir uns zum Abendessen beim Beltle. Vielleicht auch, weil der mehrfach verkündet hatte und das als Ausrichtung nahm: „Der Zeitgeist kehrt zurück zum Einfachen."

Und genau dieser Gedanke trägt Herbert Beltles neues Lokal, die *Rotisserie Weingrün* in der Gertraudenstraße ganz in der Nähe des Roten Rathauses. Blanke Holztische, eine große Weinbar, schöne Straßenterrasse und mittendrin Beltle selber als extrem beliebter Gastgeber, das sorgt für angenehme Atmosphäre, meilenweit entfernt von Gourmettempel und Sternerestaurants. Es ist ein Platz zum Hinsetzen, ein Glas Wein von Beltles privatem Weinberg (natürlich auch andere Lagen) zu genießen und ein paar rustikale Leckereien zu probieren. Genau das war unsere Ausrichtung beim Besuch im Hochzeitshaus (in dem das Weingrün eingerichtet ist). Geradezu ungewöhnlich gut für diese Art von Lokalen waren die Vorspeisen. Köstlich das „Schwarz-rot-gold" – eine Scheibe Zarenlachs wird auf einem Hauch von Kartoffelrösti mit Meeräschenkaviar angerichtet. Oder der einfache Salat vom jungen Gartengemüse. Der lebt von der aromatischen Fenchel-Crème-Fraîche, die

ich so noch nie probiert hatte. Geradezu als total unkonventionelle Geschmackssensation möchte ich die Kombination von Kartoffeln, Entenstopfleber und einem aufgesetzten Spiegelei empfehlen. Glauben Sie mir, es schmeckt ausgezeichnet. Wer es noch deftiger mag, bekommt vom nussigen Tiroler Bergschinken hauchdünne Scheiben heruntergeschnitten. Mit Spreewälder Gurke und Krustenbrot eine einfache, aber schmackhafte Vorspeise.

Probieren Sie den Schokoladenkuchen

Während der Vorspeisenbereich bereits allerbestens gerüstet ist, muss der Restaurateur mit seinem Flammenwand-Grill noch herumexperimentieren. An sich ist das ein vorzügliches Gerät für einfache Grillgerichte mit schönen Röstaromen. Das Garverfahren eignet sich freilich nicht für fleischärmeres Geflügel. So wirkte die Ente auf meinem Teller wie ein plastifizierter Vogel nach zweifacher Erdumrundung bis auf die Knochen ausgemergelt. Das war noch nichts, und Beltle reagierte sofort, nahm das an sich köstliche Tier erst mal aus dem Programm. Nun habe ich gerade etwas fleischigere Enten auf diese Weise zubereitet, vorzüglich gegessen. Weil auch die Dorade vom Grill noch halb roh und damit misslungen war, sollte der Perfektionist Beltle einmal über einen Rotisserie-Experten am Grill nachdenken. Was freilich bereits erstklassig zum Gast kommt, ist die Poularde, sind auch die kleinen gebratenen Kartoffeln mit Rosmarin, Olivenöl und Meersalz. Das weckt Kindheitserinnerungen an die Zeit der Kartoffelernte, wo die Erdäpfel im Laubfeuer geröstet und mit grobem Salz gefuttert wurden.

Wenn der Flammenwandgrill richtig ausgetüftelt ist, werden auch Kalbsrippchen und andere Köstlichkeiten angeboten. Zum Abschluss unseres Essens erlebten wir dann noch einen Ausflug in die Sternekategorie. Der warme Schokoladenkuchen, aus dem flüssige Schokolade läuft, wenn man die äußere Kuchenhülle mit dem Löffel öffnet, war hier erste Sahne. Schon oft habe ich in hochbewerteten Restaurants erlebt, dass genau dieser süße Abschluss in die Hose ging. Im

Weingrün wird er von Cremeeis ergänzt. Erwähnenswert sind natürlich auch die Wiener Topfenknödel mit eingeweckten Beeren oder die frisch gemachte katalanische Creme mit Blaubeeren. Gutes kann wahrlich so einfach sein.

Unkompliziert, aber liebenswert aufmerksam agiert der Service, so wie man es in einer Rotisserie erwartet. Das gilt auch für die Weinpflege. Offene Weine werden aus der Magnumflasche ausgeschenkt, alle flaschenweise angebotenen Kreszenzen sind kundenfreundlich kalkuliert.

ROTISSERIE WEINGRÜN

●●◐○○

Küche
International

Adresse
Gertraudenstr. 10 – 12
10178 Berlin-Mitte

Telefon
030/20 62 19 00

Internet
www.rotisserie-weingruen.de

Öffnungszeiten
Mo – Sa ab 17 Uhr

Verkehrsanbindung
U-Bhf. Spittelmarkt,
Bus M48, 147, 248, 347

Kartenzahlung
Bar, EC-Karte, Kreditkarten

Preise
À la carte: 8 – 26 €

Extras
Sitzplätze außen

SAGE

Eine überraschende Kombination

Es kommt immer öfter vor, dass Berliner Clubs, die sich in der Szene einen guten Namen gemacht haben, zusätzlich auch ein Restaurant eröffnen.

Ein aktuelles Beispiel ist *Sage*, wo aber das Restaurant nicht im gleichen Gebäude ist, sondern im neu gestalteten Karree an der Köpenicker Straße. Der erste Eindruck wird durch die überraschende Kombination geprägt: Im rustikalen, teilweise unverputzten Gemäuer wurde ein sehr gepflegtes Ambiente mit 180 weiß eingedeckten

Plätzen (die gleiche Anzahl noch einmal draußen, direkt an der Spree) geschaffen. Für den Sommerbetrieb ist die Sonnenterrasse sogar mit eigenem Strand verbunden. Zusätzlich schlug man dem verschärften Raucherverbot ein Schnippchen, in dem abgetrennt die Zino-Platino-Lounge mit Kamin und Zigarren-Humidor eingerichtet wurde. Eine wirklich interessante Bereicherung der Berliner Gastronomie- und Spaß-Palette also, auf die mich Jochen Trus, der absolut beste deutsche Rundfunkmoderator von Spree-Radio, aufmerksam gemacht hatte.

Der Empfang ist herzlich, das Serviceteam wirkt sehr gastfreundlich, ohne allerdings überkandidelt und aufgesetzt zu sein. Richie, der Maître, ist der Mann, der für die Atmosphäre zuständig ist. Er berät und empfiehlt. Die Karte ist sehr übersichtlich gehalten: einmal die ständig verfügbaren Klassiker und dann die nach dem Angebot des Marktes zusätzlich erstellte Wochenkarte. Daraus probierte ich das Rahmsüppchen vom Feldsalat, klingt überraschend, schmeckt ordentlich, vor allem die darin servierte knackig belassene Garnele. Die Austern, vorrangig Fine de Claire, sind besonders kundenfreundlich kalkuliert (6 Stück 9,50 Euro). Ausgesprochen angetan war ich vom Tatar des milden Label-rouge-Lachses, fein abgeschmeckt in der Balance der Aromen. Auch Jochens Kaninchen-Terrine mit schwarzem Olivensorbet, Brandade (in heißem Olivenöl confiert) vom Räucherkabeljau, auf grünen, bissfesten Linsen angerichtet. Sehr frech ist die ungewöhnliche Fisch-Vorspeise, der Schwarze Heilbutt auf Rotweinspinat. Aber seitdem das Vorurteil, Rotwein passe in keinem Fall zum Fisch, ausgeräumt ist, spielt die Küche auch mit dieser Möglichkeit bei der Zubereitung. Wie so häufig sind die Vorspeisen auch im *Sage* ungewöhnlicher und bei meinem Besuch besser als das Hauptgericht. Ich habe mich auf den Frischling aus der Uckermark richtig gefreut. Das Stück, das bei Niedrigtemperatur geschmort war, gelang auch köstlich. Die Scheiben vom Kurzgebratenen waren dagegen knochenhart, zumindest viel zu fest, um sie genießen zu können.

Im Sommer mit Terrasse und eigenem Strand

An einer großen Tafel in der Mitte des Gastraumes wurden Wiener Schnitzel serviert, die zur Abteilung „Klassiker“ gehören. Zumindest optisch waren die goldbraun gebraten und mit herrlich trockener Panade. Schlimm ist ein Wiener Schnitzel, wenn es fetttriefend statt mit Knusperdecke auf dem Teller liegt. Auch das Lamm-Karre mit Kartoffelgratin und Kräutersaitlingen, dazu grüne Bohnen mit magerem Speck, ist eine Empfehlung. Eine große Auswahl von Pizzen kommt appetitlich mit dünnem Boden aus dem Steinofen. Es muss halt nicht immer die Grand Cuisine sein. Ein Mittagsmenü mit zwei oder drei Gängen wird so schnell serviert, dass auch Eilige ihre Mittagspause nicht überziehen müssen (2 Gänge für 9,50 Euro). Sonntags ab 11 Uhr steht das mediterrane Brunch-Buffet auf dem Plan. Auch hier ist der Preis für eine große Auswahl von pikanten und süßen Speisen unbedingt erwähnenswert: 12,50 Euro. Und dafür gibt’s so viel zu essen, dass selbst mein Partner Reiner Calmund satt würde. Im Normalbereich bewegen sich die Desserts, eine Crème brûlée wird mit einer Rotweinbirne verfeinert und ein Mohn-Pannacotta mit Espuma (aus der Spraydose) von Cassis und Esskastanien in einer süßen Sauce von Rahmbonbons (Werthers Echte Sauce). Die Weinkarte ist auf den Punkt zielgruppenorientiert: Keine teuren Superlagen, die hier sowieso keiner bestellt, wohl aber sehr ordentliche Weine der gehobenen Mittelklasse aus vielen Anbaugebieten. Den Service hatte ich schon einmal angesprochen, die Freundlichkeit und die Gastpflege zeigte sich durchlaufend. Fazit: Ein Lokal, dass ich ganz privat bestimmt wieder besuchen werde.

SAGE

●●●○○

Küche
Mediterran

Adresse
Köpenicker Str. 18-20
10997 Berlin-Kreuzberg

Telefon
030/755 49 40 71

Internet
www.sage-restaurant.de

Öffnungszeiten
Mai – September tägl. ab 11Uhr,
Oktober – April Mo – Sa ab 18 Uhr
und So ab 11 Uhr

Verkehrsanbindung
U-Bhf. Schlesisches Tor,
S-Bhf. Ostbahnhof,
Bus 140, 147

Kartenzahlung
Bar, EC-Karte, Kreditkarten

Preise
Menü: 35 – 42 €
À la carte: 3 – 26 €

Extras
Sitzplätze außen,
im Sommer mit Strand,
eigener Parkplatz

Im Schoß der Familie

Unproblematisch sind Familienbetriebe in Gastronomie und Hotellerie nicht, wegen der üblichen Generationskonflikte. Aber in schweren Zeiten bewähren sie sich als Garant für Stabilität, weil alle gemeinsam die Dienstleistung am Gast zelebrieren und dabei an einem Strang ziehen.

Vielleicht ist das der Grund dafür, dass im italienischen Familien-Restaurant *San Giorgio* in der Mommsenstraße über die Jahre drei damals regierende Bundeskanzler und die aktuelle Kanzlerin gegessen und vielleicht auch Anschauungsunterricht bekommen haben, wie das denn so geht mit der Stabilität. Ich habe die Familie Fiorentino besucht und am „Kanzlertisch" mit der Nr. 3 einen italienischen Abend erlebt. Vater Domenico aus Apulien war nach Lehrjahren in Norditalien und im

Bayerischen Hof München noch vor dem Mauerfall 1989 nach Berlin gekommen und hatte sich mit einer gradlinigen, einfachen, aber sauber zubereiteten italienischen Küche selbstständig gemacht. Die Ehefrau half im Restaurant und nach seiner Ausbildung im *Ritz Carlton* und bei *Regent* stieg auch der Sohn Fabrizio in die Führung des Ristorante ein.

Was unterscheidet das *San Giorgio* von den anderen Italienern an der Ecke, von denen es in Berlin einige Hundert gibt? Es ist einmal die besondere Atmosphäre, obwohl der Gastraum recht schmucklos eingerichtet ist. Natürlich gibt es blitzsaubere (ständig erneuerte) Tischdecken und Stoffservietten. Als Erstes wird jedem Gast zum Appetitmachen Bruschetta in Form einer Minipizza serviert, mit Fleischtomaten und Oregano. Sohn Fabrizio empfiehlt die Tagesspezialitäten, speziell den täglich frisch angelieferten Fisch.

Guter Italiener mit hervorragendem Service

Die Vorspeisen sind in der Aufzählung die unumstößlichen Standardgerichte südlich der Alpen: Carpaccio, hier in der Kombination mit Rucola und großzügig Parmesan, das Vitello tonnato, sehr fein geschnittene Kalbsfleischscheiben in einer aromatischen Thunfischsauce. Einziger Kritikpunkt: Die Sauce war mir zu mehlig.

Beliebt sind die mit elf Euro sehr bescheiden berechneten gemischten Vorspeisen aus der Vitrine an der Rückwand des Restaurants. Unter anderem gibt es den unverzichtbaren Insalata frutti di mare (Meeresfrüchtesalat). Bei der Karte fällt mir auf, dass die Fiorentinos den häufig gemachten Fehler nicht wiederholen, seitenweise Gerichte anzubieten, die in der Menge dann niemals frisch zubereitet sein können. Fünf Mal Fisch, fünf Mal Fleisch und, wie könnte es anders sein, sieben Mal Pasta – von einfachen Spaghetti, nur mit Knoblauch und Olivenöl gewürzt, bis zu Linguini mit frischem Calamaretti, die erst bei der Bestellung aus dem Splittereis genommen werden. Das kann der Koch locker bewältigen. Durchaus erwähnenswert, was die Küche aus einem einfachen Lachssteak macht. Der Fisch wird ordentlich gewürzt, in einer Proseccosauce angerichtet und mit dem unverwechselbaren Geschmack von Rosa Pfeffer aufgepeppt. Exzellent auch die Großgarnelen vom Grill, aufgeschnitten und mit frischen Kräutern gewürzt. Weniger gelungen war der Kalbsrücken, der als Paillard, einem dünn geklopften Schnitzel, gebraten wie ein Minutensteak, serviert wird. Es war trocken wie Knäckebrot. Dafür habe ich selten so gut gemachte Rosmarinkartoffeln und fein abgeschmeckten Spinat bekommen. Fisch scheint das Lieblingsprodukt in der Küche zu sein. Auf Wunsch wird die Dorade in der Salzkruste gegart und kommt richtig saftig und frisch auf den Teller. Natürlich gibt es für einige Liebhaber auch Pizzen, obwohl das Ristorante meilenweit vom Gesamteindruck einer Pizzeria entfernt ist.

Auch im *San Giorgio* besteht das Nachspeise-Angebot aus simplen Standards wie Tiramisu, Karamellcreme oder Eis mit Himbeersauce. Insgesamt ist die Küche ordentlich, aber nicht aufregend, dafür aber der Service extrem aufmerksam, einfach spitze. Das hat mir imponiert.

Die Weinkarte ist natürlich italienisch ausgerichtet, wäre ja auch noch schöner. Geordnet nach Regionen von Venetien bis Kalabrien. Wie das bei netten Gästen der Familie so üblich ist, gab es dann zum Abschluss den wiederentdeckten Grappa. Auf die Freundschaft und auf das Wiedersehen.

SAN GIORGIO

●●○○○

Küche
Italienisch

Adresse
Mommsenstraße 36
10629 Berlin-Charlottenburg

Telefon
030/323 16 97

Internet
www.san-giorgio.de

Öffnungszeiten
Mo – Sa 12 bis 24 Uhr

Verkehrsanbindung
S-Bhf. Charlottenburg,
U-Bhf. Adenauerplatz,
Bus M19,110

Kartenzahlung
Bar, EC-Karte, Kreditkarten

Preise
À la carte: 4,50 – 21,50 €

Extras
Sitzplätze außen

Die richtige Richtung

Wer kritisch hinsieht und Mängel aufzeigt, darf auch mal in höchsten Tönen jubeln, wenn es angebracht ist.

Dieser Gedanke kam mir bei einem Wiederholungsbesuch in der Brasserie *San Nicci*, die Borchardt-Inhaber Roland Mary betreibt. Das Restaurant direkt vor dem Admiralspalast auf der Friedrichstraße hat nach einer Phase des Suchens nun die Richtung gefunden. Nach wie vor ist die Gesamtkonzeption italienisch, aber jetzt durchaus mit internationalen Elementen kombiniert. Die viel zu große Karte wurde deutlich verkleinert und übersichtlich gestaltet. Antipasti, Salate und außergewöhnliche Pizzen tragen den ersten Teil, Pasta, Fisch, Fleisch und Desserts den zweiten. Ich bin alles andere als ein Pizzafan, aber die hauchdünne, krosse Köstlichkeit mit herzhaft mariniertem Blauflossenthunfisch, weißen Balsamico-Zwiebeln, geschmolzenen (zerlaufenen) Tomaten, Zitronenpfeffer und Oregano, das war ein höchst schmackhafter Einstieg.

Außergewöhnliche Pizzen

Sehr gut ging es weiter, der marinierte Hummer (gewollt lauwarm serviert) mit Flusskrebs-Avocadotörtchen und einer Curryemulsion als Geschmacksverstärker war ebenso aromaharmonisch wie das Kalbstatar mit Wachteleiern, Büffelmozzarella, San-Daniele-Schinken und Auberginenkonfit. Darüber wurde kräftig Périgord-Trüffel gehobelt. Übrigens gibt es für Trüffelgerichte zurzeit eine Extrakarte. Leider fehlen darauf die weißen Trüffel aus Alba. Wahrlich der einzige Kritikpunkt, oder sagen wir besser, Anregung.

SAN NICCI

●●●○○

Küche
Italienisch

Adresse
Friedrichstr. 101
10117 Berlin-Mitte

Telefon
030/306 45 49 80

Internet
www.san-nicci.de

Öffnungszeiten
Mo – Fr 11.30 bis 24 Uhr

Verkehrsanbindung
U+S-Bhf. Friedrichstraße,
Bus 147, N6,
Tram M1, 12

Kartenzahlung
Bar, EC-Karte, Kreditkarten

Preise
À la carte: 7 – 36 €

Extras
Sitzplätze außen,
Heizpilz,
Tageszeitungen/
Zeitschriften,
WLAN

Sarah Wieners krosse Fische

Frauen am Herd, zu Hause eine Selbstverständlichkeit, in Restaurantküchen der gehobenen Klasse eine Seltenheit. Sterne glänzen bei der holden (kochenden) Weiblichkeit höchstens als Schmuck im Haar, in der Regel aber nicht über einem deutschen Restaurant mit einer Chefköchin.

Keiner kann so recht erklären, warum das so ist: Von den mit gastronomischen Ehren ausgezeichneten Köchen sind weltweit nur ganze drei Prozent Frauen. Dieser Gedanke drängte sich mir bei meinem Besuch in Sarah Wieners erweitertem und neu gestaltetem Restaurant „Speisezimmer“ in der Chausseestraße auf. Der Umstand, dass Kochen auf allen Fernsehsendern der Hit ist und die Damen auf diesem Gebiet so rar, hat die Österreicherin und Wahlberlinerin Sarah Wiener zur eigenen Woman-Show genutzt – und zur Werbung für ihre Restaurants wie *Das Speisezimmer* oder *Sarah Wiener* im Hamburger Bahnhof. Die managt sie clever und kaufmännisch gekonnt, über ihr Leistungsvermögen am Herd freilich ist Kollege Tim Mälzer nicht allein, wenn er bei jeder Gelegenheit erklärt, sie könne nun wirklich nicht kochen. Das recht groß gewordene Restaurant im zweiten Hinterhof des ehemaligen Industriegeländes mit alter Lokfabrik bot bei meinem Besuch ein wechselhaftes Produkt, das bei der Bewertung die ganze Bandbreite der Punktetabelle benötigt. Freundlich, ja durchgängig liebenswert war der Service, der nicht alles wie bestellt an den Tisch brachte, aber einfach für eine angenehme Atmosphäre sorgte.

In einem von der Alpenrepublik geprägten Küchenangebot ist es wohl normal, ein Wiener Schnitzel zu bestellen. Doch der Name der Inhaberin ist wohl keine gute Brücke zum Hauptgang. Das Wiener Schnitzel, das mir serviert wurde, war fest wie

Leder, die Panade hatte keine Bindung. Es war nicht goldbraun gebacken, sondern lag blässlich auf dem Teller, ganz ohne Frage das schlechteste Wiener, das ich in der Metropole bisher probieren durfte.

Anstelle der Bratkartoffeln, die ich dazu bestellt hatte, kam eine Portion Kartoffelsalat (hier klangvoll als Erdäpfel-Vogerlsalat bezeichnet). Ganz zum Schluss wurden die angemahnten Bratkartoffeln doch noch nachgereicht. Sie schwammen tief im Fett. Geschmacksneutral kamen die Kürbissuppen, deutlich besser die Lachstürmchen und der geschmacklich größte Erfolg war dann der Flussbarsch, kross auf der Haut ausgebacken, auf den Punkt gegart, ein gutes Produkt.

Um einen Augenblick beim Positiven zu bleiben, muss das Preis-Leistungs-Verhältnis bei den Tagesgerichten aufgeführt werden. Das gebackene Tempuragemüse auf Basilikumrisotto steht beispielsweise mit 6,90 Euro auf der Rechnung, der große gemischte Salat mit gerösteten Kürbiskernen und Hähnchenbrust kostet 7,90 Euro. Da gibt es nichts zu meckern.

Wer eine kleine süße Abrundung wünscht, bekommt gut gemachte Standards, Palatschinken beispielsweise, auf Wunsch mit Zwetschgenröster oder gebackene Schokoladentrüffel mit Waldbeeren (für 3,50 Euro). Auch die kleine Käseplatte ist appetitlich angerichtet. Da macht sich vorübergehend Zufriedenheit breit.

SARAH WIENER – DAS SPEISEZIMMER

●●○○○

Küche
International

Adresse
Chausseestr. 8
10115 Berlin-Mitte

Telefon
030/814 52 94 30

Internet
www.sarahwiener.de

Öffnungszeiten
Mo – Fr 12 bis 23 Uhr,
Sa – So 18 bis 23 Uhr

Verkehrsanbindung
U-Bhf. Oranienburger Tor,
Bus N6,
Tram M6, 12

Kartenzahlung
Bar, EC-Karte

Preise
Mittagstisch: 3,50 – 12,90 €
Menü: 34 – 46 €
À la carte: 9,40 – 22,90 €

Extras
Sitzplätze außen

DIE SPINDEL

Aroma-Harmonie mit Rosenkohl

Die Anfahrt aus der Innenstadt der Metropole ist mühselig. Sie lohnt sich aber. Hendrik Canis, einer der besten Berliner Sommeliers, übernahm ein Landgasthaus mit langer DDR-Vergangenheit.

Das Kaminfeuer zauberte eine angenehme Atmosphäre (auch wenn es nur mit Gas gespeist wird). Feine Tischwäsche, recht sparsamer Schmuck. Ein bisschen mehr Blumen und Grün hätte ich mir schon gewünscht. Hendrik Canis ist dafür der perfekte Gastgeber. Man nimmt ihm ab, dass er sich so richtig freut, wenn Gäste, die er von früher kennt, an den südöstlichen Stadtrand pilgern.

Die Küche arbeitet (noch) nicht auf Sterneniveau. Das ist auch nicht das erklärte Ziel. Gute Regionalgerichte zu günstigen Preisen sollen für Genuss sorgen. Die Vorspeisen sind in Ordnung, reißen mich aber nicht vom Stuhl. Beim Dreierlei vom Kalb mit Mixed Pickles ist das pikant gewürzte Tatar der Höhepunkt. Das Carpaccio vom Oktopus mit Oliven-Panzanella geht eher als ein herzhaft angemachter Salat durch.

Die Gänseleberterrine in Verbindung mit dem Räucheraal habe ich schon bei Christian Lohse, Berlins einzigem Zwei-Sterne-Koch, kritisiert. Beide Geschmackselemente sind voluminös und einzeln serviert große Köstlichkeiten, passen nach meinem Geschmack aber nicht zusammen.

Das Gegenteil ist für mich der Kalbsstrudel vom Bries und Filet, der mit Lorbeerjus auf den Punkt aromatisiert ist und mit gebratenen Rosenkohlblättern ergänzt wird. Die totale Aroma-Harmonie! Neben Klassikern wie Wiener Schnitzel mit lauwarmem Kartoffel-Gurken-Salat wurde bei unserem Besuch (in der Weihnachtszeit) Gänsebraten als Spezialität offeriert.

Gute Regionalküche zu günstigen Preisen

Wer kritisiert, darf auch mal lautstark jubeln. Dieser Gänsebraten mit der splitterkrossen Haut und dem butterzarten Fleisch, das bei keinem Stück faserig wirkte, war einer der besten, den ich je probiert habe. Dagegen traten die Beilagen zurück, ohne das Kritik angebracht wäre: Grün- und Rotkraut, verschiedene Klöße und Bratapfel. Da darf man bei 23 Euro durchaus von einem Schnäppchenpreis reden. Vielleicht ein Vorteil, wenn man aus der Innenstadt rausfährt.

Denn auch das *Spindel*-Menü am Abend ist wahrlich günstig kalkuliert. Für die marinierte und gebackene Sardine mit Artischocke, gebratener Steinbutt und Föhrer Muscheln mit Spaghettini, Rinderfilet mit Rotweinjus, Kartoffel-Schalotten-Tarte und breiten Bohnen und das Schokoladensoufflé „medium" mit Lebkucheneis und Gewürzmandarine zahlt der Gast 39 Euro.

Die Gerichte zeigen die Linie auf, die Küchenchef Jörg Eichhofer eingeschlagen hat. Immer dann, wenn er mit frischen Produkten aus der Umgebung agiert und regionale Gerichte ohne Höhenflüge praktiziert, ist er am überzeugendsten. Da gibt es dann mal einen saftig gegarten Kaninchenrücken mit Steinpilzen oder Zweierlei (kurzgebraten und geschmort) vom Schorfheider Hirschkalb mit Topinambur und Schwarzwurzeln.

Alles in allem ist aus dem 250 Jahre alten, stets notleidenden Landgasthaus eine echte Empfehlung geworden für Genießer, die die Anreise nicht scheuen.

DIE SPINDEL

●●●○○

Küche
International

Adresse
Bölschestr. 51
12587 Berlin-Friedrichshagen

Telefon
030/645 29 37

Internet
www.spindel-berlin.de

Öffnungszeiten
Di – So 12 – 14.30 Uhr und ab 18 Uhr

Verkehrsanbindung
S-Bhf. Friedrichshagen, Tram 60, 61

Kartenzahlung
Bar, EC-Karte, Kreditkarten

Preise
Mittagstisch: 9 – 16,50 €
Mittagsmenü: 21 €
Menü: 33 – 43 €
À la carte: 11 – 24 €

Extras
Sitzplätze außen

Auszeichnungen
Bib Gourmand,
15 Gault-Millau-Punkte

Deftiges aus dem Rheinland

Die Seelenverwandtschaft ist unübersehbar, doch wie viel Köln in Berlin steckt, zeigt sich jedes Mal beim großen Konzert mit Kölner Volksmusik mit der Traditionsgruppe „Höhner".

Wie genussvoll ist ein Essen in dem Restaurant, das rheinische Lebensart und deftige Küche offeriert? Bekanntlich lässt sich die Klasse der Gastronomie in der Hauptstadt nicht nur an Michelin-Sternen und Gault-Millau-Hauben messen. Gut gemachte Regional-Küche und einfache Gerichte aus ordentlichen Grundprodukten runden erst die Genusspalette ab.

Rappelvoll ist es in dem weitläufigen Restaurant mit den blankgescheuerten Tischen und den unzähligen Politiker-Bildern an den Wänden. Anders als in typischen Berliner Restaurants, wo jeder nach einem freien Tisch strebt, setzt sich in der *StäV* jeder zu jedem. Kölsche Kneipen-Philosophie: „Drink doch eene met ..."

Natürlich bestellt man in diesen Räumen einer ehemaligen Zigarrenfabrik Hausspezialitäten: den Flammkuchen mit Blutwurst und Zwiebeln beispielsweise, oder mit zehn anderen Aromakombinationen. Und wie in der armen Zeit (nach Kriegsende) werden Reibekuchen mit Rübenkraut (Zuckerrüben-Sirup) serviert. Die Chefs des Hauses, Harald Grunert und Friedel Drautzburg, wählten die Leibgerichte aus dem Köln-Bonner Raum und ergänzten sie mit Berliner Dauerbrennern. „Himmel un Äad" ist angesagt. Mit dem rheinischen Nationalgericht ist gebratene Blutwurst mit Zwiebeln auf feinem Kartoffelpüree und Apfelkompott gemeint. Am Nebentisch wird rheinischer Sauerbraten in Rosinen-Pumpernickel-Sauce mit Kartoffelklößen serviert.

Bonn Hbf.
Bad Godesberg

Wir haben Kölsche Hämchen (Vordereisbein) bestellt. Sie sind mager und sauber zubereitet, dazu gibt es vorzügliches Sauerkraut und Bratkartoffeln, allerdings mit natürlicher Blässe. Da merkt man, dass der Laden voll ist und es schnell gehen muss.

Die Spezialität des Hauses:
Flammkuchen mit Blutwurst und Zwiebeln

Nun verirren sich ja auch mal Frauen in den maskulinen Kölsch-Tempel. Da ist der bunte Salatteller mit Shrimps, in Olivenöl, Knoblauch und Schluppen, in der Pfanne geschwenkt, der absolute Favorit, auch die zarte Poulardenbrust mit Blattspinat und Birnen-Kartoffel-Gratin geht weg wie warme Semmeln, pardon, „wärm' Röggelsche".

STÄNDIGE VERTRETUNG

●●○○○

Küche
Deutsch

Adresse
Schiffbauerdamm 9
10117 Berlin-Mitte

Telefon
030/282 39 65

Internet
www.staev.de

Öffnungszeiten
tägl. ab 11 Uhr

Verkehrsanbindung
U+S-Bhf. Friedrichstraße,
Tram M1

Kartenzahlung
Bar, EC-Karte, Kreditkarten

Preise
À la carte: 4,50 – 15,50 €
Mittagstisch: Menü 7,90 €
À la carte 4,50 – 12,80 €

Extras
Sitzplätze außen,
Raucherraum

Unkomplizierte und schnelle Küche

Das Restaurant am Marlene-Dietrich-Platz bietet einen Mix aus Klassikern und leichten, regionalen Gerichten

Der Mann hastet nicht, nimmt nicht die letzte Treppe im Sprung. Fred Hürst, der Hausherr im Grand Hyatt am Potsdamer Platz und Vizepräsident der Gesellschaft, schreitet. Der Gentleman schreitet von Restaurant zu Restaurant. Er ist kein (Michelin-)Sternejäger, aber genussvolles Essen und Trinken ist für ihn mit das Wichtigste in seinem Hotelprogramm. So wie die heftigsten Mitbewerber in der Berliner Edelhotellerie bietet das Hyatt seinen Gästen zwei Restaurants mit sehr unterschiedlicher Ausrichtung an, neben dem *Vox* mit asiatisch geprägten Gerichten das *Tizian* für Gäste, die unkomplizierte, schnelle und günstige Küche bevorzugen.

Die Speisekarte des *Tizian* bietet eine Kombination aus Klassikern und leichten, regionalen Gerichten. Da ist Küchendirektor Josef Eder in seinem Element, einmal Ferne-Welt-Palette, manchmal gewagt mit aufregender Aromavielfalt und dazu gut bürgerlich, ordentlich und gekonnt wie bei Muttern. Der Zander aus der Müritz (ob es da wirklich noch welche gibt?) wird kross auf der Haut gebraten mit Limonen und Kapern. Wer mag, bekommt hausgemachte, herzhafte Bratkartoffeln dazu.

Meine Seezunge mit Spinat kann man eigentlich nicht mehr besser machen. Gewiss wäre dieses Gericht das Highlight im *Tizian*-Programm, gäbe es nicht das pfannengroße Wiener Schnitzel. In einer aktuellen Umfrage wurde dieses Gericht als Favorit der Deutschen ermittelt, nicht unbedingt der zahlenmäßig begrenzten Schar

der Gourmets, aber der breit aufgestellten Garde der Restaurantbesucher. Im *Tizian* wird das Paradestück in geklärter Butter goldbraun gebraten. Es mag gleich gute Ausführungen in der Metropole geben, aber keine bessere.

Wie hierzulande seit Jahrzehnten gepflegt, lässt Eders Brigade die Ente im Rohr kross werden, die Kalbshaxe mit Wurzelgemüse und Kräutern schmoren und für Nudelfans hausgemachte Hummerravioli mit Zitronenthymianschaum servieren. Zur Wildzeit steht ein kurzgebratenes Hirschfilet mit Preiselbeeren auf der Karte. Die Preise bewegen sich im Rahmen, von 12 bis 27 Euro.

Paradestück: das pfannengroße Schnitzel

Es gehört zum Konzept im *Tizian*, kein großes Menü anzubieten, das vielen Gästen zu aufwendig ist, sondern einzelne Gerichte, die handwerklich gut und vor allem schnell zubereitet werden.

Ein Wort zum Service im *Tizian*: Viel wichtiger als technische Abläufe, ob nun von rechts oder von links serviert wird, ist die natürliche Freundlichkeit. Die habe ich hier geradezu genossen.

TIZIAN

●●○○○

Küche
International

Adresse
Marlene-Dietrich-Platz 2
10785 Berlin-Tiergarten
im Grand Hyatt

Telefon
030/25 53 17 64

Internet
www.tizian-restaurant.de

Öffnungszeiten
tägl. 8 bis 24 Uhr
(Küche 11 bis 23 Uhr)

Verkehrsanbindung
U+S-Bhf. Potsdamer Platz,
U-Bhf. Mendelssohn-Bartholdy-Park,
Bus M48, 200

Kartenzahlung
Bar, EC-Karte, Kreditkarten

Preise
Menü: 34 €
À la carte: 10 – 34 €

Extras
Sitzplätze außen,
Tageszeitungen,
Zeitschriften,
WLAN,
Raucherzimmer im Restaurant Vox

Paris-Moskaus kleiner Bruder

In der Reinhardtstraße in Mitte hat das Restaurant *Traube* eröffnet

Gerade mal einen kurzen Spaziergang entfernt, sind auf der Friedrichstraße und rund um das Oranienburger Tor die edlen und hochpreisigen Restaurants *Grill Royal*, *San Nicci* und Co. aufgereiht. Schön, dass um die Ecke in der Reinhardtstraße, die ja nicht gerade zu den gastronomischen Epizentren gehört, ein neues, gut gemachtes und preisgünstiges Restaurant eröffnet hat: die *Traube* mit dem Zusatznamen Weingarten.

Das 70-Plätze-Lokal (plus Garten) ist sehr ansprechend eingedeckt und der Service arbeitet recht aufmerksam. Nun war ich allerdings gewarnt worden, dass dieses Restaurant vor allem für die Bewohner der japanischen Akoido-Insel geeignet sei, die gelten nämlich als die geduldigsten Menschen der Erde. Für Berliner seien die Wartezeiten entschieden zu lang.

In der Tat dauerte es eine Weile, bis das gewünschte Olivenöl und das leider kalte Brot serviert wurden, aber dann erlebte ich einen durchaus normalen Ablauf. Nach dem Amuse Bouche – einem Stückchen zartes Kaninchenfilet mit Paprika (nicht weiter erwähnenswert) – wurden ohne Verzögerung die Vorspeisen serviert, eine große Portion von frischem, richtig gut gelesenem Blattsalat mit einem feinsäuerlichen Dressing zum günstigen Preis von 6,50 Euro. Auch das Ochsenschwanzragout in Panade ausgebacken auf lauwarmem Kartoffelsalat war geschmacklich in Ordnung, durch die kräftige Bröselschicht allerdings sehr mächtig.

Der Hors d'œuvre-Hit war die Lachspraline. Auf einer gelierten Creme von weißer Tomatenmousse, Sahne und Fischfarce waren hauchdünne Scheiben von hausgebeiztem Lachs gezogen. Ein richtig gutes Gericht.

Hors d'œuvre-Hit: die Lachspraline

Bei den Hauptspeisen wurde dann eine alte Tester-Erkenntnis unterstrichen, dass diese Gerichte nämlich zumeist nicht mit der Qualität und der Originalität der Vor- und Zwischenspeisen mithalten können. Das gilt übrigens auch für die Großen am Herd. Der Schweinerücken war vom Ibero-Schwein, das äußerst fettarm, aber aromaintensiv ist. Beide Eigenschaften waren verstärkt nach der Zubereitung auf dem Teller zu erleben. Das Fleisch war geschmacklich gut, aber trocken und viel zu bissfest. Überraschenderweise war diese Kritik auch beim Rinderschaufelbraten anzubringen.

Obwohl dieses Fleisch langsam bei Niedrigtemperaturen geschmort war, kam es zäh wie Leder zum Gast, aber – und das soll nicht verschwiegen werden –, geschmacklich durchaus gut gewürzt. Was wiederum für den Koch spricht, dann aber sind die Produkte zu überdenken. Ein Armutszeugnis für die Akteure am Herd waren freilich die Spätzle, die geschmacksneutral und pflaumenweich auf dem Teller lagen.

Bei den Fischangeboten, auch hier gibt es kein Gericht über 20 Euro, werden zumeist Standards angeboten, wie der Zander (der ausschließlich aus Zuchtfarmen kommt) mit Schmorgurken und Schnittlauchkartoffelpüree. Sehr ordentlich die Dorade Royal, im Ganzen gebraten, oder der Heilbutt mit Pfifferlingen. Klein ist die Dessert- und Käseauswahl: ein Himbeertörtchen, Schokoladentarte oder eine kleine Käseplatte mit Trauben, das ist schon alles.

Wer sich einen guten und preisgünstigen Überblick über die Genusspalette verschaffen will, sollte das Menü (48 Euro ohne Wein, 69 Euro mit begleitenden Weinen) bestellen. Flusskrebse in Rieslinggelee, Loup de Mer auf

Petersilien-Perlgraupen, geschmorte Ochsenbäckchen auf Wirsing und Schupfnudeln und Dessert, das ist zumindest vom Angebot eine runde, faire Sache.

Der Name stellt schon die stärkere Beziehung zum Wein her und ich muss sagen, die Weinpflege war wirklich ausgezeichnet. Der Rotwein wird rechtzeitig und ohne Nachfrage dekantiert und vom Champagner bis zum Dessertwein hat alles die richtige Temperatur. Die Weine sind kundenfreundlich kalkuliert und werden glasweise (ab 2,50 Euro) oder auch mit einer guten Auswahl von halben Flaschen offeriert.

Ganz interessant am Rande: Ausgefallene Weinwünsche, die nicht mit kleinem Lager realisiert werden können, werden innerhalb von zehn Minuten aus dem nahen „Paris-Moskau" mit dem gut sortierten Weinkeller angeliefert. Das alles ist machbar, weil beide Restaurants denselben Besitzer haben.

TRAUBE WEINGARTEN

●●○○○

Küche
Deutsch/Süddeutsch

Adresse
Reinhardtstraße 33
10117 Berlin-Mitte

Telefon
030/27 87 93 93

Internet
www.traube-berlin.de

Öffnungszeiten
Mo – Fr 12 bis 15 Uhr und
18 bis 23 Uhr, Sa 18 bis 23 Uhr

Verkehrsanbindung
U+S-Bhf. Friedrichstraße,
U-Bhf. Oranienburger Tor,
Bus 147, Bus TXL,
Tram M1, 12

Kartenzahlung
Bar, EC-Karte, Kreditkarten

Preise
Mittagstisch: 9,90 €
Mittagsmenü: 15 €
Menü: 32 – 54 €
À la carte: 12 – 26 €

Extras
Sitzplätze außen,
Raucherlounge

Preise
13 Gault-Millau-Punkte

TUGRA

Türkisch für Fortgeschrittene

Berlin ist eine der größten türkischen Städte, wenn man die Einwohnerzahl zugrunde legt. Eigentlich ein Unding, dass ich bisher noch nie ein türkisches Restaurant in Berlin besucht habe. Diesen Fehlbetrag kann ich nach dem Besuch im *Tugra* am Kurfürstendamm löschen.

Sowohl von der Außenwirkung als auch vom Ambiente ist das alles andere als ein verbesserter Schnellimbiss. In dezentem Grau und Schwarz gehalten, mit feiner weißer Tischwäsche, wirkt dieses Lokal wie die Restaurants am Rande des Bosporus, wo die Kellner im Gehrock servieren und die Gäste im Diner-Jackett und Cocktailkleid

Platz nehmen. Dabei sind die Preise sehr kundenfreundlich kalkuliert, so kostet der tägliche Business-Lunch zwischen 7,90 und 10 Euro. Weil die Gäste zumeist aus den Büros und Anwaltskanzleien kommen, wird der Mittagstisch nur von Montag bis Freitag gedeckt.

Die Begrüßung ist freundlich, die Umgangsformen im Service tadellos. Die umfassende Speisekarte bietet 103 Positionen, was eindeutig zu viele sind, die Hälfte wäre mehr. Von einfacher Linsensuppe (3,50 Euro) bis zur großen gemischten Grillplatte und im Ofen gebackene Fische reicht die Palette. Kein Gericht überklettert die 18-Euro-Grenze. Schwerpunkt sind natürlich Lammgerichte. Ein Dutzend Geschmacksvarianten vom Lammfleisch am Spieß, natürlich Koteletts, Geschnetzeltes mit Auberginenpüree verarbeitet und natürlich als Hackfleisch serviert.

Das Saray-Menü: ein guter Querschnitt durch die türkische Küche

Ich begann die Mahlzeit mit Ordöv Tabagi, dass ist eine Platte mit frisch aufgewärmtem Sesam-Fladenbrot, mit einem Dutzend kleiner Portionen kalter Vorspeisen, als Aufstrich oder zum Löffeln. Mir schmeckte hervorragend das Püree von gebratenen Auberginen mit Zwiebeln und pürierten Tomaten, das gewürzte Püree aus Joghurt, Knoblauch und Minze, Schafskäse mit Gurke und Tomate, alles nicht wie befürchtet von Knoblauch überlagert. Übrigens scheint hier alles püriert zu werden, was so auf der Karte steht.

Die Salate sind knackig frisch, das Dressing wird von Olivenöl dominiert, leider fehlt die feine Säure. Die Fische vom Grill sind eher naturbelassen und haben wenig von türkischen Aromen. Ich bestellte den gegrillten Wolfsbarsch.

Wenn Zeit Geld ist, dann war das, trotz der sehr günstigen Preise, sicherlich eines der teuersten Essen meines Lebens. Die Küche brauchte exakt eine Stunde und vier Minuten, um den bestellten Fisch zu garen und mit ein paar gekochten Kartoffeln anzurichten. Und dass, obwohl ganze zwei Tische besetzt waren. Ich hatte das Gefühl, dass einer von den jungen Köchen nach der Bestellung nach draußen geeilt war, um im Fischladen noch schnell den Loup de Mer einzukaufen. Der edle Angel-Fisch braucht auf dem Grill von jeder Seite gerade mal fünf bis sechs Minuten. Die unselige Wartezeit, die selbst den geduldigsten Japaner zum Zappelphilipp gemacht hätte, war die eine Sache, das geschmackliche Ergebnis die andere. Die Haut war kross, aber nicht verbrannt und das weiße, feste Fleisch des Seewolfs schlicht perfekt gegart. Am Nebentisch mit Gästen im Businessgrau und Nadelstreifen wurde der Lammfleischspieß serviert, mit dem türkischen Namen „Kuzu Sis". Das Fleisch war mit Joghurt und Kräutern bedeckt, dann kam eine Schicht klein geschnittenes Fladenbrot und oben drüber noch einmal die würzige Haus-Sauce, die aber wie alles hier im Tugra so dezent abgeschmeckt ist, dass kein Gast zum Feuerspucker wird.

Eine interessante Variation sind die Spezialitäten aus dem Steinofen, zumeist geschnetzeltes Fleisch, natürlich wieder vom Lamm, aber auch vom Kalb und Hähnchen.

Insgesamt stimmt das Preis-Leistungs-Verhältnis, schafft gediegenes Ambiente, Atmosphäre. Wer viel Zeit mitbringt, findet im *Tugra* eine interessante Abwechslung.

TUGRA

Küche
Türkisch

Adresse
Kurfürstendamm 96
10709 Berlin-Wilmersdorf

Telefon
030/323 40 27

Internet
www.restaurant-tugra.de

Öffnungszeiten
tägl. 11.30 bis 24 Uhr

Verkehrsanbindung
U-Bhf. Adenauerplatz,
S-Bhf. Halensee,
Bus M19, M29

Kartenzahlung
Bar

Preise
Menü: 25 – 28 €
À la carte: 3,50 – 18,50 €

Extras
Sitzplätze außen

UMA

Alles neu im Uma

Nichts ist beständiger als der ständige Wechsel in der Gastronomie. Ein Beispiel: die Restaurant-Kombination *Uma* und *Ma* in der Adlon-Holding. Weil das *MA* Verluste eingefahren hat und unabdingbar mit dem Namen Tim Raue gekoppelt war, wurde es nach Raues Weggang dem erfolgreichen *Uma* zugeordnet. Aus *Uma* und *Ma* wurde also *Uma*, hoch zwei.

Der neue Küchenchef ist Stephan Zuber, der ebenfalls wie Raue die moderne japanische Küche wie auch chinesische Kochkunst beherrscht, aber, und das ist sein Plus gegenüber dem Kreuzberger Koch bei Alain Ducasse und Robuchon in

Paris die klassischen französischen Köstlichkeiten erlernt hat. Was natürlich die Palette der Möglichkeiten erweitert.

Ich habe es erlebt, wie gut und abwechslungsreich der junge Künstler am Herd operiert. Seine Philosophie ist, der Gast soll bekommen, was er sich wünscht und nicht, was der Koch glaubt, was er sich wünschen sollte. So gibt es beispielsweise auch warmes Brot, was bisher undenkbar war. Beim Amuse Bouche stehen Appetitanreger auf dem Programm wie ein Ginseng-Süppchen, das das Blut zirkulieren lässt, oder ein Häppchen Heilbutt mit Gin-Tonic-Gelee, marinierter Lachs oder Avocado mit eingelegtem Ingwer.

Leistungsschau der asiatischen Küche

Los geht es mit der großen Salat-Auswahl, Brunnenkresse, Kopfsalat mit Birne, Chinakohl mit Chili so wie Rote Bete mit Forellenkaviar. Erste Wahl dann die Fischqualität und handwerkliche Zubereitung der Sashimi-Variationen. Wildlachs, marinierter Hummer, Kaisergranat mit Wasabi, Ingwer und Apfel. Was dann folgt, ist eine spektakuläre Leistungsschau der asiatischen Küche, ein kulinarisches Tischfeuerwerk vieler kleiner, appetitlich angerichteten Portionen, die Lust auf mehr machen. Auch weil die köstlichen Häppchen kostengünstig kalkuliert sind. Die Qualität der Kombination von Tempura (Gemüse, Garnelen) habe ich bisher nur im Okura-Hotel, Tokio vergleichbar gut serviert bekommen. Teurer wird's nur beim Premium-Steak, aber Entrecote vom Waguy beef oder Kobe-Burger mit Pommes Allumette (streichholzdünne Kartoffelstäbchen) verlangen einen echt hohen Wareneinsatz. Dafür ist das Fleisch nicht nur besonders aromatisch, das Messer gleitet durch wie bei angewärmter Butter, so zart ist die Konsistenz. Gegart werden Fisch und Fleisch auf dem Robatagrill. Wer einen halben Hummer oder Langusten bevorzugt, bekommt die Gerichte aber auch gebraten mit Blumenkohl und Koriander serviert. Zum ersten Mal in Berlin habe ich das originaljapanische Shabu shabu auf der Speisekarte entdeckt. Dabei werden hauchdünne Fleischscheiben in Brühe gegart. Zuber wählt dazu Bison und ergänzt das Gericht mit Trüffel und Shimeii-Pilzen.

Neu sind köstlich leicht interpretierte Klassiker wie Seezunge „Müllerin“ mit Spinat, Trauben und Nüssen, ein auf der Haut gebratenes Wolfsbarschfilet oder die Lammkeule mit fünf Gewürzen parfümiert und durch Pflaumen und japanischem Brokkoli ergänzt.

Da bisher keine süßen Backwaren verarbeitet werden, waren für mich die Desserts als leichter Abschluss dieser Genussorgie der Vielfalt sehr interessant. Nicht ganz unerwartet, arbeitet die kleine Küchenbesetzung gerne mit etlichen Sorbets und Eissorten. Herausragend die Crème Brûlée vom Grünen Tee mit Vanilleeis oder die Kombination von rose Litschi und Himbeeren.

Der Service operiert zwar nicht mit asiatischer Sanftmut, aber gekonnt, aufmerksam und gut geschult.

UMA

●●●●○

Küche
Japanisch

Adresse
Behrenstr. 72
10117 Berlin-Mitte

Telefon
030/30 11 17-324

Internet
www.uma-restaurants.de

Öffnungszeiten
Mo – Sa 18.00 bis 23 Uhr

Verkehrsanbindung
U+S-Bhf. Brandenburger Tor,
U-Bhf. Mohrenstraße,
Bus M85, 100, 200

Kartenzahlung
Bar, EC-Karte, Kreditkarten

Preise
À la carte: 8 – 88 €
Sushi & Sashimi: 4 – 64 €

Extras
Anliegende Shochu Bar mit Raucherbereich ab 18:00 Uhr, Parkplätze und Parkhaus vorhanden

Hummer, Hummer, Tätärääääh!

Kaum anzunehmen, dass ein vorzüglich marinierter Hummer mit Périgord-Trüffel und Steckrübenkompott, von einem fröhlichen Lied des Kochs begleitet, noch besser schmeckt als das gleiche Gericht ohne Musikuntermalung.

Doch ganz sicher ist, dass die Stimmung des weiblichen Gastes mit dem persönlichen Ständchen „You are the sunshine of my life" natürlich angehoben wird. Und das Restaurant-Produkt ist nun einmal die Kombination aus Speisen, Wein, Service und, nicht zu vergessen: Atmosphäre. Wir sind zu Gast bei Sternekoch Kolja Kleeberg, dem fernseherprobten, gelernten Schauspieler und Sänger, diesem großartig kochenden Spaßvogel in der deutschen Genussriege am Herd. Seit Jahren hält er im *VAU* stabil den Michelin-Stern, als nur eines von zwei Berliner Restaurants, die dieses Kunststück fertigbringen, ohne die Finanzstütze eines Hotels im Rücken zu haben.

Der rheinische Jung- und leidenschaftliche Wahl-Berliner kocht herzhaft, schnörkellos und ausschließlich mit den besten Grundprodukten. Seine Küche ähnelt ein wenig der elsässischen Art von Drei-Sterne-Koch Marc Haeberlin. Nichts ist gewollt, auf Schickimicki getrimmt und nie sind mehr als drei Grundaromen miteinander kombiniert. Ob ich nun privat oder zum Check ins *VAU* gehe, ich ordere als Erstes eine kleine Portion seiner Spezialität, seines Markenzeichens: Soufflierter Kartoffelschmarren (mit untergehobenem Eiweiß), den der Koch wahlweise mit dünn gehobelter Gänsestopfleber (die zerläuft) oder mit Crème Fraîche und

einem Schäufelchen Kaviar verfeinert. Einfach köstlich. Dann gibt es die Wahl aus vier Vorspeisen, Hauptgerichten und Desserts auszusuchen oder sich für das Monatsmenü zu entscheiden, vier Gänge plus Amuse Bouche für 90 Euro. Natürlich ist das Geld, aber angesichts der Qualität dennoch kundenfreundlich kalkuliert. Dafür kommen neben dem Hummer unter anderem Gerichte vom Räucheraal, Jakobsmuscheln mit Ziegenkäse und Wachtelei sowie confierte Kalbsbrust und marinierter Kalbskopf auf den Tisch.

Das Markenzeichen: Soufflierter Kartoffelschmarren

Ein paar Eindrücke von den Einzelgerichten: Der Steinbutt wird ohne Fett geröstet und mit einer leichten Sauce kombiniert, die aus Fisch- und Geflügelfonds besteht und nur mit Olivenöl und Steinbuttrogen gebunden ist. Auf Butter und Sahne wird

verzichtet. Dazu gibt es blanchiertes Marktgemüse. Das sind die Aromen unserer Zeit. Manchmal verbindet Kolja Kleeberg den Edelfisch mit lauwarmer Blutorangengrütze, serviert dazu Griesknödel und Chicorée. Zur Handschrift der *VAU*-Küche gehört auch, wo immer es geht, regionale Produkte zu verarbeiten. Beim Zweierlei vom Brandenburger Frischling beispielsweise, der Brandenburger Ente oder dem krossen Zander mit Wirsing, Speck und Perlzwiebeln.

Wann immer der Druck es zulässt, serviert der Chef selbst. Immer gut gelaunt, mit einem flotten Spruch, ebenso wie seine Ehefrau Petra, die lange den Service leitete. Mit seinen Fernseh-Engagements und der Restaurant-Präsenz hat er sich arrangiert. Er kochte für Sat 1, steht in der Riege von Lanz und Lafer und ist mein Lieblingskoch in der *Vox-Kocharena*, wenn es nicht gerade das Dessert sein muss (aber das macht den meisten Spitzenköchen Probleme). Er ist so organisiert, dass er nach Dreharbeiten tagsüber am Abend in der eigenen Küche steht. In dem Restaurant mit dem Phantasienamen *VAU* begeistert mich auch der Service, ohne Aufdringlichkeit, aber mit solidem Fachwissen. Die Weinkarte ist kundenfreundlich kalkuliert. Von zahlreichen erstklassigen Lagen werden ebenfalls halbe Flaschen angeboten.

Es gibt sie, die typischen Winterrestaurants mit Kuschel-Feeling und ebenso die reinen Sommerfreuden-Lokale. Das *VAU* ist von Ambiente und Stimmung ein Ganzjahres-Ziel mit angenehm warmer Atmosphäre, die den schier endlosen Winter für Stunden vergessen lässt, und wenn es endlich wieder warm wird, verlagert Kolja Kleeberg den Service mehrheitlich in den kühlen Innenhof, serviert dazu dann Kreationen, die so leicht sind wie der Sommerwind. Und zur Berlinale wurde ein interessanter Trend deutlich: Im *VAU* speisten und genossen, im Gegensatz zu vielen anderen Restaurants mit Glamour-Faktor und Fotografen-Belagerung, die Gäste, die ein wenig Ruhe suchten in stilvoller Atmosphäre und bei gutem Essen, aber nicht gesehen und fotografiert werden wollten.

VAU

●●●●○

Küche
International/
Fisch & Meeresfrüchte

Adresse
Jägerstraße 54/55
10117 Berlin-Mitte

Telefon
030/202 97 30

Internet
www.vau-berlin.de

Öffnungszeiten
Mo – Sa 12 bis 14.30 Uhr,
19 bis 22.30 Uhr

Verkehrsanbindung
U-Bhf. Französische Straße,
Hausvogteiplatz,
Bus M48, 347

Kartenzahlung
Bar, EC-Karte, Kreditkarten

Preise
Mittagsmenü: 65 – 100 €
Mittagstisch: 15 – 35 €
Menü: 100 – 120 €
À la carte: 24 – 38 €

Extras
Sitzplätze außen, wechselnde Mittagsmenüangebote (je Gang 15 €)

Auszeichnungen
1 Michelin-Stern,
17 Gault-Millau-Punkte

Auferstehung im Grunewald

Ist ein Restaurant oder ein Hotel auf dem Tiefpunkt angekommen, kann es nur besser werden. Die Qualität im *Vivaldi* war sogar gravierend besser als vor einem Jahr. Mein aktueller Besuch war geradezu ein Genuss.

Diese Trendwende hat einen Namen: Tania Saez de Guinoa. Die Deutsch-Spanierin, aktuell die Direktorin im Haus, hat Großes geleistet. Die entscheidende Frage bleibt freilich offen. Da hilft weder der Blick in die Glaskugel noch Kaffeesatzleserei: Wie lange bleibt sie? Und wird dann aus der duftenden spanischen Orangenblüten-Atmosphäre wieder sibirische Service-Eiszeit?

Wir reden von einem der schönsten deutschen Kamin-Restaurants überhaupt, im prunkvollen Schlosshotel mit den prächtigen Kassettendecken. Wie gesagt, heute ein Alma-Hotel (spanische Gruppe). Es ist das Hotel mit einer unendlichen Geschichte. Ich habe dort schon gewohnt, als es noch Schloss Gerhus hieß. Dann kaufte es der Berliner Hotelier Michael Zehden, machte es in der Folge zu einem Ritz-Carlton, später wurde es ein Regent, gefolgt von einem Zwischenspiel des Dorint-Gründers Herbert Ebertz. Anschließend der rasante Abschwung mit einer Stasi-Spitzel-Professionellen als Direktorin, die damit kokettierte, dass man Hotelmanagement nicht erlernen müsste, wenn man nur eine überzeugte Gastgeberin sei. Das Ergebnis war dementsprechend. Und schließlich erwarb die mir gänzlich unbekannte spanische Gruppe Alma für 23 Millionen Euro das Edeldomizil, in dem einst schon der Kaiser heimlich seine Freundin traf.

Ein liebenswerter, erkennbar gut geschulter Service und eine richtig gute Küche sorgten für einen angenehmen Abend. Dabei hatte sich gerade der Küchenchef Jens Rittmeyer verabschiedet, aber das Team am Herd zauberte auch ohne ihn. Die einzelnen Gerichte können, in zwei Menüs zusammengefasst, günstiger geordert werden, als Royal für 135 Euro, wobei hier ein Glas korrespondierender Wein zu jedem Gang gehört. Das Degustationsmenü gibt es für 109 Euro ebenfalls mit Wein. Wir probierten lieber Einzelgerichte, sprangen auf der Karte hin und her.

Eines der schönsten deutschen Kamin-Restaurants mit hervorragender Küche

Der Loup de Mer auf Olivenölfond mit Ofentomaten und Fenchel zeichnete sich durch ausgewogene Aromabalance aus, die Vorspeise Wachtelbrust und Kalbsbries durch einen sensationellen Trüffeljus. Leider fanden die Schwarzwurzeln, die ich gerne genieße, nur als zwei Spänchen in Zahnstochergröße statt.

Eine prima Kombination ist der Müritz-Saibling mit Räucheraal, dazu Apfelgraupen, ebenso der butterzarte, aber nicht übergarte Steinbutt mit Kürbis. Die marinierten Jakobsmuscheln mit Taschenkrebs und Avocado bekamen durch Piquillo-Paprika ein wenig Feuer, was dem braven Geschmack guttat.

Wer vegetarische Kost bevorzugt, bekommt mit dem Grunewald-Menü Futter, vom Radicchio-Confit bis zum gefüllten Chicorée. An den Produkten gab es nur geringe Korrekturen, so müsste auf der Haut gebratener Fisch krosser sein und der Rehrücken mit Portweinjus einen Tick herzhafter. Kleinigkeiten gewiss, die den guten Gesamteindruck nicht wirklich schwächen.

Die Dessertkarte wurden mit einigen originellen Kleinigkeiten aufgewertet (Schokoladenknusper mit Passionsfrucht oder das Küchlein mit Thymian, Zitrusfrüchten, Sanddorn und herzhaft gesalzenem Karamell mit Ziegenquarkeis). Und die Weinkarte, immer noch hochpreisig, aber doch kundenfreundlicher kalkuliert als bislang.

Vor drei Jahren hatte ein Repräsentant der spanischen Gruppe, die auf Deutsch „Seele" heißt, vollmundig verkündet: Wir wollen zukünftig allerbeste Küche auf Zwei-Sterne-Niveau bieten. Das wurde der Lachschlager der Berliner Gastro-Szene. Die sympathische Tania Saez de Guinoa hat da bereits eine Menge reparieren können.

VIVALDI

●●●○○

Küche
International

Adresse
Brahmsstraße 10
14193 Berlin-Grunewald
im Schlosshotel Grunewald

Telefon
030/89 58 40

Internet
www.schlosshotelberlin.com

Öffnungszeiten
tägl. 12 bis 14 Uhr und ab 18.30

Verkehrsanbindung
S-Bhf. Grunewald,
Bus M19, M29, X10, 115,
186, 249

Kartenzahlung
Bar, EC-Karte, Kreditkarten

Preise
Menü: 65 – 110 €
À la carte: 23 – 38 €

Extras
Sitzplätze außen, Decken, Rauchen in der Bar, eigene Parkmöglichkeiten

Neues Restaurant unter Strom

Nach aufwendigen Umbauten und einem wahren Kraftakt an Veränderungen durch besondere Ausstattung wurde das Restaurant *w* im 1928 erbauten Umspannwerk Kreuzberg am Landwehrkanal eröffnet.

Im denkmalgeschützten, altehrwürdigen Gemäuer pflegt Matthias Gleiß, Küchenchef und einer der Betreiber, auch am Herd Tradition. Nicht Modisches, sondern geradezu klassische Gerichte mit regionalem Einschlag prägen seine Ausrichtung.

Und wo immer es geht, werden Produkte aus dem Umland verarbeitet. Ein gut gemachtes heißes Süppchen ist an kalten Abenden vor frostigen Nächten geradezu eine Wohltat. Sehr angetan war ich von der Selleriesuppe mit einer gebackenen (panierten) Geflügelpraline sowie Trüffelbrot. Fraglos war die Suppe mit sehr viel Sahne aufmontiert, aber geschmacklich gelungen. Lediglich das für mich unsägliche synthetische Trüffelöl hätte man sich sparen oder, noch besser, durch einige Späne echten Trüffels ersetzen und damit aufwerten können.

Die Suppe war eigentlich schon der zweite Gang, denn die ordentliche Scheibe vom Saibling, wunderbar auf dem Punkt gegart, geriet als größeres Amuse Bouche zum guten Einstieg. Danach wird es auf der Speisekarte eng. Ganze drei Vorspeisen und vier Hauptgerichte, dass ist selbst für einen zu dünn, der immer kleine, übersichtliche Speisekarten predigt. Da arbeitet die Küche angepasst minimalistisch, wie sich die Ausstattung des Restaurant darstellt. Keine Tischdecken, kein Schmuck im unverputzten Backsteingemäuer. Lediglich die großen kupferfarbenen Glocken-Lampen mit warmem Licht sorgten für etwas Atmosphäre.

Regional und rustikal, aber ehrlich

Das Altberliner Gericht mit der gebratenen Kalbsleber, Apfelscheiben und Röstzwiebeln hat wohl ein ewiges Leben. Gleiß variiert lediglich den Namen, nennt seine Hauptspeise „Leber Berlin-Kreuzberg", sonst bleibt alles beim Alten. Der Gang ist ordentlich zubereitet, aber nicht aufregend. Das gilt auch für den Kabeljau mit Rettich gebraten auf Gewürzlinsen und Sauerklee. Das hört sich nach Aromavielfalt an, doch der auf den Punkt gegarte Fisch war fade, weil zu wenig gewürzt. Wer beide Gerichte nicht mag, kann dann zwischen einem Zanderfilet, das nicht auf der Haut gebraten, sondern gedünstet ist, und einem Rinderfilet, kombiniert mit geschmortem Rindfleisch, Steinpilzen und Schwarzbrotknödel, wählen. Da nahm ich lieber eine Vorspeise, nämlich Tranchen von Taubenbrust, die war rosa, richtig gut gebraten und mit Aprikosen, Artischocken und Mandel-Crumble sehr appetitlich ergänzt.

Das besondere Tagesgericht, das die erstklassige Bedienung abseits der Karte offerierte, waren kurzgebratene Scheiben von der Gänseleber in Kombination mit Ravioli plus Blutwurstfüllung. Insgesamt ein gutes Produkt, souverän zubereitet. In der Gesamtlinie des Küchenchefs ist dieses Gericht schon so etwas wie ein Ausreißer, ein kurzer Ausflug in die Top-Gastronomie. Dagegen liegen die übrigen Speisen von der Ausrichtung und Preisgestaltung schon eher im Wind, regional und rustikal, aber ehrlich. Kraut und Rüben nennt Gleiß das vegetarische Gericht mit Roter Bete, Karotten, Kohl und Rübenkraut. In diese Richtung geht auch der Kürbis aus dem Ofen mit Walnusskrokant und jungem Lauch angerichtet.

Noch übersichtlicher als die Auswahl der Hauptgerichte ist freilich das Dessertangebot. Einmal eine Variation von Quitten und alternativ Birnenkompott mit Marzipan. Wer bei dieser grandiosen Auswahl nicht das Richtige für eigene Gaumenfreuden findet, kann nur noch auf den Käse aus Deutschland zurückgreifen. Ähnlich bescheiden ist das Weinangebot, das von deutschen Weinen dominiert ist. Sehr gut dagegen die Weinpflege. Ohne danach gefragt zu haben, wurde mir gekonnt (über einer brennenden Kerze) der Cabernet Sauvignon dekantiert und mit großer Aufmerksamkeit nachgeschenkt. Das fällt dann auch schon in die „Paradeabteilung“ des neuen Restaurants, in den wirklich mustergültigen Service.

VOLT

●●○○○

Küche
Deutsch

Adresse
Paul-Lincke-Ufer 21
10999 Berlin-Kreuzberg

Internet
www.restaurant-volt.de

Telefon
030/61 07 40 33

Öffnungszeiten
Mo – Sa 18 bis 1 Uhr

Verkehrsanbindung
U-Bhf. Schönleinstraße,
Görlitzer Bahnhof
BUS M29, 171, 194

Kartenzahlung
Bar, EC-Karte, Kreditkarten

Preise
Menü 36 – 42 ▯
À la carte 8 – 29 ▯

Extras
Sitzplätze auf der Terrasse,
Private Dining Room

VOX

Tokio liebt Brandenburg

Jedes Jahr im Herbst ist die hohe Zeit der Gastro-Auszeichnungen. Über die Ergebnisse lässt sich trefflich diskutieren. In einem Punkt bin ich mir mit vielen Feinschmeckern einig: Das *Vox* im Grand Hyatt wird permanent unterbewertet und hätte nach meinem Geschmack ganz gewiss einen Stern verdient.

Wahrscheinlich liegt es an der Cross-over-Küche – also einer nicht festgelegten speziellen Richtung. Von allen Küchen wird ein bisschen geboten, und das wird bei den Testern zum Nachteil. Dabei ist alles, was zum Gast kommt, aus frischen Produkten erstklassig zubereitet und geschmacklich harmonisch abgestimmt. Das nicht spektakuläre, aber in der Folge der Gänge und im Detail schlüssige Tagesmenü macht das deutlich. Das herzhaft gewürzte Rinderfilettatar auf einem samtigen Kartoffelschaum mit Roter Bete und ein paar Körnchen Mallosol-Kaviar sensibilisiert die Geschmacksnerven für mehr. Auf das gebackene Landei beispielsweise mit Spinatcreme und Trüffel. Welche bösen Fehler bei der Zubereitung des Landeis gemacht werden können, habe ich als Juror in der *Kocharena* erlebt. Richtig ist es, ein extra-großes Bio-Ei zu pochieren, dann tüchtig zu panieren und in der Fritteuse goldbraun auszubacken. Weiter im Menü: Die saftige Heilbuttschnitte mit Pfirsich, Pfifferlingen und Nussbutter folgt vor dem Schokoladenkuchen mit flüssigem Innenleben, Feigen und Pistazienmacaron. Den Käseteller zum Abschluss gibt es auf Wunsch, ohne Berechnung.

Stimmige und hervorragend gemachte Tagesmenüs

Wenn man die abgehobenen Preiskalkulationen einiger Berliner Restaurants sieht, wo Chefkoch und Personal auch noch vornehmer als die Gäste sein wollen, ist hier der Preisrahmen absolut akzeptabel und der Service angenehm. Doch nicht nur das Preis-Leistungs-Verhältnis ist hervorzuheben, sondern ebenso das Geschick, asiatische Gerichte mit frischen Produkten aus dem Brandenburger Land zu kombinieren. Klingt erst einmal kurios, ist aber ein Genuss garantierendes System. Vom rohen Fisch, mit und ohne Reis, ist die Auswahl so groß, dass der Gast aus einer speziellen dreiseitigen Sushi-Karte auswählen kann. Der große Fisch-Rundumschlag mit Lachs, Thunfisch, Wolfsbarsch, Tintenfisch, Kingfish, Garnele, Aal und Lachsrogen steht mit 28 Euro auf der Rechnung. Das breite Angebot schließt auch Vegetarier nicht aus. Die große Selektion mit grünem Spargel, Tofu und Co. kostet 17 Euro. Ich entschied mich für einen Hummersalat, ergänzt von einer Fine-de-Claire-Auster, herzhaft angerichtet mit Rettich und Kaschmircurry und durch Sojasauce abgerundet. Das Gericht entwickelte sich am Gaumen zu einer vorzüglichen Aromenkombination. Ich bin kein großer Freund von Schweinefleisch, aber das iberische Eichelschwein mit Steinpilzjus, einem Hauch von Zitrone und Parmesan-Linguini war grandios, bissfest und dennoch zart, dazu köstlich im Geschmack. Das Rinderfilet, ein kräftiges Stück vom US-Beef, wird nach Rossini-Art mit einer Scheibe Gänsemastleber nochmals aufgewertet und durch einen intensiven Trüffeljus in den Geschmacksolymp gehoben. Der kreative Kopf für die verschiedenen Küchen des Hotels ist der bayerische Küchenchef Josef Eder. Er trifft auch die Auswahl der Auslandsware von besonderer Qualität. Sashimi, der rohe Fisch, ist hier in Berlin ebenso frisch wie im Grand Hyatt Tokio, wo die Sushi Bar als die beste und teuerste in der japanischen Weltstadt gilt.

Herzstück und Blickfang des modernen Restaurants ist die offene Küche, in der die Köche vor den Augen der Gäste hantieren. Eder und Co. achten auf individuelle Zubereitung. „East meets West", das Zusammenspiel asiatischer und europäischer Küchenrichtungen, gerät zwar landesweit zum Gießkannen-Trend, doch im *Vox* gelingt diese Variation nahezu optimal.

VOX

●●●●○

Küche
International

Adresse
Marlene-Dietrich-Platz 2
10785 Berlin-Tiergarten
im Grand Hyatt

Telefon
030/25 53 17 72

Internet
www.vox-restaurant.de

Öffnungszeiten
Mo – Fr 6.30 bis 10.30 Uhr, 12 bis 14.30 Uhr, 18.30 bis 24 Uhr; Sa 6.30 bis 11 Uhr, 18.30 bis 24 Uhr; So 6.30 bis 14 Uhr, 18.30 bis 24 Uhr

Verkehrsanbindung
U+S-Bhf. Potsdamer Platz, U-Bhf. Mendelssohn-Bartholdy-Park, Bus M29, M41, M48, 200

Kartenzahlung
Bar, EC-Karte, Kreditkarten

Preise
Frühstück 32 €
Menü: 46 – 66 €
À la carte: 11 – 35 €

Extras
Sitzplätze außen, Raucherlounge, Private Dining Room

Auszeichnungen
14 Gault-Millau-Punkte

Marco Müller's Höhenflug

Es lebe die Vielfalt der Küchen und ebenso des appetitlichen Restaurant-Ambientes. Ich liebe die klassische Atmosphäre eines Lorenz Adlon, fühle mich auch in einem minimalistisch ausgestatteten Restaurant wohl, wenn die Küche so großartig wie im *Rutz* ist.

Um aber ein wenig mehr Schick in die ungezwungene Ausstattung einzubinden, wurde das Restaurant und Weinbar in der Chausseestraße für zwei Monate für eine Komplett-Renovierung geschlossen. Die Entwicklungsmöglichkeit und den permanenten Aufstieg eines Kochs kann man beispielhaft an der Karriere Marco

Müllers aufzeigen. Seine Küche im Rutz in der Chausseestraße wurde von Quartal zu Quartal besser, er bekam zu Recht einen Michelinstern und den verteidigt Müller mit Bravour. Dabei ist er bodenständig geblieben. Wer ihn aber in seinem Element, sprich in der *Rutz*-Küche erleben möchte, hat nach der Renovierungsphase all abendlich Gelegenheit (mittags bleibt das Gourmetrestaurant geschlossen).

Mein Tipp: der kurz angebratene Thunfisch

Abseits eingefahrener Pfade und fast immer in Harmonie der Aromen. Bei den Vorspeisen probierten wir das Bioland-Ei (bei 65 Grad gegart), das mit Malabar-Spinat und Rote Beete serviert wird und zur Trüffelzeit wahlweise mit weißen oder schwarzen Edelpilzen geadelt wird. Wer kein Ei mag, kann alternativ den fein parierten, gebackenen Wollschweinkopf ordern. Die Gänseleber bekommt mit Apfelbalsam feine Säure und einen Hauch von Fichtennadelduft. Wenn Müller freilich die modische Allianz von Gänseleber- Terrine und Tartar vom geräucherten Aal eingeht, ist das nicht mein Geschmack. Daran ändern dann auch die aromatischen Würfel von Sherry-Gelee nichts. Der Thunfisch mit einem Sashimirohen Innenleben wird von Karotten-Curry-Sud und Eis von geröstetem Sesam begleitet. So sind auch Standardgerichte individuell gewürzt. Die Wilddorade mit einer weißen Tomatenemulsion, das Reh aus der Schorfheide mit Walnusskürbis und das Wagyu Entrecôte mit Portwein. Mein Favorit bei mehreren Besuchen war die geschmorte Rinderbrust mit Markknochen, Topinambur, Pilzen und Trüffel-Jus.

Von den Kosten her sind die Menüs, die er „MM Inspiration" nennt, günstiger als die Einzelgerichte (Hauptgänge um die 40 Euro). Fünf Gänge beispielsweise plus Amuse Bouche wurden mit 89 Euro berechnet.

Das *Rutz* ist und bleibt die Küche der Jungen Wilden, wie die Gruppe junger Kochkünstler um Frank Buchholz, Marco Müller oder Ralf Zacherl von Gastro-Kritikern genannt wurde, die um jeden Preis grob unterschiedlich zu den Etablierten kochen wollen, dafür, wie Buchholz es einmal ausdrückte: „jung, wild und einfach anders".

Die Restaurant-Leitung hat, wie schon in den Anfängen dieser besonderen Adresse, ein Sommelier (Weinexperte), der Extraklasse eingesetzt. Billy Wagner ist ein gleichermaßen kenntnisreicher Fachmann wie liebenswerter Dampfplauderer. Wagner hat immer einige günstige Angebote parat, beispielsweise einen Riesling vom deutschen Weingut Fritz Haag, aber ebenso große Lagen aus Burgund und Bordeaux.

Gar nichts zu nörgeln? Höchstens der Hinweis, dass etwas weniger oft mehr sein kann. Bei einigen Gerichten sind ein bisschen viele unterschiedliche Aromen auf einmal kombiniert. Da können bei Müller schon einmal Kollisionen mit vorwitzigen Kreationen passieren. Geradezu klassisch gradlinig war dagegen das Gericht abgestimmt, das mir besonders gefiel. Der kurz angebratene Thunfisch. Die Desserts sind ordentlicher Standard. Ofenfrische Apfeltarte oder Erdbeer-Marsala- Törtchen mit Aloe Vera Joghurt und Waldmeister Sorbet, beispielsweise.

Der Service bleibt bis zum Schluss aufmerksam und sympathisch. Das hat sich eigentlich nie geändert. Auch darum ist das *Rutz* ein empfehlenswertes Restaurant mit seiner langen Treppe (Vorsicht beim Abstieg!), die vom sachlich modern gestalteten Gästeraum im ersten Stock hinunter führt zur Bar und zum Weinhandel.

RESTAURANT UND WEINBAR RUTZ

●●●●○

Küche
International

Adresse
Chausseestraße 8
10115 Berlin-Mitte

Telefon
030/24 62 87 60

Internet
www.weinbar-rutz.de

Öffnungszeiten
Mo – Sa ab 17 Uhr
(Wiedereröffnung ab dem 1. März)

Verkehrsanbindung
U-Bhf. Oranienburger Tor,
Zinnowitzer Straße,
Tram M6, M8

Kartenzahlung
Bar, alle Karten

Preise
Menü: 62 – 137 €
À la carte: 14,50 – 42 €

Extras
Sitzplätze außen

Auszeichnungen
17 Gault-Millau-Punkte

Auf der Spur des Zanders

Restaurants im Berliner Umland sind vor allem dann besonders beliebt, wenn mit dem möglichst erschwinglichen Genuss von Essen und Trinken noch andere freudvolle Aktivitäten verbunden werden können, wie beispielsweise Segeln, Reiten oder den Golfschläger schwingen.

Gleich alle drei Möglichkeiten bietet das Arosa-Hotel in Bad Saarow, das in der Vergangenheit allzu häufig Betreiber und Namen wechselte, jetzt aber in der Gesellschaft von Horst Rahe eine spektakuläre Entwicklung nahm und in der Summe aller Vorzüge sogar Geheimfavorit unter den Kandidaten ist, die sich um die Ausrichtung des Golf-Weltereignisses, des Ryder-Cups, bewerben. Und wie die Entwicklung des gesamten Sportresorts, so der Höhenflug des Restaurants *Weinwirtschaft* mit dem herrlichen Blick über den Scharmützelsee.

Vor Jahren, als das Lokal mit der angenehmen Terrasse noch von Palmerstone oder Kempinski geführt wurde, habe ich dort schlecht gespeist und darum erst jetzt nach einer Pause einen neuen Versuch unternommen. Inzwischen zeichnet für die Küche Stefan Russ verantwortlich, der zur Sterne-Crew im Hamburger Traditionshotel Fairmont Vier Jahreszeiten gehörte. Hier am Scharmützelsee macht er keine Sterneküche, sondern setzt täglich zum Spagat an, vom hausgemachten Riesenlandbrot mit Salami, Petersilie, Radieschen und Strauchtomaten bis zur exzellenten Regionalküche wie geschmorten Kalbsbacken mit Sauerampferpüree sowie frischen Pfifferlingen aus der Gegend.

Apropos Pfifferlinge: Für die heimischen, köstlichen Pilze gibt es eine umfassende Sonderkarte (während der Saison). Die Palette reicht von Crostini mit

Pfifferlingen und Schnittlauchschmand für schmale 3,50 Euro über Salate bis zum Lammrücken (rosa gebraten) in einer Portweinreduktion mit Kräuterschupfnudeln und einer großen Portion Pfifferlinge in Rahm.

Breites Angebot von kulinarischen Kleinigkeiten bis hin zu Hauptgängen mit Gourmet-Niveau

Wie kocht Russ und was ist das Besondere an seiner Küche? Erst einmal ist da erwähnenswert, dass auch die kulinarischen Kleinigkeiten köstlich zubereitet werden. Zwei Beispiele dafür: die Karotten-Ingwer-Suppe mit Zitronengras und Zitronenthymian, pikant abgeschmeckt, und einer gebratenen, fleischigen Garnele als Einlage für 7,50 Euro sowie der Salat von Pulpo und Chorizo (der sehr scharf gewürzten Wurst aus Spanien) mit einer Portion Balsamico-Perlzwiebeln. Gewiss, das ist keine Kochsensation, aber einfach gut zubereitet. Und da wir an dieser Stelle im Wechsel Restaurants der exklusiven Art, aber auch besonders günstige vorstellen, hier der tatsächlich kleine Preis dieser kleinen Gaumenfreude: 3,80 Euro.

Ich sprach vom Spagat. Wer ausgesprochene Gourmet-Freuden erleben will, hat hier ebenso Gelegenheit. Der Yellow Fin Thunfisch war perfekt gegrillt, mit Röstaromen auf der Außenhaut und innen roh und zart wie Sashimi. In der Kombination mit Sesam Pak Choi und Ananasspieß, Nudeln im Bastkorb, abgerundet durch Kokos-Limetten-Soße, kommt ein für den europäischen Gaumen frisiertes Gericht der asiatischen Aromen auf den Tisch.

Wie nicht anders zu erwarten, sind die Renner auch im Berliner Umland die Klassiker. Das Wiener Schnitzel brät Russ in geklärter, schaumiger Butter und lässt als Beilage – keine Überraschung – lauwarmen Kartoffel-Gurken-Salat servieren. Der Zander aus dem Scharmützelsee (wenn es da wirklich noch welchen gibt, ansonsten aus Aqua-Kulturen) wird kross gebraten und verträgt sich perfekt mit der Senfkörnersoße. Das Tomaten-Fenchel-Gemüse und Kartoffelpüree sind dagegen kaum erwähnenswert.

Der Service passt in die Landschaft, etwas rau, aber herzlich und immer zur Stelle, wenn man ihn braucht. Vor allem verzichtet die junge Bedienung auf die störenden langatmigen Erklärungen, was man denn nun gerade isst. Und die Weinpflege funktioniert in einem Restaurant endlich mal wie gewünscht. Der Weißwein ist gut gekühlt, der Rotwein wird ohne Aufforderung dekantiert. Etliche Weine kann der Gast auch glasweise ordern, so einen Grünen Veltliner für drei Euro und ein exzellenter „ kleiner" Rothschild aus dem Languedoc für sieben Euro. Für Biertrinker ist besonders gesorgt – eine spezielle Karte offeriert Häppchen, die zum Gerstensaft schmecken, so etwa Büsumer Krabben mit Dillpesto oder geräucherten Lammschinken.

Unter dem Strich ist das ein herrlich gelegenes Lokal, zauberhaft durch Romantikbilder, wenn die Sonne im See versinkt, und einem guten Speiseangebot mit ordentlichem Preis-Leistungs-Verhältnis. Für mich ein Grund mehr, das Arosa wieder zu besuchen.

WEINWIRTSCHAFT

●●●○○

Küche
International/Regional

Adresse
Parkallee 1
15526 Bad Saarow
im Arosa Sport und
Spa Resort

Telefon
033631/626 82

Öffnungszeiten
tägl. 12 bis 22 Uhr

Kartenzahlung
Bar, Kreditkarten

Extras
Sitzplätze außen,
eigener Parkplatz,
Bootsverleih

WIENER BEISL

Hausmannskost nach Wiener Art

Da soll nun einer die Irrpfade zum Erfolg in der Gastronomie verstehen, die sogenannte neue *Paris Bar* (Le Nouveau Paris Bar) und ebenso der Nachfolger *Vienna Bar* waren Zuschuss-Betriebe. Dann entstand daraus *Wiener Beisl* und auf Anhieb gelang ein Volltreffer.

Der Erfolg kam gewiss auch durch das von Mega-Gastronom Joe Laggner eingesetzte liebenswerte österreichische Gastgeberpaar Anna und Thomas zustande sowie natürlich durch die konsequente Umsetzung des Begriffs „Beisl" (wahlweise auch „Beisel" mit e). Das heißt nämlich „einfaches Gasthaus", mehr gemütliches Plätzchen, um beim Wein zusammenzusitzen, denn großartige Kreationen der Küche zu zelebrieren. Und die Preise müssen günstig sein.

So kostet die große Portion Wiener Saftgulasch vom Rind mit Semmelknödel 12,50 Euro, wobei der Begriff „Saft" stimmt. Das Fleisch ist kein bisschen trocken gebraten. Auch von dem herzhaft gewürzten und gebratenen Knödel mit Ei und Salat wird man genüsslich satt (für 8,50). Ich habe das ordentliche Wiener Schnitzel mit guter Panadenbindung und den klassischen Tafelspitz mit Bratkartoffeln, Wurzelgemüse und Apfelkren probiert. Letzteres meine besondere Empfehlung: butterzartes Fleisch, mit winzigem Fettrand als Aromaträger, eine kräftige Brühe und dazu so gute, geröstete Bratkartoffeln, wie ich sie nicht oft in Berlin bekomme. Von den Vorspeisen gefiel mir die panierte und gebackene Blutwurst besonders. Als gebürtiger Rheinländer bin ich mit „Flönz", der Kölschen Blutwurst aus der Pfanne, aufgewachsen. Die Wiener Variation war für mich ein gelungener Wechsel. Neben den Vorspeisen wie Rindfleischsalat mit steirischem Kernöl und frischem Bauernkraut, drei Suppen, fünf Hauptgerichten und zwei Desserts scheint es mir eine gute Idee, nach dem Angebot des Marktes jede Woche ein besonderes Wochenschmankerl anzubieten. Bei meinem Besuch war das ein Braten von der Rehschulter mit Rosenkohl und Haselnussspätzle und für den Fischfreund eine Scholle im Ganzen goldbraun gebraten. Eine weitere Wiener Spezialität ist das einfache, aber leckere Backhendl. Gut gemachte Hausmannskost in rustikaler Atmosphäre hat auch ihren besonderen Reiz.

Tipp: Kaiserschmarrn mit Zwetschgenröster

Eine Besonderheit darf ich nicht vergessen. Den Kaiserschmarrn mit Zwetschgenröster. Gewiss, in etlichen Berliner Restaurants mit alpenländischer Ausrichtung bekommt der Gast den besonderen Pfannkuchen, doch ich habe ihn nirgendwo so herrlich karamellisiert und trotzdem nicht übersüßt bekommen. Für 6,50 Euro eine kleine Köstlichkeit. Der Service agiert liebenswert und aufmerksam.

Das Ambiente ist einfach. Holztische ohne Decken, aber mächtig Bilderschmuck an den Wänden. Nicht zu laut ist die Untermalung durch Wiener Schrammelmusik. Man kann sich gut dabei unterhalten, was für die meisten Gäste das Wichtigste zu sein scheint. Ein Beisl eben.

WIENER BEISL

●●○○○

Küche
Österreichisch

Adresse
Kantstraße 152
10623 Berlin

Telefon
030/31 01 50 90

Internet
www.wiener-beisl.de

Öffnungszeiten
Montag – Samstag
ab 17 Uhr

Verkehrsanbindung
U-Bhf. Uhlandstraße,
Zoologischer Garten,
S-Bhf. Savignyplatz
Bus M49, X34

Kartenzahlung
Bar, EC-Karte, Kreditkarten

Preise
À la carte: 4,50 □ – 19 □

Extras
Wechselnde Wochenschmankerl und Empfehlungen,
separater Nebenraum mit max. 20 Sitzplätzen,
kleine Sommerterrasse mit max. 20 Sitzplätzen

WILSON'S THE PRIME RIB RESTAURANT

Die feinsten US-Steaks

Man mag ja manches an den USA und den Essensgewohnheiten dort nicht so toll finden. Aber Steakfleisch – das kriegen sie hin.

Begeisterte Fleischgenießer müssen jetzt nicht mehr darben: Michael Zehden (Mitinhaber der Albeck & Zehden Hotel Gruppe) eröffnete in seinem Crowne Plaza in der Nürnberger Straße nach Chicago-Vorbildern *Wilson's, The Prime Rib Restaurant.* Keiner soll mir erzählen, dass eine saftige, köstliche Prime Rib (aus dem vorderen Stück der Hochrippe geschnitten) keine erwähnenswerte Kochkunst sei. Wer es müde ist, die gewöhnliche Systemgastronomie der Sparte Steakhouse zu erleben, sollte den Unterschied einmal schmecken.

Tipp: das Filet-Steak

„Prime" ist die höchste Fleischqualitätsstufe in den USA und die Rinder sind eine Kreuzung aus Longhorns und europäischen Angus-Rindern. Eine sanfte geduldige Zubereitung und herzhaftes, aber nicht übertriebenes Würzen, das verlangt gute Köche. Die kleinste Portion ist der sogenannte Ladies Cut, Wilson's Gentleman Portion (für 39 Euro) ist richtig kräftig und the Crowne's Cut, ein 500-Gramm-Stück am Knochen, wie geschaffen für den ganzen Kerl. Wir sind halt nicht als Vegetarier auf die Welt gekommen, wir stammen von Jägern ab. Die Küche serviert geriebenen Meerrettich, Bratenjus, Bearnaise, die Ofenkartoffel mit Sauerrahm, wahlweise auch Gratin und eine kleines, aber feines Salatbuffet mit einer zusätzlichen breiten Auswahl von verschiedenen Käsesorten, gerieben oder in feinen Streifen geschnitten, außerdem Thunfisch, Schinken und Ei. Wir reden heute nicht über Sterneküche, aber auch eine derart einfache, aber geschmacksintensive Präsentation macht mir Freude. Alles ist im Chicago-Style, also amerikanisch orientiert. Wie im Original Wilson's in Illinois ist die beliebteste Vorspeise Crab Cake, eine feingebackene Mischung von der Königskrabbe. Zu den Steaks: Das Filet war mit das beste Fleischgericht, das ich in dieser Stadt genießen durfte. Steak-Verweigerer werden nicht geächtet, sondern dürfen sich über einen atlantischen Thunfisch freuen, der außen kross gegrillt und innen appetitlich Sashimi-roh war. Gästen am Nebentisch wurden gleichzeitig ein vegetarisches Gericht Gnocchi mit Rucola und Kirschtomaten und eine wunderschön gegarte Maispoulardenbrust serviert. Die Röstaromen dufteten herüber.

Nach dem ich mich ganz der Prime Rib (bei Niedrigtemperaturen gegart), Steak und Salat verschrieben hatte, blieb eigentlich wenig Platz für ein Dessert, wobei auch die Auswahl wie jenseits des Atlantiks ist: der allgegenwärtige Käsekuchen (hier mit weißer Schokolade), Crème Brûlée mit Waldbeeren, Limonentörtchen und der Schokoladenkuchen mit flüssigem Valrhona-Innenleben.

Der Service ist heute bereits sowohl von der Freundlichkeit wie von handwerklicher Perfektion ungewöhnlich gut. Das freut mich besonders, weil das Hotel nicht zur Fünf-Sterne-Kategorie und das Restaurant nicht auf einem kulinarischen Höhenflug ist. *Wilson's* garantiert ein angenehmes Dinner mit guter Qualität in beschwingter Atmosphäre zu angemessenen Preisen.

WILSON'S THE PRIME RIB RESTAURANT

●●●○○

Küche
Amerikanische Küche

Adresse
Crowne Plaza Berlin City Centre
Nürnberger Straße 65
10787 Berlin

Telefon
030/210 07-991

Internet
www.restaurant-wilsons.de

Öffnungszeiten
Mo – Fr 12.00 bis 15.00 und 18.00 bis 23.00 Uhr,
Sa 18.00 bis 23.00 Uhr,
So 13.00 bis 15.00 Uhr und 18.00 bis 23.00 Uhr

Kartenzahlung
Bar, EC-Karte, Kreditkarten

Preise
Hauptgerichte von 21,50 bis 49,50 ▯

Extras
In Verbindung eines Restaurantbesuchs kostenfreies Parken im hoteleigenen Parkhaus/Parkplatz. Taxistand direkt vor dem Hotel.

Sonntagsbraten für die Familie

Jahrelang war für mich die Gastronomie im Prenzlauer Berg eine reine Szenelandschaft: Essen – Nebensache. Jetzt hält auch die gastronomische Qualität mit dem Atmosphärischen Schritt.

Die Nummer eins der Restaurants, das Paradestück, das den Höhenflug am besten verkörpert, ist das Restaurant *Zander* in der Kollwitzstraße. Vor Jahren habe ich die Küche als einfallslos und die Gerichte wegen der großen Geschmacksneutralität kritisiert, bei meinem aktuellen Besuch war ich begeistert. Einzig und allein der Umstand, dass es nur deutsche Weine mit ein paar österreichischen Ergänzungen auf der Karte

gibt, bleibt mir unverständlich. Ausschließlich-Genießer von leichten Italienern oder edlen Burgunder-Lagen, auch überzeugte Bordeaux-Jünger werden auch bei guter Küchenleistung kaum ganz glücklich. Die Karte ist ganz bewusst klein gehalten, was gewöhnungsbedürftig ist, aber nicht zwingend ein Nachteil sein muss. Zwei Vorspeisen, eine Suppe, ein Zwischengang, nur drei Hauptgerichte und die Andeutung von Desserts, das ist alles. Der Vorteil: Die Küche kann sich voll darauf konzentrieren.

Kleine Karte, aber sehr gute Umsetzung

Das gebeizte Rückenstück vom Melchhof-Zicklein wird mit Miesmuscheln im Kartoffelschaum kombiniert und erreicht eine überraschende Harmonie. Drei Tage lang ist der Ochsenschwanz bei Niedrigtemperatur geschmort und gezogen und bekommt beim Servieren eine Gänseleberpraline mit kandierten Maronen zur Seite. Und warum nicht mal einen Zander im *Zander* essen? Gerade bei diesem Fisch, der dem Restaurant den Namen lieh, hat sich die Küche enorm verbessert. Damals fehlte völlig das Aroma, heute ist das Filet auf der Haut kross gebraten, die herzhafte Blutwurst im Kartoffelmantel mit Weißweinschaum abgeschmeckt. Es ist übrigens der einzige Fischgang. Sehr gut geschmeckt hat mir der Märkische Weideochse. Das Filet mit den eher leisen Aromatönen bekommt zusätzlich durch Iberico-Schinken eine herzhafte Ergänzung. Deftig auch die Beilagen mit Semmelstoppelpilzen und schwarzer Rollgerste. Sehr häufig wird ein einfacher Salat mit Kräutern als Visitenkarte des Restaurants bezeichnet. Diese hier war dann besonders attraktiv und ohne Eselsohren. Das Dressing schmeckt herzhaft und endlich einmal ohne Süßelemente, wie es heutzutage häufig der Fall ist.

Bei den Desserts gibt es nur Hopp oder Top. Der Gast muss sich entscheiden zwischen dem Duett vom Orangentörtchen und Mandeleis und der Crème brûlée mit flüssigen Rumtopffrüchten. Vor Jahren war der süße Abschluss ein Gedenkfestival an DDR-Zeiten der Sättigungsbeilagen: Kalter Hund beispielsweise, geschichtete Kekse mit Schokolade oder Espuma von Früchten zur Schokoladentorte angerichtet.

Espuma sind die ziemlich geschmacksneutralen schaumigen Cremezapfen. Das ist jetzt Vergangenheit, endgültig. Wer heute bei den sehr leicht zubereiteten Speisen – Nouvelle Cuisine auf Deutsch – noch hungrig ist, dem empfehle ich die Käseplatte vom Maître Philippe, der die verschiedenen Rohmilchkäse-Sorten mit selbst gebackenem Früchtebrot verbindet.

Die Preiskalkulation in dem kleinen Restaurant mit der Straßenterrasse, wenn es wieder ins Frühjahr geht, ist nicht niedrig, aber doch weitgehend kundenfreundlich. Die Karte wird nach den Gegebenheiten des Marktes gewechselt, so ist mal ein Lausitzer Bauerntäubchen, Brust und Keule mit geschmolzenem Blumenkohl und Schupfnudeln und ein andermal ein Schwarzfederhuhn, im Vakuum gegart, mit Röstgemüse und Portweinjus im Angebot. Was ich persönlich sehr gut finde, ist der große Sonntagsbraten für die ganze Familie. Da gibt es frisch aus dem Rohr beispielsweise einen Uckermärker Feldhasen mit Suppe und Dessert für 20 Euro, an anderen Sonntagen auch mal eine Landente, eine marinierte Hammelkeule oder den Braten vom Weideochsen.

Der Service war angenehm und äußerst kompetent. Allerdings blieb die Arbeit am Gast auch recht übersichtlich. Bei unserem Besuch waren nur ganze drei Tische besetzt. Schade eigentlich, denn dieses Restaurant ist durchaus empfehlenswert.

ZANDER

●●●○○

Küche
Deutsch/Regional

Adresse
Kollwitzstraße 50
10405 Berlin-Prenzlauer Berg

Telefon
030/44 05 76 78

Internet
www.zander-restaurant.de

Öffnungszeiten
Di – So ab 18 Uhr,
Küche bis 23 Uhr

Verkehrsanbindung
U-Bhf. Senefelderplatz

Kartenzahlung
Bar, EC-Karte, Kreditkarten

Preise
Menü: 33 – 49 €
À la carte: 8 – 27 €

Extras
Sitzplätze außen,
eigener Parkplatz,
Markise

Auszeichnungen
13 Gault-Millau-Punkte

Register

DIE RESTAURANTS UND IHRE STADTTEILE

Register

DIE RESTAURANTS UND IHRE KÜCHE

Herausgeber Carsten Erdmann, Berliner Morgenpost
Autor Heinz Horrmann
Projektleitung Tina Jürgens
Produktmanagement Katrin Luther

Redaktion und Lektorat Elisabeth Schneppe
Gestaltung Formlabor, Hamburg
Titelbilder Istockphoto.com/Andyd/micropic/RedHelga/eyewave/nicoolay
Bildverzeichnis
Armin Akhtar 32, 154/155, 281; Berlin4fun 95; Christian Hahn 253; Florian Bolk 35; Goetz Schleser 165; Martin Lengemann 43,102/103; Picture Alliance 222, Rodeo Gastro GmbH 249; Sven Lambert 178, 181; Massimo Rodari 6, 9, 12, 16, 22, 27, 38, 45, 48, 61, 79, 88, 93, 98, 105, 114-115, 119, 121, 124, 127, 132, 141, 144, 147, 150, 156, 169, 172, 175, 185, 192, 198, 206, 219, 229, 233, 242, 256-257, 260, 263, 266, 268, 272, 278, 284, 288-289, 292, 297, 300, 304, 313
Wir danken allen Restaurants für die zur Verfügungstellung von Bild- und Informationsmaterial.

Gesamtherstellung Print- und Medienproduktion HH
Printed in Germany

2. Auflage 2011

www.morgenpost.de
ISBN 978-3-942481-00-7